新・保育原理

― すばらしき保育の世界へ ―

第4版

みらい

執筆者紹介 （五十音順　○＝編者）

小川　圭子（おがわ　けいこ）	（大阪信愛学院大学）	第6章
熊丸　真太郎（くままる　しんたろう）	（大分大学大学院）	第2章
佐藤　和順（さとう　かずゆき）	（佛教大学）	第12章
角野　幸代（すみの　さちよ）	（元関西福祉大学）	第3章
高岡　昌子（たかおか　まさこ）	（奈良学園大学）	第9章
豊田　和子（とよだ　かずこ）	（名古屋柳城女子大学）	第10章
浜野　兼一（はまの　けんいち）	（淑徳大学短期大学部）	第11章
日坂　歩都恵（ひさか　ほづえ）	（兵庫大学短期大学部）	第7章
福田　規秀（ふくだ　のりひで）	（兵庫大学短期大学部）	第4章
○三宅　茂夫（みやけ　しげお）	（神戸女子大学）	第1章
宮地　勢津子（みやち　せつこ）	（元愛知文教女子短期大学）	第8章
森　久佳（もり　ひさよし）	（京都女子大学）	第5章

イラスト・たきまゆみ

はじめに

　現代は、子どもをめぐる「育ち」や「育て」、教育や保育に関する大きな転換期および変革期といえます。社会構造や環境などの変化から、少子化対策、待機児童の問題、地域の子育て支援というキーワードに象徴されるようなさまざまな課題が生じ、保育に対するニーズの高まりとともに多様化が進んでいます。また、一方で子どもたちの生活に目を向けると、そこにも好ましからざる変化がみられます。基本的生活習慣の未形成、身体発達の歪みや運動能力・体力の低下、コミュニケーション能力など社会的スキルの低下、気になる子どもの存在など枚挙に暇がありません。幼保一体化としての新たな保育制度の展開にも多くの課題がみられ、さらに平成30年度より一斉に実施される保育所保育指針や幼稚園教育要領ならびに幼保連携型認定こども園教育・保育要領、小学校以降における学習指導要領の改訂は、一貫した全人的なあり方としての新たな教育・保育観への見直しを進める機会となることが期待されます。

　このような現代であるからこそ、保育に関する意味や価値観、方法論などについてあらためて検討し、人格形成に大きく寄与する保育という営みの再構築が求められます。つまり、保育とは何かを子どもの存在を中核に据えつつ、社会的な現状を踏まえながら広く、深い視点で捉えていく必要があります。その足がかりとなるのが「保育原理」です。「保育原理」は保育という営み全般について理解することを目的とする科目で、保育に係る全てのことを網羅し、それぞれの分野へ発展する基盤を築くことを目指すものです。

　そこで本書では、①保育の意義についての明確な認識と依拠する根拠について、②保育の『場』に関する歴史的変遷と類型について、③保育所保育指針や幼稚園教育要領、幼保連携型認定こども園教育・保育要領、学習指導要領の改訂、主要法令、保育制度等について、④保育所における保育の原理と特性、環境、方法について、⑤発達と保育内容について、⑥保育所における健康や安全について、⑦保育所における多様な保育ニーズについて、⑧保育所と家庭、地域との連携について、⑨保育所における相談援助の基本原理と実践について、⑩保育サービスの評価、苦情解決の方法などについて理解を図ることなどを目的としました。

　本書の執筆は、保育現場に精通され、それぞれのスタンスで子どもや保

護者などの「育ち」や「育て」に関する問題に対して熱心かつ精力的に取り組んでこられた気鋭の先生方に特にお願いしました。そのため、保育を取り巻く多くの問題に対する最新の情報や研究的知見、新たな施策や法令等を読者のみなさんに提供することができたと思っています。また、先生方は保育者養成の最前線で、これまで多くの保育者を育ててこられた実績から、特に大切なことをわかりやすく学ぶことができるように、学ぶ者の立場から細心のご配慮をいただきました。

　本書が保育に携わる人や保育を志す人々に、「保育ってすばらしい」「いい保育者になりたい」「保育者として力をつけたい」と思うきっかけになり、多くのみなさんにご活用いただけましたら幸いです。

　本書の出版のためにご高配を賜った、株式会社みらいの竹鼻均之社長、編集のために多大なるご尽力をいただいた米山拓矢氏をはじめ、関係の方々に厚く御礼を申し上げます。

2017年12月

　　　　　　　　　　　　　　　　　　　　　　　　　　　編者　三宅茂夫

目　次

第1章　「保育」の意味を考える

第1節　「保育」とは何か　11
1　人が人を育み、育てる意味から——11
2　児童福祉法、児童憲章を視点として——14
3　保育所保育指針を視点として——17
4　保育の課題——19

第2節　「保育士に必要な専門性」とは何か　20
1　専門職としての保育士——20
2　専門性を修得するために——21
3　保育士の専門性を培うカリキュラム——24

第3節　「保育原理」とは何か　27
1　保育原理の意味——27
2　教科目としての保育原理の目的と内容——29

第4節　大きな転換とこれからの教育・保育　30
1　大きな転換の背景——30
2　変化する教育・保育の流れ——30
3　改革に向けた人間観・学力観——31
4　幼稚園教育要領の改訂について——32
5　資質・能力の育成に向けた教育方法の改善——34

第5節　保育所保育指針の改定について　34
1　改定の背景——34
2　改定の五つの方向性——35
3　乳幼児保育におけるねらいと内容——37

第2章　保育の場について知る

第1節　家庭における保育　40
1　保育の場としての家庭——40
2　子育てをめぐる社会の変化——41

第2節　保育・教育施設における保育　42
1　子ども・子育て支援新制度——42
2　保育所——45
3　幼稚園——47
4　認定こども園——50

第3節　地域型保育　54

第3章　保育の思想・歴史を学ぶ

第1節　西洋における保育の歴史　58
1. 近代保育思想の成立と発展──58
2. 西洋現代の保育思想──65

第2節　日本における保育の歴史　68
1. 明治の保育思想と保育──68
2. 大正・昭和初期の保育思想と保育──69
3. 現代の保育思想と保育──70

第4章　保育をどのように考え、進めるべきか

第1節　それぞれの子どもにとって最適な保育を考える　74
第2節　保育所保育指針に学ぶ保育原理の考え方　76
1. 保育の特性を理解する──76
2. 保育の目標を理解する──77
3. 保育の方法を考える──78
4. 保育の環境に配慮する──81

第3節　子どもを理解する　83
1. 子どもの発達の特性を知る──83
2. 子どもに個人差があることを知る──84
3. 子どもにはさまざまな感受性・個性があることを知る──85

第4節　保育者自身の保育観を考える　86
1. どのような保育をしたいかを考える──86
2. 自身の保育観を省みる──88

第5章　保育所保育の内容を学ぶ

第1節　「保育の内容」の基本的な考え方　92
1. 「保育の内容」の構造とポイント──92
2. 「ねらい」及び「内容」──92
3. 「養護」と「教育」の一体性──94

第2節　「ねらい」及び「内容」の基本的な考え方　95
1. 「養護」と「教育」に関わる「ねらい」及び「内容」──95
2. 「ねらい」及び「内容」をふまえた保育の実施に関わる配慮事項──98

第3節　幼稚園教育要領との関わり　99
1. 教育・保育内容の「領域」の変遷──99
2. 学校教育との連携──106

第6章　保育の計画と保育の質の向上

第1節　なぜ保育に計画が必要なのか　112
1　計画を味方にしよう──112
2　保育の計画における大切なもの──113
3　保育の計画の全体像──115

第2節　教育課程・全体的な計画　116
1　教育課程・全体的な計画の意義──116
2　幼稚園教育要領にみる教育課程──116
3　保育所保育指針にみる全体的な計画──117

第3節　教育課程・全体的な計画の編成　117
1　教育課程・全体的な計画の編成における留意事項──117
2　教育課程・全体的な計画の編成の手順──121

第4節　指導計画　123
1　指導計画とは──123
2　長期の指導計画と短期の指導計画──123
3　指導計画の作成と展開における留意事項──134

第5節　保育の質を高めるために　136
1　保育の循環をつくる──136
2　保育の記録──137
3　保育の評価とは──138

第7章　子どもの健康と安全への配慮を考える

第1節　子どもの健康と運動遊び　142
1　健康とは──142
2　子どもの健康と生活リズム──143
3　子どもの運動遊び──145

第2節　子どもの食育　146
1　子どもの食生活の現状──146
2　食育基本法と食育推進基本計画──147
3　保育所における食育──149

第3節　子どもの安全教育と事故防止　151
1　安全教育と事故の発生──151
2　保育所における健康と安全──152

第8章　多様化する保育ニーズを理解する

第1節　多様化する保育ニーズ　157
第2節　多様化する保育の形態と地域子ども・子育て支援事業　160
1. 延長保育——161
2. 一時預かり事業——163
3. 休日保育——163
4. 病児保育事業——165
5. 夜間保育——167
6. 駅型保育——167
7. 預かり保育——167

第3節　特別なニーズのある子どもの保育　170
1. 障害児の受け入れ——170
2. 気になる子ども——171
3. 統合保育とインクルージョン——171

第4節　求められる乳児における保育とその対応　172
1. 要望の多い乳児保育——173
2. 待機児童——173

第9章　保育者に求められる子育て支援

第1節　保育者に求められる子育て支援の概念と必要性　178
1. 「子育て支援」の必要性——178
2. どのような子育て支援が求められているのか——179

第2節　保育者による子育て支援の実際　182
1. 子育て支援のさまざまな取り組み——182
2. 虐待防止の観点からみた子育て支援——185
3. 障害のある子どもをもつ保護者への支援——186
4. 乳児保育への支援において配慮すべきこと——187

第3節　子育て支援のこれから　188
1. 日本の保育が抱える課題——188
2. 子どもを産み育てやすい社会にするには——190

第10章　育ちや学びの連続性を考える

第1節　子どもの育ちの連続性と非連続性　194
1. 育ちの連続性——194
2. 育ちの非連続性——195

第2節　発達や学びの連続性という課題　195
　1　幼児期からの一貫した人格形成という課題——195
　2　「幼児期の終わりまでに育ってほしい姿」と「育みたい資質・能力」——196
　3　小学校との連携や接続の課題——196
第3節　保幼小連携の背景と取り組みの方法、課題　198
　1　保幼小の連携が求められる背景——198
　2　小1プロブレムの問題——198
　3　連携・接続の取り組みや内容について——199
　4　小学校の教科との結びつきについて——201
第4節　「学び」を中心とした接続と移行への考え方　202
　1　「学びの芽生え」から「自覚的な学び」へ——202
　2　アプローチカリキュラムとスタートカリキュラム——203
第5節　保育者にとって保幼小連携の課題　203

第11章　保育者のあり方を考える

第1節　今日の保育者に求められる姿とは　207
　1　社会状況の変化からみた保育者の存在——207
　2　保育所、幼稚園等の現状と保育者の視点——209
第2節　職業倫理の観点から　210
　1　職業倫理からみた保育士と幼稚園教諭——210
　2　保育士の国家資格化と職業倫理——212
第3節　専門性の向上とキャリアアップに向けた取り組み　215
　1　現代社会のニーズに対応した専門性の向上——215
　2　保育者の研修とキャリアアップ——216

第12章　保育の今後の課題を考える

第1節　保育サービスの評価と苦情解決　221
　1　保育サービスの評価——221
　2　保育サービスの苦情解決——225
第2節　男女共同参画社会の現状と課題　227
　1　男女共同参画社会とジェンダー——227
　2　保育者のワーク・ライフ・バランス——230
第3節　諸外国の保育の現状と課題　232
　1　スウェーデン　～キーワードは「エデュケア」～——233
　2　中国　～幼児園を中心とした多様な保育のあり方～——234
　3　アメリカ　～州ごとに展開されるさまざまな保育～——236

第1章　「保育」の意味を考える

学びのポイント

❶保育の意味について理解する。
❷保育者が身につけるべき専門性について理解する。
❸「保育原理」で学ぶ内容について理解する。

「育てる」「育つ」ことの意味から考えてみよう

第1節　「保育」とは何か

1. ──人が人を育み、育てる意味から

　保育者が保育に携わる際、目の前の子どもに懸命に関わることは当然のことであり、大切な使命である。その関わりは、単にその時間を子どもとつつがなく過ごすためだけではなく、さらに大きな意味合いをもっている。

　保育という営みにおいて、子どもにとっては、さまざまな人やものとの関わりのなかで何が育まれ、育っていくのか、また何を育てていかなければならないのかを深く考えてみる必要がある。それらの如何によって、保育や保護者との関わり、地域の子育て支援に関して、保育者の考え方や具体的な関わり方などは異なったものとなってくる。

　まず、専門職としての視点から「保育」の意味やあり方を考えていく前に、人が人を育むという大きな意味について整理しておくことが必要である。なお、本章において使用している「育てる」という言葉は、子育てや保育、教育をする者が一方的に主導的立場となり、狭義に子どもに対して管理的な営みを行うことを意味するものではない。ここでは、子どもと保育者が相互に主体となり、子どもを1人の尊厳をもった存在として認め、将来的に自立・自律した人間となっていくことをめざし、愛情をもって「育てる」ということを意味する。

(1) 人が人を育てようとする二つの側面

　人が人を育み、育てる意味については、二つの側面からとらえることができる。一つ目は、脈々とつながってきた生き物としての「ヒト」として、二つ目はともに生活する社会の担い手である「人」として、という観点から導き出されたものである。前者は人間の種としての保存や繁栄の側面、後者は人類が永年にわたり築いてきた文化の継承者、再構築者としての社会的な側面である。

　それぞれの意味を簡単に説明すると、第一の側面は、いわば「霊長類ヒト科」としての生き物である人間のDNAに刷り込まれた要因に関するものである。未来永劫、生物としての人間の種を本能的に保存していくという意味である[1]。それらに関する人間の行動は多様なものであるが、たとえば人間が赤ちゃんの表情に対して本能的に肯定的な心情を抱く「ベビー・シェマ」[2]や、母親が特別な育児指導を受けなくとも子どもに示す「マザリーズ」などの特徴的な行為は、このあらわれの一部と考えられる[3]。そうした種として刷り込まれた本能によって、人間は子孫の繁栄を担おうとするのである。

　第二の側面は、文化的・社会的な継承者の育成を行っていくことに関するものである。これらは、デューイが教育の究極的な目的として示した、人類の歴史や文化、伝統などの継承にとどまらず、社会の新たな創造者、改造者の育成をめざすこと、に通底するものである[4]。また、ブルデューらのいう、社会的な階層などが、生活のさまざまな生活の様式や価値の形成などの違いを生じさせるという「再生産」論もこうしたことに関連したものである[5]。

ベビー・シェマ
動物学者ローレンツ(Lorenz, K. Z.)は、赤ちゃんのかわいらしい姿には共通した特徴があることを調べた。大きな頭、丸い頬、大きな目、小さな鼻と口、ふっくらした頬、丸くてずんぐりした体。これらは、ヒトだけでなく多くの生物の赤ちゃんに共通してみられる。

マザリーズ
母親は生まれて間もない赤ちゃんに対して、高い声で、大きな抑揚でゆっくり歌うように話しかける。国や種族の違いに関係なく、女性が乳幼児に語りかけるときに自然と出る特徴的な話しかけ方である。子どもの言葉の獲得に重要な意味をもつ。

(2) 人が人を育てようとする二つの観点

　さらに、育てる側と育つ側の日常的・生活的な面からみると、次の二つの観点からとらえることができる。一つは、「親権」をもち、自分が責任をもって養育する対象であり、血縁者としての子どもへの観点である。もう一つは、対等に社会をともに形成する者同士、ともに生活する社会的な存在（生活者）としての観点である。前者は親・子どもという観点、後者は社会や地域といったコミュニティの構成員同士という観点である。

　第一の観点は、いわば「私の子ども」としてのとらえ方である。親にとってわが子は、自分の血を引き継いだ特別な存在であり、他者からは到底理解できないほど、特別な思い入れをもって育てられる。ルソー[6]やフレーベル[7]、ペスタロッチ[8]がいうところの「母の愛」「親こそ理想的な教師」に由来する特別な心情をもって適切に守り育てられ、教育されていくのであれば問題はない（第3章参照）。しかし、過去の歴史における「子殺し」に象徴される、親の所有物であるかのような誤った認識による子ども観が中心であった悲劇的な時代があった[9]。また、現代においても、親の偏った子どもへの愛情や育児観、養育責任の放棄が、子どもの現在と将来にとって好ましからざる育児につながる状況も散見されるのが現実である。

　第二の社会的な存在の観点からは、社会における共生者・協働生活者として、道徳的・倫理的な存在であることや協調性などが求められる。この観点は、先に示した文化の継承者としての側面と多くの接点をもつものの、実感としては日々の身近な生活をともにしている存在として意識できる観点である。われわれの日々の生活は、これまでの人類が築きあげてきた文化のうえに成り立ち、それらによって生じた生活の習慣や社会規範、価値などを基盤にして成立している。しかし、実感できる日常のさまざまな生活場面では、互いの利益の追求が衝突や葛藤を生み、皆が幸福、快適に生活できないこともある。それらを乗り越えようとする過程において、時には「生きる」意味を再考せざるを得ないような厳しい社会の現状に直面することも少なくない。

　以上、おおまかに二つの側面と二つの観点から、人が人を育み、育てる意味について述べてきたが、現実にはそのように単純・明確に分類されるものではない。それぞれが意識的・無意識的に、あるいは相互に関係をもちながら、人と人の間で行われる「育ち」や「育て」の動機や要因となっているのである。

2.——児童福祉法、児童憲章を視点として

(1) 児童福祉法の成立

　先に示した、人が人を育み、育てる意味を、日本国憲法の理念である「法の下の平等」（日本国憲法第14条）、「健康で、文化的な最低限度の生活を営む権利（生存権）」（同25条）のもとに具体化するものとして成立したのが「児童福祉法」である。この法律は1947（昭和22）年に公布され、2016（平成28）年に改正され、今日まで連綿と「児童福祉の理念」をあらわしてきたものである。その福祉の理念のなかに、本来子どもが受けるべき保育の意味や権利、保育を進めていくための原理・原則が示されている。

　児童福祉法「第1章 総則」において、子どもはすべからく平等に、すべての「国民」によって、「心身ともに」健康に「生まれ」、ふさわしい「生活を保障」され、「愛護」をもって育成されなければならないことが示されている。つまり、そこに示された内容が、保育そのものと解されるわけである。また、それらの保育を子どもに供与する責任を「国及び地方公共団体」や子どもの「保護者」が果たすことも明記されている。ここに子どもの保護者、国や自治体が連携して子どもの保育を行う義務と、それらが何らかの事情で行えない場合に、代わって行政が「福祉を保障する」ことの原理が記されているのである。

児童福祉法

第1条　全て児童は、児童の権利に関する条約の精神にのつとり、適切に養育されること、その生活を保障されること、愛され、保護されること、その心身の健やかな成長及び発達並びにその自立が図られることその他の福祉を等しく保障される権利を有する。

第2条　全て国民は、児童が良好な環境において生まれ、かつ、社会のあらゆる分野において、児童の年齢及び発達の程度に応じて、その意見が尊重され、その最善の利益が優先して考慮され、心身ともに健やかに育成されるよう努めなければならない。

　２　児童の保護者は、児童を心身ともに健やかに育成することについて第一義的責任を負う。

　３　国及び地方公共団体は、児童の保護者とともに、児童を心身ともに健やかに育成する責任を負う。

第3条　前2条に規定するところは、児童の福祉を保障するための原理であり、この原理は、すべて児童に関する法令の施行にあたつて、常に尊重されなければならない。

> 第4条　この法律で、児童とは、満18歳に満たない者をいい、児童を左のように分ける。
> 　一　乳児　満1歳に満たない者
> 　二　幼児　満1歳から、小学校就学の始期に達するまでの者
> 　三　少年　小学校就学の始期から、満18歳に達するまでの者

(2) 児童憲章の制定

　児童福祉法を受けて、子どもの享受すべき保育の権利を明確にしたものに、1951（昭和26）年に制定された「児童憲章」がある。この時期の日本は第2次世界大戦後の混乱から、まさに民主国家として再生をめざすまっただ中であった。児童憲章制定の背景には、すでに児童福祉法が公布されていたにもかかわらず、多数の戦災孤児や引き揚げ孤児、戦争未亡人、生活困窮者の問題などから、児童福祉の「危機的状況」があったといわれる。そのため政府は、状況打開のために「国民の理解と意識の高揚」を目的として児童憲章を制定し、おとなの子どもへの「道義的責任」を強調する必要があったといわれている[10]。

　戦後混乱期の子どもの基本的な生存権や人権が脅かされる極限の状況下であったからこそ、あらためて人間や人類、あるいは親の立場から、日本の将来を担う子どもたちに対して、なすべき保育の意味や責任について危機感をもって真摯に検討がなされたと考えられる。したがって、児童憲章は混乱期の状況収拾のためのみならず今日においてもなお、子どもの育ち、育ての責任が行政や保護者を含めた周辺のおとなにあることを明確に認識させ、さらにその後の時代の変化にあっても多くの示唆を与えるものである。

(3) 児童憲章からみえてくる保育の意味

　児童憲章を詳細にみると、保育とはいかなるものであるかがみえてくる。
　児童憲章においても「児童」とは、児童福祉法第4条で定義されるように「満18歳に満たない者」のすべてをさす（以下、子どもと称する）。まず、冒頭において、子どもは1人のかけがえのない「人として尊ばれ」、社会的な関係において「社会の一員として重んぜられ」る存在であることが述べられている。さらに、子どもはふさわしい「よい環境」において育てられるものとされる。つまり、子どもは、生きている一つの生ある個体として、また、個性的な存在、社会的な存在として育っていくためにふさわしい環境が与えられる権利があり、彼らを育てていく義務が国や社会、周囲のおとなにあることを示している。

　それぞれの条文をみると、第1条から第3条は、生きとし生けるものとし

て、種の保存や繁栄のための生命の維持や健康の増進などを中心とした、いわば命の尊厳に関するものについてである。すべての子どもは、家庭での手厚い養育により、「栄養」「住居」「被服」などをもって、また「疾病」や「災害からまもられ」、生誕から「心身ともに、健やか」な生活が保障されることとされる。

児童憲章

われらは、日本国憲法の精神にしたがい、児童に対する正しい観念を確立し、すべての児童の幸福をはかるために、この憲章を定める。

児童は、人として尊ばれる。
児童は、社会の一員として重んぜられる。
児童は、よい環境のなかで育てられる。

1 すべての児童は、心身ともに、健やかにうまれ、育てられ、その生活を保障される。
2 すべての児童は、家庭で、正しい愛情と知識と技術をもって育てられ、家庭に恵まれない児童には、これにかわる環境が与えられる。
3 すべての児童は、適当な栄養と住居と被服が与えられ、また、疾病と災害からまもられる。
4 すべての児童は、個性と能力に応じて教育され、社会の一員としての責任を自主的に果すように、みちびかれる。
5 すべての児童は、自然を愛し、科学と芸術を尊ぶように、みちびかれ、また、道徳的心情がつちかわれる。
6 すべての児童は、就学のみちを確保され、また、十分に整った教育の施設を用意される。
7 すべての児童は、職業指導を受ける機会が与えられる。
8 すべての児童は、その労働において、心身の発育が阻害されず、教育を受ける機会が失われず、また児童としての生活がさまたげられないように、十分に保護される。
9 すべての児童は、よい遊び場と文化財を用意され、わるい環境からまもられる。
10 すべての児童は、虐待、酷使、放任その他不当な取扱からまもられる。
  あやまちをおかした児童は、適切に保護指導される。
11 すべての児童は、身体が不自由な場合、または精神の機能が不十分な場合に、適切な治療と教育と保護が与えられる。
12 すべての児童は、愛とまことによって結ばれ、よい国民として人類の平和と文化に貢献するように、みちびかれる。

次に、第4条から第7条は、それぞれが個性を生かし、文化の継承と創造を担い、自律した社会的な存在となることに関するものについてである。すべての子どもは、十分に整った環境のなかで「個性」や「能力」に基づいて主体的に「教育」を受け、「自然」や文化である「科学」「芸術」などを学び、豊かな「道徳的心情」を培い、自律した「責任」ある社会的存在となるように「みちびかれる」ことが示されている。また、将来的に国民の義務である

「勤労」を通して、具体的に社会に貢献していくことにつながる「職業指導」を受けることにもふれられている。

また、第8条から第11条においては、子どもの心身の成長や発達、生活の実態がいかなるものであろうと、存在の尊厳は守られるべきものであることが示されている。子どもの状況や実態にあわせ、必要に応じて「治療」「指導」「教育」がなされ、好ましからざる状況からは「保護」されるべきことが記されている。

第12条では、第1条から第11条に記された生活を生誕から18歳までの間保障されることによって初めて、より善き「国民として人類の平和と文化に貢献する」ことのできる人間として育つことができると謳（うた）っている。

(4) 受け継がれる児童憲章の精神 −子どもの最善の利益−

児童憲章が制定されてから、すでに65年以上が過ぎているが、その理念は未だ揺らいでいない。子どもの育児・保育・教育を考える際に、また「子どもの最善の利益」[*1]が保障されているのかを検討する際に大きな示唆を与えるものといえる。

児童福祉法や児童憲章は、「子どもの最善の利益」について具体的に述べられているのみならず、本来子どもが受けるべき保育の意味についてさまざまな角度から説明されたものととらえることができる。さらに、それらは子どもの「育ち」「育てられる」権利が何らかの理由により不可能となった場合においても、それらが福祉として補完されるべきことの根拠を示すものとなっている。そうしたことは1951（昭和26）年に、子どもにとって育ちのための「最善の利益」が損なわれた状況を「保育に欠ける」（児童福祉法第39条）と明文化し、児童福祉法施行令第27条に示されるような状況においても保育を受けられる権利を保障しなければならないことを具体的に示したことにあらわれている。そして、この精神は2015（平成27）年から始まった「子ども・子育て支援新制度」[*2]にも受け継がれている。「保育に欠ける」という文言は、「保育を必要とする」に改正され、保育を必要とする事由を新たに追加し、児童福祉法施行令から、子ども・子育て支援法施行規則に移行して、保育を受ける権利を保障しているのである。

*1 この言葉は、児童の権利に関する条約（通称：子どもの権利条約）にある国際的な基本原則である。この条約は、1989年に国連総会で採択され、わが国は1994年に批准した。

*2 詳しくは第2章のp.42を参照。

3.──保育所保育指針を視点として

保育の意味とは、これまでに示してきたように、人が人を育み、育てる理由に基づき、憲法や児童憲章、児童の権利に関する条約、児童福祉法などの

諸法規等が示しているような、個性的、社会的、文化的な存在として豊かに育っていくために必要となる子どもと保護者・保育者等との間での相互の営みと解釈される。

児童福祉法等の法規においては、明確に保育の意味定義はなされていないが、保育所保育の内容や運営を定めた「保育所保育指針」のなかに、その基本的な考え方が説明されている。要点をまとめると次のようになる。

保育所保育指針の「第1章 総則 1 保育所保育に関する基本原則 (1)保育所の役割」において、保育所等における「保育」の意味を、保護者に代わって子どもの「健全な心身の発達」を図ることを目的に、「最善の利益」をめざして行われる「養護及び教育を一体的」に行う営みとしている。

保育所保育指針
第1章 総則 1 保育所保育に関する基本原則 (1)保育所の役割
　ア　保育所は、児童福祉法（昭和22年法律第164号）第39条の規定に基づき、保育を必要とする子どもの保育を行い、その健全な心身の発達を図ることを目的とする児童福祉施設であり、入所する子どもの最善の利益を考慮し、その福祉を積極的に増進することに最もふさわしい生活の場でなければならない。
　イ　保育所は、その目的を達成するために、保育に関する専門性を有する職員が、家庭との緊密な連携の下に、子どもの状況や発達過程を踏まえ、保育所における環境を通して、養護及び教育を一体的に行うことを特性としている。
　ウ　保育所は、入所する子どもを保育するとともに、家庭や地域の様々な社会資源との連携を図りながら、入所する子どもの保護者に対する支援及び地域の子育て家庭に対する支援等を行う役割を担うものである。
　エ　保育所における保育士は、児童福祉法第18条の4の規定を踏まえ、保育所の役割及び機能が適切に発揮されるように、倫理観に裏付けられた専門的知識、技術及び判断をもって、子どもを保育するとともに、子どもの保護者に対する保育に関する指導を行うものであり、その職責を遂行するための専門性の向上に絶えず努めなければならない。

「養護」と「教育」の意味は、保育所保育指針「第1章 総則 2 養護に関する基本的事項」において次のように説明されている。「養護」とは、「子どもの生命の保持及び情緒の安定を図るために保育士等が行う援助や関わり」とされる。また、「教育」とは、「子どもが健やかに成長し、その活動がより豊かに展開されるための発達の援助」とされている。

つまり、保育所等における保育は、保護者に代わって行う、食事や排泄、整理・整頓、睡眠、衣服の着脱・調節などの身の回りの世話を通して、子どもの気持ちを受容・共感したり、関わったりしながら、安心して過ごすことのできる生活や、関わることによって心身のさまざまな発達を助長する環境を保障し、よりよい育ちを促していく社会的な営みといえる。

そのような保育を行っていくには、「保育に関する専門性を有する職員」が、「専門的知識、技術及び判断」をもって「家庭との緊密な連携」を図りながら、個々の子どもの成長や発達等の実態に応じて進めていく必要がある。そのため、子どもの「最善の利益」をめざして「養護及び教育」を一体的に行う保育を実施するには、愛護の精神をもち、養護や教育に関する専門職としての特別な知識や技能、判断が保育者に求められるわけである。

4.——保育の課題

しかしながら、こうした子どもたちの幸福追求を目的に、家庭や保育施設、学校等において育児や保育、教育が進められてきたにもかかわらず、子どもたちを取り巻く「育ち」や「育て」の問題は、姿を変えながら沸々と限りなく湧き上がってくるのも現実である。

子育てにまつわるさまざまな課題もみつめていこう

たとえば、子どもを社会的な存在としてとらえることの意識が希薄となり、いわば親の個人的な所有物のような認識となれば、溺愛による過保護や管理的な養育により過干渉になっていくこともある。その結果、子どもはいくつになっても自己中心的、依存的で、自分に対して自信がなく、周りの人々への配慮等の向社会的・愛他的な行動がとれないなどの傾向が顕著になっていくことも考えられる。このような状況が現代の人々のあり様として、さらなる課題を生み出す遠因となっていることも否めない。

また、それぞれの子どもの成長や発達、情意などの実態とかけ離れた、子どもにとっては「課業」を強いられるような保育が、保育や教育を実施する施設で実践されている現状も散見される。こうした生活のなかでは、子どもは主体的に生きることや創造的な生活をすることの楽しさを体感することはできないであろう。その結果、子どもが個性を生かしながら集団のなかで学び合い、自他のよさを感じ、認め合いながら自己実現を果たし、共生のなかで文化をともに継承・創造していくことにはつながらないと考えられる。

さらに、男女共同参画社会や少子高齢化による産業構造の変化から女性の社会進出が進み、多くの母親が職場へと駆り出されていく現状がある[*3]。生活や社会の状況からやむを得ない場合もあるが、これらについて子どもが本来享受すべき保育を受ける権利や、親や国、自治体等の責任といった点から

*3 詳しくは本書の第8章を参照。

具体的に検討され、保障されることも必要である。限りなく拡大する保育サービスや待機児童、チャイルド・アビュース[*4]の問題など、大いに議論すべき課題が山積している。

あらためて、さまざまな観点から、「なぜ、子どもたちの『育つ』『育てられる』権利が保障されなければならないのか」を見直してみる必要がある。先に示したように、子どもを1人のかけがえのない存在として、また、社会的な存在、親の愛を受けながら育つ存在、文化の継承者・創造者としての存在など、それらすべての観点をもって保育がなされることで初めて、子どもにとっての「最善の利益」を保障することができる。観点が何かに偏り、何かが欠ければ、子どもたちにとって、ふさわしい保育にはならない。なし崩し的に進んでいくさまざまな保育に関する課題について、子どもの「最善の利益」を中心に据え、国や自治体、保護者、保育に携わる者が、それぞれの立場から早急に検討し、行動を起こさなければならない時期に来ている。

*4 チャイルド・アビュース(child abuse)とは「児童虐待」と訳され、子どもの親などの保護者や年長者が子どもに対して行う虐待をさす。それらは、①身体への暴力による「身体的虐待」、②心理的に傷つける「精神的虐待」、③性器への接触や性関係の強要などによる「性的虐待」、④食事などの養育をしない「ネグレクト」の四つのタイプに大別される。

第2節　「保育士に必要な専門性」とは何か

1.──専門職としての保育士

先に示した保育所保育指針「第1章 総則　1 保育所保育に関する基本原則　⑵保育所の役割ウ」や児童福祉法第18条の4において、「倫理観に裏付けられた専門的知識、技術及び判断」をもった国家資格を有する保育士が、「保育を必要とする乳児・幼児を日々保護者の下から通わせて保育を行うことを目的とする」とされている。

児童福祉法
第18条の4　この法律で、保育士とは、第18条の18第1項の登録を受け、保育士の名称を用いて、専門的知識及び技術をもつて、児童の保育及び児童の保護者に対する保育に関する指導を行うことを業とする者をいう。
第39条　保育所は、保育を必要とする乳児・幼児を日々保護者の下から通わせて保育を行うことを目的とする施設（利用定員が20人以上であるものに限り、幼保連携型認定こども園を除く。）とする。
2　保育所は、前項の規定にかかわらず、特に必要があるときは、保育を必要とするその他の児童を日々保護者の下から通わせて保育することができる。

あくまでも、保育を行うのは保護者の責任であって、保育所における保育は、「保育を必要とする」という特別な状況において、保護者の委託を受け

ることで初めて成立するわけである。一旦委託を受けると、子どもが国民の権利として受けるべき保育を、子どもや家庭、保護者の状況に応じて、国によって資格認定された保育士が行う。つまり、国が資格認定した専門家が特別に役割を担うことで、保育の具体的な内容などの細部にわたるまで、責任を国が担保していることを意味しているのである。

そこでは保育のなかみを、「専門的知識、技術及び判断」をもって行われるものとすることで、保育にあたる者には「子守り」のような経験的なものだけでなく、子どもの成長や発達に関する十分な専門的知識と技能、判断を必要とするようになると考えられていることがわかる。

乳幼児期の子どもの保育は、児童期以降とは異なり、特別なケアや配慮を必要とする。それらは乳幼児期の発達の特性である依存性や顕著な個人差などに起因する。たとえば、乳児期の子どもの養護についてみると、体調などの変化が子どもの生死につながったり、幼児期の教育についてみると、特徴的な認知の発達の姿をみせていたりする。そのように特別な配慮を必要とする要因が多いことから、保育者には家庭との緊密な連携を図りながら子どもの理解を進め、専門的知識や技術、判断をもって保育を行うことが求められる。

子どもにとっての生活の場は、家庭だけでなく地域にも及ぶことから、保育は保育所等の施設のなかだけに限られたものではなくなる。保育は「家庭や地域」との「連携」によって継続的に行われることから、保護者への「保育に関する指導」や「支援」、「地域の子育て家庭に対する支援等」を保育所が行うことにより、一体となって保育を実施していくことになる。

2.──専門性を修得するために

養成教育において、保育者としてふさわしい専門性を身につけていくためには、学問的な知見である「理論」をもとに、それを保育の目標・目的・ねらいのために具現化していく「実践力」が必要となる。また、保育士の職務の対象が、日々成長・発達する人間であることや子どものみならず保護者・地域の人々に及ぶこと、保育の目標が将来にわたり子どもが豊かに生きていくことに置かれていることなどから、保育者には学際的な資質[*5]が要求される。ただ、手遊びや外遊びの仕方、工作や絵の造形表現方法、遊戯の仕方だけを知っていること、楽曲をピアノでうまく弾ける、だけでは専門職とはいえない。保育の専門職とは保育を、科学的・学問的な視点から理論的にとらえ裏づけることのできる知見と、それらを子どもにとって意義あるものとして実践できる技術を合わせもつことといえる。

*5 学際的な資質とは、いくつかの異なった学問分野がかかわることにより成立する専門的な資質のこと。

表1-1　指定保育士養成施設の修業教科目

告示による教科目		各養成施設が開設する授業科目
系列	教科目	左に対応して開設されている授業科目の例
教養科目	外国語、体育以外の科目	日本国憲法、情報機器の操作、生命の科学、文章表現、経済と生活、健康と食品、化学と環境問題、コンピューターリテラシー、キャリアデザイン論、心理学の世界と歴史、心理学、社会学、建学の精神、仏教思想と現代、人権教育、教育原論、看護介護入門、日本語表現法　他
	外国語	外国語コミュニケーションⅠ、外国語コミュニケーションⅡ、English Reading、General English、ドイツ語文法入門、英語表現法Ⅰ、中国語表現法Ⅰ、フランス語Ⅰ、フランス語Ⅱ、イタリア語Ⅰ、イタリア語Ⅱ　他
	体育	スポーツと健康の科学、基礎トレーニング、保健体育、体育実技、健康科学、健康とスポーツ実習、生涯健康とスポーツ実習　他
告示別表第1による教科目		各養成施設が開設する授業科目
保育の本質・目的に関する科目	保育原理	保育原理、保育原理Ⅰ　他
	教育原理	教育原理、教育学概論Ⅰ、教育学概論　他
	児童家庭福祉	児童家庭福祉、児童福祉Ⅰ、児童福祉論Ⅰ　他
	社会福祉	社会福祉、社会福祉Ⅰ、社会福祉論Ⅰ　他
	相談援助	相談援助、ソーシャルワーク演習Ⅰ　他
	社会的養護	社会的養護、養護原理　他
	保育者論	保育者論　他
保育の対象の理解に関する科目	保育の心理学Ⅰ	保育の心理学Ⅰ、教育心理学、発達心理学　他
	保育の心理学Ⅱ	保育の心理学Ⅱ、発達心理学演習、保育心理学演習、学校心理学　他
	子どもの保健Ⅰ	子どもの保健Ⅰ、子どもの保健Ⅱ、小児保健Ⅰ、小児保健Ⅱ、医学概論、小児保健　他
	子どもの保健Ⅱ	子どもの保健Ⅲ、小児保健実習、小児保健演習、子どもの保健演習　他
	子どもの食と栄養	子どもの食と栄養、小児栄養Ⅰ、小児栄養演習、小児栄養Ⅱ　他
	家庭支援論	家庭支援論、家族援助論　他
保育の内容・方法に関する科目	保育課程論	保育課程論、幼稚園教育課程論　他
	保育内容総論	保育内容総論、保育内容A（総合）　他
	保育内容演習	保育内容健康Ⅱ、保育内容環境Ⅱ、保育内容言葉Ⅱ、幼児の健康、幼児の人間関係、幼児の環境、幼児の言葉、幼児の音楽表現Ⅰ、幼児の身体表現Ⅰ、幼児の造形表現Ⅰ、保育内容（健康）、保育内容（人間関係）、保育内容（環境）、保育内容（言葉）、保育内容（表現）、保育内容B（健康）、保育内容C（人間関係）、保育内容D（環境）、保育内容E（言葉）、保育内容F（表現）　他
	乳児保育	乳児保育、乳児保育Ⅰ、乳児保育Ⅱ、乳児保育演習　他
	障害児保育	障害児保育、障害児保育Ⅰ、障害児保育Ⅱ、障害児保育演習　他
	社会的養護内容	社会的養護内容、養護内容　他
	保育相談支援	保育相談支援、ソーシャルワーク演習Ⅲ、保育カウンセリング　他
保育の表現技術	保育の表現技術	器楽A、造形、幼児体育、音楽Ⅰ、音楽Ⅱ、音楽Ⅲ、音楽Ⅳ、図画工作Ⅰ、図画工作Ⅱ、体育Ⅰ、体育Ⅱ、身体表現技術、音楽表現技術Ⅰ、造形表現技術、言語表現技術、音楽A、音楽B、体育、図画工作、絵画表現、保育生活技術演習　他
保育実習	保育実習Ⅰ	保育実習Ⅰ、保育所保育実習Ⅰ、保育所実習、施設保育実習Ⅰ、施設実習、ソーシャルワーク実習　他
	保育実習指導Ⅰ	保育実習指導Ⅰ、保育実習実践研究Ⅰ、保育所実習指導、保育所実習の指導、保育実習実践研究Ⅱ、ソーシャルワーク実習Ⅱ、施設実習の指導　他

（昨今、高等教育などにおいて見直されており、よりよき保育士の基盤となる人間性の陶冶（とうや）に資する教科目）

（保育士に必須となる法令により定められた専門的な教科目）

第1章 「保育」の意味を考える

系列	告示別表第2による教科目	各養成施設が開設する授業科目
総合演習	保育実践演習	保育実践演習、卒業論文、保育・教職実践演習（幼・小） 他
	教科目	左に対応して開設されている授業科目の例
保育の本質・目的に関する科目	各指定保育士養成施設において設定（必修や選択必修、選択科目として、「各指定保育士養成施設において設定」された専門的な教科目）	幼児教育基礎論、幼児教育課程論、保育原理Ⅱ、社会福祉Ⅱ、児童福祉Ⅱ、ソーシャルワーク総論、地域福祉論、児童福祉論Ⅱ、保育・教育実践学習、文化と社会、子ども学基礎演習 他
保育の対象の理解に関する科目		幼児理解論、カウンセリング、発達心理学、臨床心理学、小児保健Ⅲ、障害者福祉論Ⅰ、障害者福祉論Ⅱ、家族社会学、世代間交流演習、人間関係とコミュニケーション 他
保育の内容・方法に関する科目		保育内容健康Ⅰ、保育内容環境Ⅰ、保育内容言葉Ⅰ、音楽概説、幼児の音楽表現Ⅱ、幼児の身体表現Ⅱ、幼児の造形表現Ⅱ、乳児保育Ⅲ、児童文化、家庭管理、レクリエーション基礎、子どもの遊びと文化、子ども生活文化論、子ども生活文化演習、障害児保育指導法、子どもとメディア教育、子ども学専門演習 他
保育の表現技術		幼児教育指導法Ⅱ、器楽B、国語Ⅰ、国語Ⅱ、生活、音楽Ⅴ、音楽Ⅵ、図画工作Ⅲ、図画工作Ⅳ、体育Ⅲ、体育Ⅳ、児童文化、音楽表現技術Ⅱ、音楽表現技術Ⅲ、子ども音楽概論、音楽D、造形実習 他
保育実習	保育実習Ⅱ	保育実習Ⅱ、保育所保育実習Ⅱ 他
	保育実習指導Ⅱ	保育実習指導Ⅱ、保育実習実践研究Ⅲ、保育実習Ⅱの指導 他
	保育実習Ⅲ	保育実習Ⅲ、施設保育実習Ⅱ、ソーシャルワーク実習 他
	保育実習指導Ⅲ	保育実習指導Ⅲ、保育実習実践研究Ⅳ、ソーシャルワーク実習指導Ⅰ、ソーシャルワーク実習指導Ⅱ、保育実習Ⅲの指導 他

※「保育士資格取得科目ではないが、学校独自の科目として開設されている教科目」については省略した。なお、この教科目は、各指定保育士施設（学校）の独自性をもって保育士養成に必要と考え設定された教科目のことである。
出典：「児童福祉法施行規則第6条の2 第1項第3号指定保育士養成施設の修業教科目及び単位数並びに履修方法」をもとに、いくつかの保育士養成校のシラバス等を参考に筆者作成

(1) 保育に関する専門性を学ぶ

　保育士の養成において、保育を実践していくために必要な専門性修得のために規定されているのが、厚生労働省告示「児童福祉法施行規則 第6条の2 第1項第3号指定保育士養成施設の修業教科目及び単位数並びに履修方法」に示されている授業科目である（表1－1）。それらは「教養科目」「告示別表第1による教科目」「告示別表第2による教科目」「保育士資格取得科目ではないが、学校独自の科目として開設されている教科目（※表1－1では省略した）」で構成されている。

(2) 学ぶ内容に関心をもつ

　あらためて「なぜ、その教科目が設定されているのか」という教科目設定の意味を詳細に考えてみれば、それぞれの教科目の置かれている意味と必要性が浮かび上がってくる。養成校の学生にとっては、あまり深く理解されていないのが現状であるが、「保育士養成課程」において編成されるカリキュラムは、それぞれの教科目が組織的につながり合うことで、互いの教科目の理解の範囲と深度を増幅させていくことができる。

　たとえば、保育内容「健康」などに関する授業科目において、3歳児クラスを対象にした模擬保育で、「梅雨の晴れ間に外遊びをする」ことを計画するとする。本来であれば、目の前のそれぞれの子どもの実態をもとにしながら保育を計画するのであるが、模擬保育ではそうはいかない。まず、3歳の一般的な梅雨の時期の子どもの成長や発達、生活する姿が思い浮かばなければ保育の計画はできない。活動に必要となる子どもの心身や社会性、言葉、認知などの発達を押さえ、さらに保育の基本的事項を理解してはじめて保育の計画を立案することができるのである。それらをどのような教科目から学ぶことができるかといえば、主なものでも「保育原理」「教育原理」「保育の心理学」「保育内容 健康」「保育内容 言葉」「保育内容 人間関係」「保育の表現技術」、また子ども理解や指導法に関する科目などがあげられよう。

　それぞれの教科目の内容に関しての理解が深ければ深いほど、保育の計画もより意味深く、豊かなものとなることはいうまでもない。そのような認識をもち、自らの保育士になるための学習の過程を見直してみれば、自分が「どのような力をつけるべきなのか」や「何が不足しているのか」などがみえてくることも多いのである。

3. ──保育士の専門性を培うカリキュラム

(1) カリキュラムを構成する要素

　「保育士養成課程」において編成されるカリキュラムのなかで、特に専門に関する教科目は、「保育の本質・目的に関する科目」「保育の対象の理解に関する科目」「保育の内容・方法に関する科目」「保育の表現技術」「保育実習」「保育実践演習」によって構成されている。図1-1は、それらのカリキュラムの構造を図式化したものである。

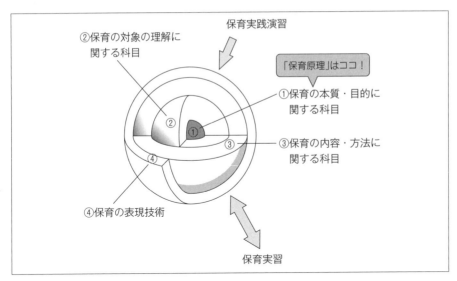

図1-1 指定保育士養成カリキュラムの構造
出典：「指定保育士養成施設の修業教科目及び単位数並びに履修方法」をもとに筆者作成

(2) 構成要素の意味

カリキュラムにおける構成要素の関連性は、図1-1に示しているように、中核にまず「保育の本質・目的などに関する科目」がある。それらは、社会福祉や児童福祉、保育や養護、教育の原理などについて学び、保育士が職務を遂行していくうえで根本となる保育に関する事項の本質や目的などについて学ぶ教科目である[11]。次に「保育の対象の理解に関する科目」とは、保育を展開していくための前提となる、保育の対象を深く理解するための教科目である。それらでは、保育を行ううえで、対象となる子どもの心身の成長や発達について、またそれらに必要となる生活、保護者、家庭、家族などの存在の意義やあり方などについて学ぶ。

また、「保育の内容・方法に関する科目」では、乳幼児や障害児、要養護児童に対して具体的に行われる保育の内容や方法に関して学ぶ。それらは、「保育の本質・目的に関する科目」や「保育の対象の理解に関する科目」を根幹として、乳幼児や障害児、要養護児童への養護や教育（領域「健康」、領域「人間関係」、領域「環境」、領域「言葉」、領域「表現」）の内容や方法の修得に関するものである。

ほかにも、保育者が保育を実践するために必要となる「保育の表現技術」の修得をめざして行われる教科目がある。身体表現や体育に関する技能、器楽や声楽などの音楽に関する技能、造形活動に関する技能、言語表現に関する技能などの修得を目的としたものである。

「保育実習」は、それまでに学んだ保育の理論、演習や実習などで修得した知識・技能などをもって、実際の保育現場を観察・体験することで、保育に携わる専門職の目的や価値、倫理などについて理解と自覚を深めることを目的としている。また、多様な経験のなかで、保育者としての使命感や責任感、実践力の基礎を一層高める場とするための教科目である[12]。

「保育実践演習」という教科目では、保育に関係する子どもや保護者を取り巻く、社会、国、世界の状況や、今後の保育のあり方に影響を与えると考えられるさまざまな問題を広角的・研究的な視点からとらえていくことをねらいとしている。その目的は、変動する社会のなかで、状況を分析的にとらえる目を養うなど、保育士としての専門性をより高めていくことにある。

(3) 保育士養成課程のカリキュラムの重要性

以上の説明から、図1-1に示すように「保育士養成課程」に関するカリキュラムが、階層性や系統性、関連性をもって編成されていることが理解できたと思う。それらは、講義や演習、実習などのさまざまな授業形態で実施されている。時おり「演習の授業は楽しいけど、講義は苦手だから……」という学生がいるが、子どもにとって責任のある保育を専門職として行っていくためには、そんなことはいっていられない。適切な「保育の本質・目的」や「保育の対象」を深く理解し、ふさわしい「保育の内容・方法」を計画・実践することが求められ、保育内容を実践していくために「保育の表現技術」が要求される。つまり、保育士養成課程のカリキュラムにおいて示されている教科目から学ぶ内容こそが、児童福祉法第18条の4（p.20）に示されるところの「専門的知識及び技術」であり、何一つ疎かにすることはできないのである。

保育実習に臨む保育学生たち。何を、何のために学ぶのか？　子どもの姿とともに、保育士養成課程全体のカリキュラムを見渡してみよう

第1章 「保育」の意味を考える

第3節　「保育原理」とは何か

1.──保育原理の意味

　「保育原理」は、文字通り、保育の原理について学ぶ教科目である。そもそも原理とは、「ものの拠って立つ根本法則。認識または行為の根本法則。原則」[13]とされる。つまり、保育原理とは、保育の意味を理解し、それに「拠って」保育に関するさまざまな事項についての考え方の規準や基準をもち、保育を実施するための計画や評価、内容や方法を検討する上での指針となる「根本法則」のことである。保育原理については、保育所保育指針の「第1章 総則　1 保育所保育に関する基本原則」において、「保育の目標」「保育の方法」「保育の環境」といった三つの点から説明されている。「保育の原理」として示されているそれぞれの内容の要点をまとめると以下のようになる[*6]。

＊6　以下の保育所保育指針の原文は、第4章（p.77）で改めて解説する。

(1)　保育の目標

　まず、「保育の目標」の箇所では、保育を行う際の目標として以下のことが示されている。

> ア　保育所保育は、子どもが現在を最もよく生き、望ましい未来を創造する力の基礎を培うために次の6つの目標を設定する。
> 　(ア)　養護の行き届いた環境のもと、くつろいだ雰囲気のなかで欲求を充足させ、生命の保持と情緒の安定を図ること（養護に対応する事項）。
> 　(イ)　健康で安全な生活のための基本的な生活習慣や態度、心身の健康の基礎を培うこと（領域「健康」に対応する事項）。
> 　(ウ)　人との関わりのなかで、愛情と信頼感・人権意識を育てるとともに、自主、自立、協調の精神、道徳性の芽生えなどを培うこと（領域「人間関係」に対応する事項）。
> 　(エ)　生命、自然や社会事象への興味や関心を育て、豊かな心情や思考力の芽生えを培うこと（領域「環境」に対応する事項）。
> 　(オ)　生活のなかで言葉への興味や関心を育て、言葉での関わりにより言葉の豊かさを養うこと（領域「言葉」に対応する事項）。
> 　(カ)　体験のなかで感性や表現力、創造性の芽生えを培うこと（領域「表現」に対応する事項）。
> イ　保育所は保護者に対して、その意向を受容し、安定した関係を築き、保育所の特性や保育士等の専門性をもって援助することを目標とする。

(2) 保育の方法

次に「保育の方法」については、保育の目的や目標を達成するための保育を行う際の留意事項として、次の六つの点が述べられている。

> ア　子どもの情況、家庭や地域での生活実態の把握、子どもを主体として受容すること（子ども理解への配慮）。
> イ　健康、安全で情緒の安定した生活や自己発揮のできる環境づくりを行うこと（居場所の確保への配慮）。
> ウ　子ども個々の発達過程を理解し、発達の実態や個人差に配慮すること（発達過程に応じた保育への配慮）。
> エ　子ども相互が尊重し合う関係のなかで、効果的な集団活動が生まれるように配慮すること（集団による保育への配慮）。
> オ　子どもが自発的・意欲的・主体的に相互に関われるような環境構成を行い、生活や遊びを通しての総合的な保育となるよう配慮すること（総合的な保育への配慮）。
> カ　保護者の情況や意向を理解、受容し、適切に援助すること（保護者への援助への配慮）。

(3) 保育の環境

「保育の環境」では、子どもにとって保育を受けるにふさわしい環境（人・物・場などが関わり合ってつくる環境）のあり方や構成について示している。保育の基本は「環境を通して」保育を行うことである。環境とは人的環境、物的環境、自然や社会の事象などをさしており、子どもはそれらの身近な環境との関わりを通して「現在を最も良く生き、望ましい未来をつくり出す力」の基礎を培うとされる。そのためのふさわしい環境として以下の四つの点があげられ、さらに環境構成のための配慮事項がそれぞれに示されている。

> ア　自主的・主体的に生活できる場であること。子どもが主体的に環境と関わって活動ができ、豊かな経験の場となるよう配慮すること。
> イ　保健的環境や安全の確保がされていること。豊かな生活の場として、保健的環境や安全の確保がなされるよう配慮すること。
> ウ　親しみと休息をもたらし、いきいきと生活ができる場であること。温かな親しみとくつろぎの場であり、自らを発揮して生活のできる場となるように配慮すること。
> エ　さまざまな人との関わりの場であること。周囲の子どもやおとなと関わる力を育てる場となるよう配慮すること。

以上のように、「保育の原理」においては、まず保育の根本となる「何を目標に保育を行うのか」について示され、次にその目標を実現するためには

「どのような内容や方法において保育を進めるのか」について論及されている。そして、最後に、保育が「いかなる環境のなかで行われるのか」について述べられている。これらの三つの事項に示されていることは、保育を進めるうえで最も基本的で中核となるものである。

2.——教科目としての保育原理の目的と内容

本書の「はじめに」でも述べたように、今日、子どもの「育ち」や「育て」をめぐる環境の変化は、少なからず子どもの成長や発達に好ましからざる影響を及ぼしている。たとえば、核家族化や少子化、母親の社会進出などによる待機児童の増加や多様な子育て支援の必要性、児童虐待の深刻化などの問題が生じている。また、子どもの生活環境の変化から身体的、認知的、社会的・情緒的発達、コミュニケーション能力の発達に関する気になる情況も生じている。

保育は環境を通して行われる

以上のような状況のなかでの保育という営みにおいては、まず「保育とは何か」をあらためて問い直しながら、いわゆる保育の「不易流行」をとらえていく必要がある。さらに、それらをもとに多様に変化する社会状況に対応するための保育実践力を身につけていくことが求められる。そのための見通しを指し示してくれるのが「保育原理」という教科目なのである。

教科目としての「保育原理」の目標は、各養成校によって表現のしかたや切り口は多様であるが、次のようにまとめられよう。「保育原理」では、まず保育という営みの意味を知り、なぜそうした制度が生まれたのかについて理解することである。また、保育に関連する諸事項の存在について知り、それらをさまざまな教科目において専門分野として学んでいくことの見通しをもつことである。さらに、保育を実践していくために必要となる知識や技能について知り、直面する多様な保育の課題に対応できる保育実践力形成の基盤となる原理について理解を深めていくことである。具体的には、保育の意味や制度、歴史、思想、子ども理解などについて学び、乳幼児の心や身体の発達の実態と保育、保育の内容や方法・計画・評価、子育て支援や次世代育成、保育ニーズの多様化、保育の現状と課題などについて学ぶのである。

第4節　大きな転換とこれからの教育・保育

1.——大きな転換の背景

(1) 社会の変化と幼児教育への経済的関心の高まり

　2018（平成30）年度より、保育所保育指針や幼稚園教育要領ならびに幼保連携型認定こども園教育・保育要領が、さらに期間をおいて小・中・高・特別支援学校における学習指導要領の改訂が実施される。改訂の背景については、いろいろと説明されているものの最も大きな要因は、国際的規模からのわが国生き残りの国家的な戦略であり、喫緊の課題である。それらは、グローバリゼーションとそれにつながる国の政策、OECDの示す学力観に象徴される学力の国際標準化、国の行く末や労働人口の確保など少子高齢化に伴う諸問題と国の政策、国際的な動向である幼児期教育への経済的関心の高さ（後述）などである。

(2) わが国の未来を賭けた保育・教育改革

　わかりやすくいえば、グローバル化がさらに進み、これまでの国のあり方では希望的な将来像を描くことのできない予測困難で不安定、不確定な時代の到来に向けて、わが国を担っていく人材の育成を視野に入れた改革である。そのような困難な状況下であってもたくましく、自己実現を遂げていくことのできる人間の育成を考えたものである。保育所・幼稚園・認定こども園から小・中・高、その他の学校教育などをも含めた保育・教育改革を、ここまで一貫してふみ込んだものとして打ち出したことは、これまでほとんど経験のないことである。

　大きな転換の背景について示してきたが、それらをふまえた教育のあり方を広く社会に対して開示し、その内容や効果を明確に提示・評価していこうとする意味と態度を「開かれた教育課程」の言葉によって示している。一貫した全人的なあり方としての新たな教育・保育観への見直しを進める機会となることが期待される。

2.——変化する教育・保育の流れ

　2017年告示の指針・要領改訂の方向性が一貫したものであることから、改

革の大きな流れについては、学校教育を中心に整理しておきたい。今回の一連の改訂に向けては、主に次の三つの点について議論が重ねられた。

(1) 「資質・能力」

第一点は、教育の目的である「資質・能力の育成」についてである。そこでは、幼稚園から高等学校までをも一貫させたふみ込んだ新学力観が示され、教育の目的として「資質・能力の育成」を掲げ、教育課程編成の基盤を内容（コンテンツ）と資質・能力（コンピテンシー）の調和的な育成が図られている。

(2) 「アクティブ・ラーニング」

第二点は、学校園での一貫した保育・授業方法の改革としての「アクティブ・ラーニング（問題の発見や解決に向けて主体的・協働的に学ぶ学習）」の導入についての検討である。

(3) 「カリキュラム・マネジメント」

第三点は、一貫して育成する資質・能力の三つの柱の明確化に基づき、各校種において育てる姿の明確化と評価の客観化を視野に入れた、カリキュラムレベルでの教育の根本的な見直しとカリキュラム・マネジメントによる教育課程再編についての検討である。

3. ──改革に向けた人間観・学力観

そもそも今回の保育・教育改革の背景には、将来において豊かにたくましく生き抜いていける人間像や、社会において確かに自己実現に向かう人材の育成などの基盤となる人間観があり、そこから生じる学力観がある。それらは大きく二つの学力観に象徴されるものである。

(1) 二つの学力観「コンテンツ・ベース」と「コンピテンシー・ベース」

一つは、「コンテンツ・ベース」といわれるもので、内容（領域固有な知識・技能）を中心・基盤とした、教科や領域の一つ一つを各授業で累積していくような学力のことである。「何を知っているか」「どれだけ知っているか」に関する能力のことである。もう一つは、「コンピテンシー・ベース」といわれる、「資質・能力」（思考力、意欲、社会スキルなど）を中心とした自己調整して取り組む意欲や協働的に問題を解決したり、相手と交渉したりしな

がら問題を解決していくような力のことである。

(2) 「非認知能力」―どのように問題解決を成し遂げるか―

　具体的には、達成への意欲、粘り強さ、問題解決能力、自己学習力、対人関係能力、社会参画能力、コミュニケーション能力などの非認知能力をさす。「どのように問題解決を成し遂げるかに関する能力」のことである。昨今、経済学者であるJ．ヘックマンの著書『幼児教育の経済学』（東洋経済新報社）が話題になったが、本書では非認知能力の重要性について「就学前教育は、その後の人生に大きな影響を与える。就学前教育で重要なのは、IQに代表される認知能力だけでなく、忍耐力、協調性、計画力といった非認知能力である」と述べられている。それはたとえば答えのない課題に協働して取り組み、「正解」でなく「最適解」を求め続ける力などを培う重要性を示している。

4.――幼稚園教育要領の改訂について

　幼稚園教育要領の改訂にあたってのポイントは、それぞれの学校において育てる姿の明確化と評価の客観化を行うことである。そのためには、カリキュラムレベルでの教育の根本的な見直し、学校教育で一貫して育成する「資質・能力」の三つの柱を系統的に明確化することが求められている。さらに、カ

●育成すべき資質・能力の三つの柱（幼児教育）⇒遊びを通しての総合的な指導を前提とする中で。	●育成すべき資質・能力の三つの柱（小学校以上）
①知識及び技能の基礎・「遊びや生活の中で、豊かな体験を通じて、何を感じたり、何に気付いたり、何がわかったり、何ができるようになるのか」	①知識及び技能・「何を知っているか、何ができるか」
②思考力、判断力、表現力等の基礎・「遊びや生活の中で、気付いたこと、できるようになったことなども使いながら、どう考えたり、試したり、工夫したり、表現したりするか。」	②思考力、判断力、表現力等・「知っていること・できることをどう使うか」
③学びに向かう力、人間性等・「心情・意欲・態度が育つ中で、いかによりよい生活を営むか。」	③学びに向かう力、人間性等（情意、態度等にかかわるもの―主体性・多様性・協調性など）・「どのように社会・世界とかかわり、よりよい人生を送るか」

図1－2　幼児教育と小学校以上の学校教育で育成すべき資質・能力のつながり

出典：幼稚園教育要領、小学校学習指導要領を基に筆者作成

第1章 「保育」の意味を考える

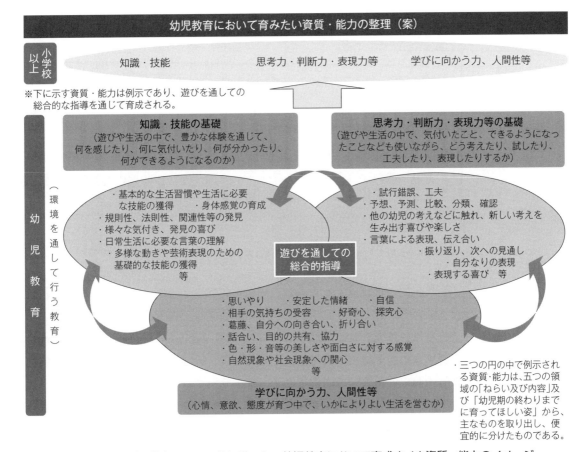

図1－3 資質・能力の三つの柱に沿った、幼児教育において育成すべき資質・能力のイメージ
出典：文部科学省 中央教育審議会 教育課程部会 幼児教育部会「幼児教育部会における審議の取りまとめについて（報告）」2016年

リキュラム・マネジメントによる教育課程の再編、アクティブ・ラーニングによる指導の改善・充実、工夫、保幼小の連携の具体化、実質化である。

　幼稚園ならびに保育所において明確化された「幼児教育において育成すべき資質・能力」は、次に示す小学校以上の校種において掲げられた育成すべき資質・能力の三つの柱とつながるものである（図1－2、1－3）。

　育成すべき資質・能力の三つの柱の下、一貫した教育の観点、とりわけ幼・保、小教育の円滑な接続・連携を図る観点から、5歳児修了時までに育ってほしい具体的な姿を10項目に整理した「幼児期の終わりまでに育ってほしい姿」を幼稚園教育要領等に位置づけている。

> **幼児期の終わりまでに育ってほしい姿（10の姿）**
> ①健康な心と体　②自立心　③協同性　④道徳性・規範意識の芽生え
> ⑤社会生活との関わり　⑥思考力の芽生え　⑦自然との関わり・生命尊重
> ⑧数量や図形、標識や文字などへの関心・感覚　⑨言葉による伝え合い
> ⑩豊かな感性と表現

　「幼児期の終わりまでに育ってほしい姿」については、幼稚園教育要領・保育所保育指針に示される「ねらい及び内容」に基づく保育活動全体を通して、資質・能力が育まれている子どもの卒園を迎える時期の具体的な姿であり、指導を行う際に考慮するものと説明されている。

5. 資質・能力の育成に向けた教育方法の改善

　資質・能力を育成するために、一貫してアクティブ・ラーニングを重視した「深い学び」「対話的な学び」「主体的な学び」の充実を図る教育方法として打ち出されている。幼児教育においては、幼児期の学びの中心となる遊びが様々な形態・状況で実施されることから、5歳児後半の幼児では、指導計画等のねらいに応じて次のアクティブ・ラーニングの視点から指導を行うこととしている。進めていくうえでの留意点については、以下のように示されている。

> **アクティブ・ラーニングを進めるうえでの留意点**
> ①直接的・具体的な体験のなかで、見方・考え方を働かせて対象と関わって心を動かし、幼児なりのやり方やペースで試行錯誤を繰り返し、生活を意味あるものとしてとらえる「深い学び」が実現できているか。
> ②他者と関わりを深めるなかで、自分の思いや考えを表現し、伝え合ったり、考えを出し合ったり、協力したりして自らの考えを広げ深める「対話的な学び」が実現できているか。
> ③周囲の環境に興味や関心をもって積極的に働きかけ、見通しをもって粘り強く取り組み、自らの遊びを振り返って次につなげる「主体的な学び」が実現できているか。

第5節　保育所保育指針の改定について

1. 改定の背景

　今回の保育・教育改革は、国際的・社会的状況の変化に応じた国家的な政策によるものであるが、保育所保育指針の改定においても当然そうした流れ

に沿いつつ、さらに独自の状況に応えて検討された。改定の議論の際に示された社会情勢の変化とは、次のようなものである。

・量・質の両面から子どもの育ちと子育てを社会全体で支える「子ども・子育て支援新制度」の施行（2015（平成27）年）
・0～2歳児を中心に保育所利用児童数の増加（1・2歳児利用率27.6％（2008（平成20）年）→38.1％（2015（平成27）年））
・子育て世帯の子育ての負担や孤立感の高まり
・児童虐待相談件数の増加（42,664件（2008（平成20）年）→88,931件（2014（平成26）年）

2. ――改定の五つの方向性

保育所保育指針の改訂は、次の五つを軸として行われた。以下に順に概説する。

(1) 「乳児・3歳未満児保育の記載の充実」
(2) 「幼児教育の積極的な位置づけ」
(3) 「健康及び安全の記載の見直し」
(4) 「『子育て支援』の章を新設」
(5) 「職員の資質・専門性の向上」

(1) 乳児・3歳未満児保育の記載の充実

この時期の保育の重要性や0～2歳児の利用率の上昇等をふまえ、3歳以上児とは別に項目を設けるなど記載内容を充実させている。乳児保育については、「身近な人と気持ちが通じ合う」「身近なものと関わり感性が育つ」「健やかに伸び伸びと育つ」という視点から記載内容を整理・充実している。また、乳幼児期の発達の特性と合わせて保育内容を記載し、養護の理念は総則で重点的に扱われている。

図1-4は、乳児の育ちと養護、乳幼児保育の三つの視点ならびに領域の概念図である。この図は、乳児保育の三つの視点とその後の保育の領域との関係性を示している。あくまで乳児の保育であることから、五つの領域に明確につながるのはしばらく先となる。しかし、乳児保育の三つの視点は、発達とともに将来的には幼児期における領域とつながっていくものとしてイメージされている。

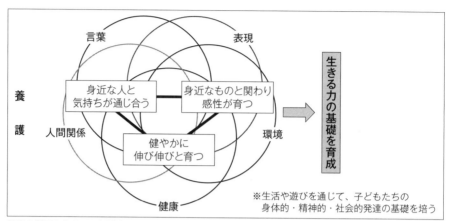

発達の側面から5つの領域を示している。これらは幼児が環境に関わり生活する具体的な活動を通して総合的に達成される。

図1-4　子どもの育ちと養護、乳幼児保育の三つの視点並びに領域

出典：厚生労働省 社会保障審議会児童部会 保育専門委員会「保育所保育指針の改定に関する議論のとりまとめ」2016年を一部改変

(2) 幼児教育の積極的な位置づけ

　保育所保育も幼児教育の重要な一翼を担っていることをふまえ、卒園時までに育ってほしい姿を意識した保育内容や保育の計画・評価のあり方についての記載内容を充実させている。また、主体的な遊びを中心とした教育内容に関して、幼稚園、認定こども園との整合性を引き続き確保するとしている。

(3) 健康及び安全の記載の見直し

　子どもの育ちをめぐる環境の変化をふまえて、食育の推進、安全な保育環境の確保等に関する記載内容について見直している。

(4) 「子育て支援」の章を新設

　保護者と連携して「子どもの育ち」を支えるという視点をもち、子どもの育ちを保護者と喜び合うことを重視するとともに、保育所が行う地域における子育て支援の役割が重要になっていることから、「保護者に対する支援」の章を「子育て支援」に改め、記載内容を充実させている。

(5) 職員の資質・専門性の向上

　職員の資質・専門性の向上について、キャリアパスの明確化を見据えた研修機会の充実なども含めて記載内容を充実させている。キャリアパスとは、保育の専門職として昇進や昇格、あるいは専門性を極めていく基本的な道筋を示したモデルのことである。専門職として何を、どのように身につけてい

くのかを明確化し、自己啓発意識の醸成や処遇改善につながることが期待される。

3. ──乳幼児保育におけるねらい及び内容

　このたびの改定では、特に乳児保育に関する記述が多くなっている。重複する部分もあるが、重要な点であるため改めて乳児保育について述べておく。
　乳児保育については、生活や遊びを充実させることにより、子どもの身体的・精神的・社会的発達の基盤を培うという基本的な考え方をふまえ、乳児を主体として「健やかに伸び伸びと育つ」「身近な人と気持ちが通じ合う」「身近なものと関わり感性が育つ」という三つの視点から保育の内容等が記載されている。この三つの視点を掲げる意味には、保育現場において保育士等が保育を整理・充実させていくことも視野に入れられている。以下に、それぞれの視点について補足をしておく。

①「**健やかに伸び伸びと育つ**」
　「健康な心と体を育て、自ら健康で安全な生活をつくり出す力の基盤を培う」ことをねらいとしている。このことから、主に指針の「健康」領域などに示される保育内容との連続性を意識しながら、保育のねらい・内容等の整理・記載がなされている。乳児からの働きかけを周囲の大人が受容し、応答的に関わる環境の重要性をふまえた記載となっている。

②「**身近な人と気持ちが通じ合う**」
　「受容的・応答的な関わりの下で、何かを伝えようとする意欲や身近な大人との信頼関係を育て、人と関わる力の基盤を培う」ことをねらいとしている。そのため、主に指針の「人間関係」「言葉」などの領域に示される保育内容との連続性を意識しながら、保育のねらい・内容等について整理・記載がなされている。乳児が好奇心をもち、やがて自ら関わっていけるような環境構成を意識した記載となっている。

③「**身近なものと関わり感性が育つ**」
　「身近な環境に興味や好奇心をもって関わり、感じたことや考えたことを表現する力の基盤を培う」ことをねらいとしている。そこで、主に指針の「環境」「表現」の領域などに示される保育内容との連続性を意識しながら、保育のねらい・内容等について整理・記載がされている。

　以上のように、特に強いつながりが感じられる視点と領域はあるものの、

図1－4に示されるように、子どもの生活や遊びが総合的なものであることから、三つの視点は互いにつながりをもって保育において展開されるわけであるし、関連する五つの領域もすべてが互いに関係し合っている。つまり、すべての視点と領域は相互に関連し合うのである。さらに言えば、三つの視点は、やがて「育成すべき資質・能力の三つの柱」に接続していくものである。

❋ **学習の確認** ❋

1．演習問題
  ① 保育の意味を整理し、なぜ保育が必要なのかをまとめてみよう。
  ② 自分の学校のシラバスなどをみながら、カリキュラムを「保育の本質・目的に関する科目」「保育の対象の理解に関する科目」「保育の内容・方法に関する科目」「保育の表現技術」といった構成要素に分類し、その内容を確認してみよう。

2．キーワードのおさらい
  □ 児童憲章
  □ 児童の権利に関する条約
  □ 保育所保育指針
  □ 保育士の専門性
  □ 保育の原理

【引用・参考文献】
1）太田堯『教育の探求』東京大学出版会　1973年
2）コンラート・ローレンツ（日高敏隆・丘直通訳）『動物行動学Ⅱ』思索社　1980年
3）D.K.バーンスタイン、E.ティガーマン（池弘子・山根律子・緒方明子他訳）『子どもの言語とコミュニケーション―発達と評価―』東信堂　1994年
4）デューイ（金丸弘幸訳）『民主主義と教育』玉川大学出版部　1984年
5）ブルデュー＆パセロン（宮島喬訳）『再生産』藤原書店　1991年
6）ルソー（今野一雄訳）『エミール』岩波書店　1967年
7）フレーベル（荒井武訳）『人間の教育』岩波書店　1970年
8）長田新『ペスタロッチ教育学』岩波書店　1957年
9）小澤滋子「児童観，遊びと教育思想」小澤周三他編『教育思想史』有斐閣　1993年
10）待井和江『私の歩んだ道　保育所保育とともに56年』ミネルヴァ書房　2008年
11）全国保育士養成協議会・現代保育研究所『保育士養成課程シラバス』　1998年
12）全国保育士養成協議会『保育士養成資料集』第42号　2005年
13）新村出編『広辞苑』岩波書店　1955年
14）厚生労働省『保育所保育指針』フレーベル館　2017年
15）文部科学省『幼稚園教育要領』フレーベル館　2017年

第1章　「保育」の意味を考える

● 「育てる」ことによって「育つ」ということ

　「先生、実習に行ってほんとうによかった」。保育実習から戻るなり、学生が言った言葉です。さらに、「別れるのがつらかった。こんな自分でも、とても慕ってくれました」「もう少ししっかりピアノを練習しておけばよかった」「言葉の発達についてもっと勉強しておけばよかった」「○○の障がいについてもっと知っておけばよかった」などと続きます。保育実習に行った多くの学生は異口同音に、それまでの自分の生活態度や学習態度などについて反省の言葉をもらします。

　保育や教育、育児のなかで、「互恵性」「両義性」という言葉が出てきます。互恵とは、辞書によれば「特別な便益・恩恵などを相互にはかり合うこと」[1]とされています。また、両義性とは「一つの事柄が相反する二つの意味を持っていること。対立する二つの解釈が、その事柄についてともに成り立つこと」[2]と説明されています。保育などにおいては、それぞれの関係が対立するものではありませんが、親と子ども、保育者と子どもなどの関係において、親や保育者が子どもを育て保育するなかで、子どもが育っていくのみならず、結果的にその営みのなかで親や保育者自身も育てられていくことをさしています。

　先ほどの実習から戻ってきた学生の言葉は、子どもたちが自分に向けてくれる気持ちを感じながら、できる限りその気持ちに応えたい、自分の責任や役割を果たしたい、という主体的な態度から出てきたものです。一生懸命に保育や教育、子育てに取り組めば取り組むほど、自らが大きく成長させてもらっていることを忘れず、謙虚に専心したいものです。

子どもから学ぶことがたくさんあります

1）新村出編『広辞苑』岩波書店　1955年
2）松村明監修『大辞泉』小学館　1998年

第2章 保育の場について知る

学びのポイント

❶保育の場には、さまざまな場があることを理解する。
❷保育施設（保育所・幼稚園・認定こども園）の違いと共通点を理解する。
❸保育を取り巻く環境の変化を理解する。

保育の場の"種類"をおさえよう

第1節　家庭における保育

1.──保育の場としての家庭

　「保育」というと保育所や幼稚園といった集団施設での保育を思い浮かべがちであるが、そうした保育の場にすべての子どもが通うわけではない。

　通常、家庭は、子どもに生まれながらにある環境であり、特に親子の関係は強い絆で結ばれている。そのため、子どもたちが生まれ、生活するなかで家庭が果たす役割は大きく、家庭が子育てに最も責任をもつべきと考えられている。「児童の権利に関する条約」では、子育てにおける保護者の役割を次のように位置づけている。

> **児童の権利に関する条約**
> 第18条1項　締約国は、児童の養育及び発達について父母が共同の責任を有するという原則についての認識を確保するために最善の努力を払う。父母又は場合により法定保護者は、児童の養育及び発達についての第一義的な責任を有する。児童の最善の利益は、これらの者の基本的な関心事項となるものとする。

　家庭において、保護者は、衣・食・住などの環境を整えることによって、子どもが安全に生活できるようにする（生命の保持）。そして、保護者が行う子どもへのさまざまな働きかけが、家庭を安心して、落ち着いて過ごせる

「居場所」だと子どもに認識させることにつながるのである（情緒の安定）。

また、保護者は基本的な生活習慣や他者との人間関係のあり方などについて伝え、子どもの個性を伸ばしたり、社会のなかで生きていくための知識や技能を身につけさせたりもする。このことは、「教育基本法」の第10条において、「父母その他の保護者は、子の教育について第一義的責任を有するものであって、生活のために必要な習慣を身に付けさせるとともに、自立心を育成し、心身の調和のとれた発達を図るよう努めるものとする」と家庭教育の重要性が示されていることとも関連する。つまり、家庭においても、保護者によって保育、つまり「養護」と「教育」とが子どもに対して提供されており、その責任を負っているのである。

2.──子育てをめぐる社会の変化

子どもの発達や成長において重要な役割を果たす家庭も変化してきている。子どもを「預けたい」という保護者の増加についてみていく。図2－1は、出生数及び合計特殊出生率の推移である。1年間に子どもが何人生まれたかという出生数と、計算上、女性が一生に何人の子どもを産むかという合計特殊出生率は、第2次ベビーブームを境に、減少・低下傾向にある。これが「少子化」である。特に少子化が問題視されるようになったのは、1989（平成元）年

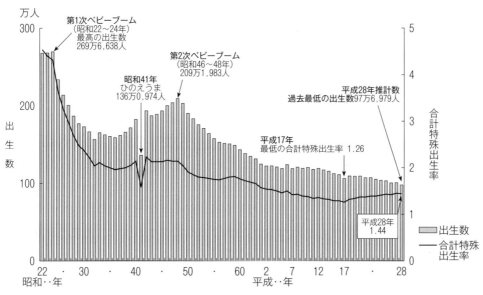

図2－1　出生数及び合計特殊出生率の年次推移

出典：厚生労働省『人口動態統計』2017年

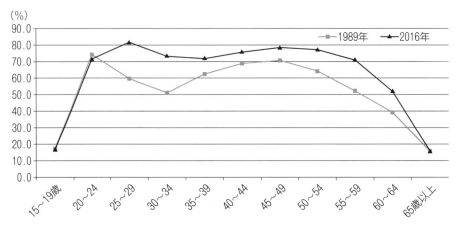

図2-2　女性の労働力率の推移
出典：総務省「労働力調査」（各年）をもとに筆者作成

に合計特殊出生率[*1]が1.57になってからである（「1.57ショック」と言われる）。

　国は少子化対策として、乳児保育や延長保育を行う保育所の増加、待機児童を減少させるための保育所数・定員の増加などを行っている。図2-2は、働く女性の割合を示したものである。1989（平成元）年と2016（同28）年を比べると、20歳代後半から30歳代にかけて、働く女性の割合が増加している。仕事と子育てとを両立させたい女性にとって、保育所や幼稚園の制度の充実が後押しとなったことは間違いない。

[*1] 15歳～49歳までの女性の年齢別出生率を合計したもの。1人の女性が一生に産む子どもの平均数を示す。

第2節　保育・教育施設における保育

1.　子ども・子育て支援新制度

　子どもを産み育てやすい社会をめざして、2015（平成27）年度から「子ども・子育て支援新制度」（以下、新制度ともいう）が本格的に施行された。この制度は、2012（同24）年に成立した「子ども・子育て関連3法」[*2]に基づくものである。新制度では、保育所・幼稚園・認定こども園などへの共通の財政支援と地域の実情に応じた子育て支援事業が中心となっている（図2-3）。

　保育施設に関しては、保育所・幼稚園・認定こども園が「施設型給付」の対象となり、年齢および「保育の必要性」等によってどの施設を利用するかが決まる。また、保育施設ではないが、少人数の0～2歳児を預かる事業として「地域型保育」が新設された。具体的には小規模保育や家庭的保育（保育ママ）、居宅訪問型保育、事業所内保育を指し、これらは「地域型保育給

[*2] 「子ども・子育て支援法」、「認定こども園法の一部改正」、「子ども・子育て支援法及び認定こども園法の一部改正法の施行に伴う関係法律の整備等に関する法律」の三つ指す。

第2章 保育の場について知る

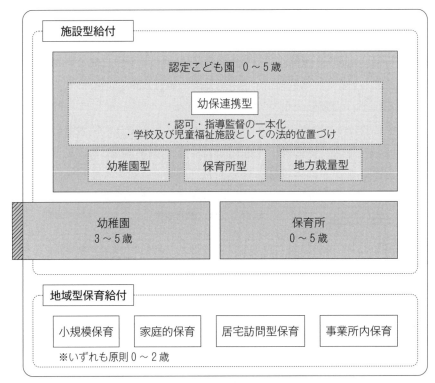

図2−3 子ども・子育て支援新制度の概要（一部）

★新制度に入らない私立幼稚園や国立大学附属幼稚園もある（斜線の部分）。新制度に入らない園の入園手続きや保育料は従来通りとなり、「認定」を必要としない。
出典：内閣府・文部科学省・厚生労働省「子ども・子育て支援新制度ハンドブック 施設事業者向け 平成27年7月改訂版」2015年を一部改変

付」の対象となる。

保育施設を利用する子どもについては、表2−1に示した三つの認定区分が設けられ、市町村から「認定」を受けることで利用することができる。

表2−1 保育の必要性の認定区分

	認定区分	給付の内容	利用定員を設定し、給付を受けることとなる施設・事業
1号認定	満3歳以上の小学校就学前の子どもであって、2号認定子ども以外のもの	教育標準時間	・幼稚園 ・認定こども園
2号認定	満3歳以上の小学校就学前の子どもであって、保護者の労働又は疾病その他の内閣府令で定める理由により家庭において必要な保育を受けることが困難であるもの	保育短時間 保育標準時間	・保育所 ・認定こども園
3号認定	満3歳未満の小学校就学前の子どもであって、保護者の労働又は疾病その他の内閣府令で定める理由により家庭において必要な保育を受けることが困難であるもの	保育短時間 保育標準時間	・保育所 ・認定こども園 ・小規模保育等

出典：図2−3と同じ

1号認定の子どもは、幼稚園または認定こども園で教育を受けることとなる。2号認定・3号認定の「保護者の労働又は疾病その他の内閣府令で定める理由」(表2-1の下線部)は、「保育を必要とする」事由あるいは「保育の必要性」ともいわれ、子ども・子育て支援法施行規則で定める下記のいずれかに当てはまる状態をいう。

「保育を必要とする」事由が、保護者の就労である場合、保護者の就労状態に応じて、フルタイムの就労を想定した「保育標準時間」(最長11時間)の利用か、パートタイムの就労を想定した「保育短時間」(最長8時間)の

子ども・子育て支援法施行規則

第1条
一 1月において、48時間から64時間までの範囲内で月を単位に市町村が定める時間以上労働することを常態とすること。
二 妊娠中であるか又は出産後間がないこと。
三 疾病にかかり、若しくは負傷し、又は精神若しくは身体に障害を有していること。
四 同居の親族(長期間入院等をしている親族を含む。)を常時介護又は看護していること。
五 震災、風水害、火災その他の災害の復旧に当たっていること。
六 求職活動(起業の準備を含む。)を継続的に行っていること。
七 次のいずれかに該当すること。
　イ 学校教育法(昭和22年法律第26号)第1条に規定する学校、同法第124条に規定する専修学校、同法第134条第1項に規定する各種学校その他これらに準ずる教育施設に在学していること。
　ロ 職業能力開発促進法(昭和44年法律第64号)第15条の7第3項に規定する公共職業能力開発施設において行う職業訓練若しくは同法第27条第1項に規定する職業能力開発総合大学校において行う同項に規定する指導員訓練若しくは職業訓練又は職業訓練の実施等による特定求職者の就職の支援に関する法律(平成23年法律第47号)第4条第2項に規定する認定職業訓練その他の職業訓練を受けていること。
八 次のいずれかに該当すること。
　イ 児童虐待の防止等に関する法律(平成12年法律第82号)第2条に規定する児童虐待を行っている又は再び行われるおそれがあると認められること。
　ロ 配偶者からの暴力の防止及び被害者の保護等に関する法律(平成13年法律第31号)第1条に規定する配偶者からの暴力により小学校就学前子どもの保育を行うことが困難であると認められること(イに該当する場合を除く。)
九 育児休業をする場合であって、当該保護者の当該育児休業に係る子ども以外の小学校就学前子どもが特定教育・保育施設又は特定地域型保育事業(以下この号において「特定教育・保育施設等」という。)を利用しており、当該育児休業の間に当該特定教育・保育施設等を引き続き利用することが必要であると認められること。
十 前各号に掲げるもののほか、前各号に類するものとして市町村が認める事由に該当すること。

利用のいずれかに区分される。2号認定・3号認定を受けた子どもは、保育所または認定こども園で保育を受けることとなる。ただし、3号認定の場合は、満3歳未満であれば小規模保育等で保育を受けることもある[*3]。保育料は、施設型給付の対象となる保育施設を利用する場合、いずれの施設においても保護者の所得に応じた保育料となる。

なお、新制度では、地域の子育て支援を行う「地域子ども・子育て支援事業」（p.160の表8-3を参照）も整備された。

*3 新制度は待機児童の解消に焦点があたりがちだが、過疎などにより子どもの数が少ない地域における保育の場を確保した意義にも注目したい。たとえば、保育所の定員（20名以上）に達しない場合でも、認定こども園や小規模保育を活用することにより身近な場所で保育を受けられるようになった。

2.──保育所

(1) 保育所とはどのような施設なのか

保育所は、児童福祉施設の一つである。児童福祉法では、「保育所は、保育を必要とする乳児・幼児を日々保護者の下から通わせて保育を行うことを目的とする施設（利用定員が二十人以上であるものに限り、幼保連携型認定こども園を除く。）とする。」（児童福祉法第39条1項）と定義される。

保育所がどのような施設かを理解するうえで重要なことは、「保育を必要とする」乳児または幼児を保育するという部分である。つまり、何らかの事情により、保護者が子どもの保育を行えない状態であれば、子どもが不利益を被ることになる。そこで、保護者に代わり、子どもを保育する場が保育所である。そのことが、保育所の定義である「保育を必要とする」という表現にもあらわれている。

そのため、保育所に入所するには、市町村に保護者が「保育の必要性」の認定を申請し、「保育を必要とする」と認められ、保育所の受け入れ人数に余裕がある場合のみ保育所に入所することができる。

(2) 保育所保育の意義と目的

保育所保育の内容や運営等について定めた法令である「保育所保育指針」では、保育所保育の目的を次のように定めている。

保育所保育指針
第1章 総則 1 保育所保育に関する基本原則 (1)保育所の役割
ア　保育所は、児童福祉法（昭和22年法律第164号）第39条の規定に基づき、保育を必要とする子どもの保育を行い、その健全な心身の発達を図ることを目的とする児童福祉施設であり、入所する子どもの最善の利益を考慮し、その福祉を積極的に増進することに最もふさわしい生活の場でなければならない。

保護者の就労などにより、「保育を必要とする」子どもを保育することが保育所の目的であり、働く女性が増える現在、子どもを安全に世話し、かつ発達を促す保育所は、子どもの成長・発達において、以前にも増して重要な役割を果たすようになっている。保育所は、保育所保育指針にも示されているように、「入所する子どもの最善の利益を考慮」し、保育が行われる場である。子どもの利益を最優先し、保護者の都合のみにより、保育所が保育の内容や方法を変えることがないようにすべきである。

(3) **保育所保育の現状**
　図2-4は、全国の保育所数と利用児童数の推移を示したものである。
　少子化が進む一方で、保育所数、利用児童数ともに増加している。その背景には、「待機児童解消加速化プラン」をはじめとする国の少子化対策の取り組みがある[*4]。それらの取り組みの中心は、保育所の受け入れ人数の増加と受け入れ年齢の低年齢化である。具体的には、「延長保育」など特別な保育の充実である。特に、長時間子どもを保育する「延長保育」は、フルタイムで働きたいと願う保護者にとって、子育てと仕事を両立するための支援となる

＊4　詳しくは第9章の図9-1（p.180）を参照。

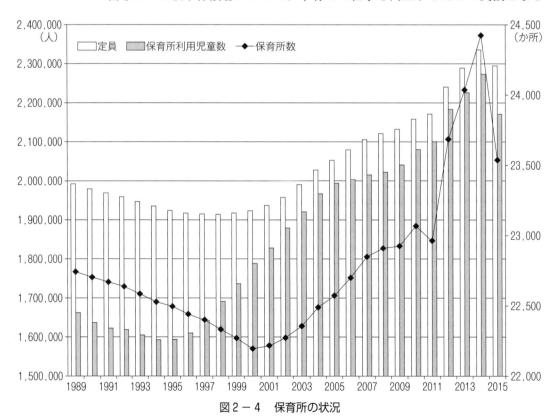

図2-4　保育所の状況

出典：厚生労働省統計情報部『社会福祉行政業務報告』『福祉行政報告』（各年度版）をもとに筆者作成

ものである。また、子どもを産んでも仕事を続けたいという母親にとって、保育所が低年齢(0〜2歳)から受け入れることも、子育てと仕事の両立を支えるものとなっている。

こうした取り組みにより、保育所を利用する家庭は増え、地域によっては保育所の定員を超える入所希望者がいる。そうした、「保育を必要とする」にもかかわらず、定員が不足しているなどの理由で、保育所に入所できない子どもを「待機児童」[*5]と呼ぶ。現在、待機児童を減らすためのさまざまな取り組みがなされている。

*5 待機児童の状況についてはp.174を参照。

(4) 保育士のもう一つの役割

「子どもの最善の利益」を考えるうえで、保育士が行う必要があるのは、子どもへの直接的な関わりばかりではない。第1章（p.20）でみたように、児童福祉法では、保育士を「保育士の名称を用いて、専門的知識及び技術をもつて、児童の保育及び児童の保護者に対する保育に関する指導を行うことを業とする者をいう（第18条の4）」と定義している。

「児童の保護者に対する保育に関する指導」も、保育士の職務として位置づけられている。つまり、「子どもの最善の利益」を考えたときに、子どもに直接的に働きかけることも重要な保育士の役割であるが、それと同様に保護者の子どもへの関わり方についてのアドバイスも行う必要がある。こうした、「児童の保護者に対する保育に関する指導」は、「保育指導」や「子育て支援」と呼ばれており、保育士のみが行うものではないが、保育所においては子どもへの保育とともに重要な役割の一つとなっている。

3.──幼稚園

(1) 幼稚園とはどのような施設なのか

幼稚園は、法が定めるところの「学校」の一つと位置づけられる。学校教育法において、幼稚園教育の目的は次のように定義されている。

学校教育法
第22条　幼稚園は、義務教育及びその後の教育の基礎を培うものとして、幼児を保育し、幼児の健やかな成長のために適当な環境を与えて、その心身の発達を助長することを目的とする。

幼稚園は、幼児の「心身の発達を助長する」ための学校である。満3歳以

上で、幼稚園に受け入れ人数の余裕があれば、原則として「保育を必要とする」かどうかは関係なく入園できる。

(2) 幼稚園における保育の意義と目的

幼稚園の教育課程の基準となる「幼稚園教育要領」では、幼稚園教育の基本である「環境を通して行う教育」に関連して重視する事項をこう定めている。

幼稚園教育要領

第1章　総則　第1　幼稚園教育の基本
1. 幼児は安定した情緒の下で自己を十分に発揮することにより発達に必要な体験を得ていくものであることを考慮して、幼児の主体的な活動を促し、幼児期にふさわしい生活が展開されるようにすること。
2. 幼児の自発的な活動としての遊びは、心身の調和のとれた発達の基礎を培う重要な学習であることを考慮して、遊びを通しての指導を中心として第2章に示すねらいが総合的に達成されるようにすること。
3. 幼児の発達は、心身の諸側面が相互に関連し合い、多様な経過をたどって成し遂げられていくものであること、また、幼児の生活経験がそれぞれ異なることなどを考慮して、幼児一人一人の特性に応じ、発達の課題に即した指導を行うようにすること。

幼稚園における教育は、その後の教育の基礎として位置づけられている。しかしながら、小学校以降のような授業の内容や方法ではなく、「遊び」が重要な「学習」の手段とされている。子どもは「遊び」を通して、さまざまな経験をし、そのことが「学び」につながるのである。もちろん、幼稚園においても「学校」であるからといって、養護的な面を軽視しているわけではない。先に説明した学校教育法における幼稚園教育の目的においても「保育」という言葉が用いられており、「安定した情緒の下で」の生活が、教育的にみても重要であることが示されている。

(3) 幼稚園教育の現状

図2－5は、幼稚園数および在園者数をまとめたものである。少子化が進むなかで、園数・在園者数ともに減少傾向にある。

この現状は、幼稚園での保育に問題があるからというわけではなく、むしろ、それ以外の環境的な要因によって、減少傾向にあるとみるべきである。保護者の就労などにより、通常の保育が終わっても家庭で保育を行うことのできない家庭が、幼稚園の在園者においても増加している。また、地域によっては、保育所が5歳児を受け入れておらず、幼稚園のみで受け入れているなどの事情により、幼稚園での長時間保育を希望する家庭が増加している。ま

第2章　保育の場について知る

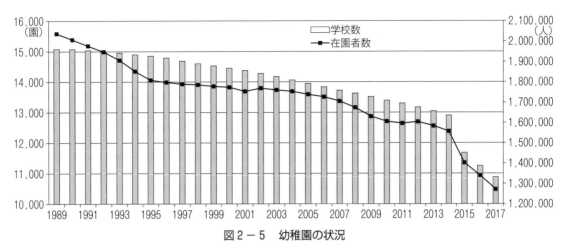

図2－5　幼稚園の状況

出典：文部科学省『学校基本調査』（各年度版）をもとに筆者作成

た、認定こども園へと移行する幼稚園もみられるようになってきた。

　そうした現状に対応するために、幼稚園では、1日4時間の教育時間を標準とするが、「一時預かり（預かり保育）」と呼ばれる「教育課程に係る教育時間の終了後等に希望するものを対象に行う教育活動」が、多くの幼稚園で展開されている。一時預かりを実施する幼稚園が増加し、共働き家庭やひとり親家庭の子どもも幼稚園に通いやすくなってきた。

　一時預かり（預かり保育）は、幼稚園教育要領において、通常の教育時間とのつながりや家庭・地域での生活とのつながりを意識して、幼児の心身に負担とならないように行うことが明記されている。

　文部科学省の調査によると、2014（平成28）年度では全体で82.5％の幼稚園で一時預かり（預かり保育）を行っている。1993（同5）年度から比べると、約55ポイント増加している。平成20年改訂の幼稚園教育要領において、一時預かり（預かり保育）に関する事項が増えるなど明確に位置づけられたことから、預かり保育の量的拡大とともに預かり保育における保育の質の向上が進んできた。つまり、幼稚園においても、長時間の保育が求められるだけでなく、長時間の保育をすることが当たり前になってきている。

　また、幼稚園にも、子育てをする保護者を支えるための役割が求められている。子どもを保育するだけでなく、子育て支援のために保護者や地域の人々に施設を開放したり、子育ての相談に応じたりするようになっている。幼稚園に子どもを通わせている家庭だけでなく、地域で子育てをしているすべての家庭を支えていくような「地域における幼児期の教育のセンター」としての役割も求められており、「幼稚園の保育所化」ともいえるような状況が進みつつある。

4.——認定こども園

(1) 認定こども園とは

認定こども園とは、幼稚園や保育所等のうち、「就学前の子どもに対する教育及び保育を一体的に提供」し、「保護者に対する子育て支援」を行う施設である。国が定めた基準をふまえ都道府県ごとに制定された認定基準にもとづき、申請に応じて都道府県が認定する。

認定こども園の形態には、次の四つの形態がある（表2-2）。いずれの形態においても、子どもへの教育や保育の提供だけでなく、子育て支援事業を実施することが、認定こども園として認定されるために必要な条件とされている。

表2-2　認定こども園の形態と特徴

形態	特徴
幼保連携型	幼稚園的機能と保育所的機能の両方の機能をあわせ持つ単一の施設として認定こども園としての機能を果たすタイプ
保育所型	認可保育所が、保育が必要な子ども以外の子どもも受け入れるなど、幼稚園的な機能を備えることで認定こども園としての機能を果たすタイプ
幼稚園型	認可幼稚園が、保育が必要な子どものための保育時間を確保するなど、保育所的な機能を備えて認定こども園としての機能を果たすタイプ
地方裁量型	幼稚園・保育所いずれの認可もない地域の教育・保育施設が、認定こども園として必要な機能を果たすタイプ

出典：文部科学省・厚生労働省　幼保連携推進室「認定こども園ホームページ」
http://www.youho.org/gaiyo.html

図2-6は、認定こども園の認定件数をまとめたものである。新制度となり、保育所や幼稚園からの移行を中心に飛躍的にその数が増えてきている。特に増加が著しいのは幼保連携型認定こども園である。

新制度では、認定こども園のうち「幼保連携型認定こども園」について制度を変更し、認定こども園の普及を図ろうとしている。ただ、認定こども園の認定を受けることが、「幼稚園が小さい子どもを受け入れるようになった」、「母親が専業主婦でも保育所に預けられるようになった」といった程度の違いとしてしか認知されない状況もみられる。認定こども園の特性を生かし、子どもや保護者の利益につながるように、より制度面の充実が求められる。

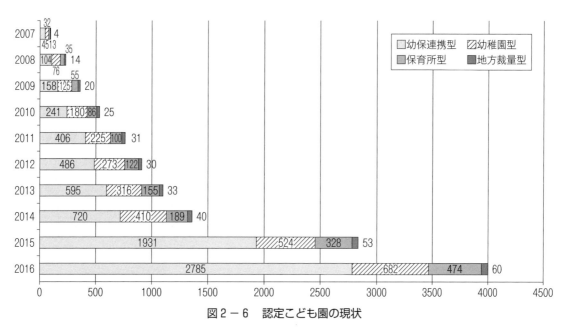

図2-6 認定こども園の現状
出典:内閣府子ども・子育て本部「認定こども園の数について」(各年版)をもとに筆者作成

(2) 認定こども園における保育の意義と目的

認定こども園について定めた、「就学前の子どもに関する教育、保育等の総合的な提供の推進に関する法律」(通称・認定こども園法)では、認定こども園の目的を次のように定義している。

```
就学前の子どもに関する教育、保育等の総合的な提供の推進に関する法律
第1条
 この法律は、幼児期の教育及び保育が生涯にわたる人格形成の基礎を培う重要なものであること並びに我が国における急速な少子化の進行並びに家庭及び地域を取り巻く環境の変化に伴い小学校就学前の子どもの教育及び保育に対する需要が多様なものとなっていることに鑑み、地域における創意工夫を生かしつつ、小学校就学前の子どもに対する教育及び保育並びに保護者に対する子育て支援の総合的な提供を推進するための措置を講じ、もって地域において子どもが健やかに育成される環境の整備に資することを目的とする。
```

認定こども園制度創設の背景には、保育に対するニーズの多様化がある。

認定こども園制度が、従来の幼稚園や保育所と異なる点は、その役割として「子育て支援」を義務づけたことといえよう。これまでも幼稚園と保育所が併設されたり、同一敷地内にある場合には、施設を共用できたり、子どもたちが合同で活動したりすることが認められていた。「保育を必要とする」子どもとそうでない子どもとが同じ保育を受け、さらに「保育を必要とする」

子どもには一時預かり（預かり保育）や延長保育により保育を提供することは、従来から可能であった。しかしながら、子育て支援は、幼稚園・保育所ともに行うよう努力するものとしての位置づけであり、必ず行うものとしての位置づけはなかった。

　子育て環境が変化していくなかで、どのような家庭であろうと保護者に対する子育て支援が必要だと考えられるようになってきている。地域の子育て家庭を支援するために、認定こども園には、「子育て支援」が義務づけられている。このことは、子育て支援の拠点が増え、保護者が身近な場で気軽に子育ての相談をしたり、助言をもらったりする機会が増えることにつながる。いつでも、どこでも、だれでも子育て支援が受けられる環境を整える一つの施策である。

(3) 幼保連携型認定こども園

　認定こども園のうち、子ども・子育て支援新制度において大きく制度が変わったのが「幼保連携型認定こども園」である。新制度では、幼保連携型認定こども園を、それまでの幼稚園・保育所それぞれの認可を必要とする保育施設から、「学校及び児童福祉施設としての法的位置づけを持つ単一の施設」に改め、認可・指導監督の一本化を図った。

　幼保連携型認定こども園では、満3歳児以上の子どもは「保育を必要とするか」どうかに関係なく利用することができる。そのため、幼保連携型認定こども園では「教育」に加え、「保育を必要とする」子どもに対しては、保育所と同様の「保育」も一体的に行うことが求められる。また、満3歳児未満の子どもへの「保育」や一時預かり、延長保育、休日保育など、子ども一人一人の実状に応じた「教育・保育」の提供を行っている。

　幼保連携型認定こども園における「教育・保育」の内容は、「幼保連携型認定こども園教育・保育要領」にもとづくこととされている。満3歳児以上の教育課程に関しては、同一学年の園児で学級を編成し、集団活動のなかで遊びを中心とする主体的な活動が行えるようにするものとしている。満3歳児未満を含む「保育」にあたっては、発達の特性をふまえた「保育」を行い、またそれを可能とする環境を構成しなければならない。

　このように、幼保連携型認定こども園では、「教育及び保育」の双方を提供することが求められているため、その担い手の中核となる「保育教諭」は、保育士資格と幼稚園教諭の教育職員免許状の両方を有していなければならないとされている。

第2章　保育の場について知る

　幼稚園と保育所、幼保連携型認定こども園の制度的な比較を表2-3にまとめた。

表2-3　幼稚園・保育所・幼保連携型認定こども園の制度の比較

	保育所	幼稚園	幼保連携型認定こども園
所管	厚生労働省 公立保育所 私立保育所 ｝…市町村	文部科学省 国立幼稚園…文部科学省 公立幼稚園…教育委員会 私立幼稚園…都道府県	内閣府・文部科学省・厚生労働省
根拠法令	児童福祉法	学校教育法	就学前の子どもに関する教育、保育等の総合的な提供の推進に関する法律（以下、認定こども園法）
保育の対象	「保育を必要とする」乳児（1歳未満）と幼児（1歳から小学校就学の始期まで） ※特に事情のある場合は、少年（小学校就学の始期から18歳未満）も〔児童福祉法第39条〕	満3歳から小学校就学の始期に達するまでの幼児〔学校教育法第26条〕	満3歳以上の子ども及び満3歳未満の「保育を必要とする」子ども〔認定こども園法第2条〕
設置者	地方公共団体、社会福祉法人等〔児童福祉法第35条〕	国、地方公共団体、学校法人〔学校教育法第2条〕 ※私立幼稚園の場合は、当分の間、学校法人以外が設置してもよい〔学校教育法附則第6条〕	国、地方公共団体、学校法人、社会福祉法人のみ〔認定こども園法第12条〕
設置・運営の基準	児童福祉法（第45条） 児童福祉施設の設備及び運営に関する基準 都道府県の条例	学校教育法施行規則（第36条～39条） 幼稚園設置基準	認定こども園法（第13条） 幼保連携型認定こども園の学級の編制、職員、設備及び運営に関する基準 都道府県の条例
保育内容の基準	保育所保育指針 （厚生労働省告示）	幼稚園教育要領 （文部科学省告示）	幼保連携型認定こども園教育・保育要領（内閣府・文部科学省・厚生労働省告示）
保育（教育）時間	原則として1日8時間を原則とし、保育所長が定める〔児童福祉施設の設備及び運営に関する基準第34条〕	1日4時間を標準とする〔幼稚園教育要領第1章総則〕	教育に係る標準的な1日当たりの時間：4時間（標準） 保育を必要とする子どもに該当する園児に対する教育及び保育時間：8時間（原則） 〔幼保連携型認定こども園の学級の編制、職員、設備及び運営に関する基準第9条〕
保育（教育）日数	規程なし	年間39週以上	教育週数は年間39週以上
職員の職種	保育士、嘱託医、調理員 ※調理を委託する場合、調理員はいなくてもよい〔児童福祉施設の設備及び運営に関する基準第33条〕	園長、教頭、教諭 ※事情がある場合、教頭はいなくてもよい〔学校教育法第27条〕	園長、保育教諭〔認定こども園法第14条〕 調理員 ※調理を委託する場合はいなくてもよい〔幼保連携型認定こども園の学級の編制、職員、設備及び運営に関する基準第5条4項〕
保育者の資格	保育士登録証 ※都道府県に登録しなければ、保育士として働くことはできない〔児童福祉法第18条18〕	幼稚園教諭普通免許状 ※専修（大学院修了）、1種（大学卒）、2種（短期大学等卒）〔教育職員免許法第4条〕	幼稚園教諭普通免許状及び保育士登録証〔認定こども園法第15条〕

	保育所	幼稚園	幼保連携型認定こども園
保育者の配置基準	・保育士1人あたりの乳幼児数 | 乳児 | おおむね3人 | | 満1歳から満3歳未満 | おおむね6人 | | 満3歳から満4歳未満 | おおむね20人 | | 満4歳以上 | おおむね30人 |	・1学級あたり35名以下〔幼稚園設置基準第3条〕 ・学級は、同じ年齢にある幼児で編成することを原則とする〔幼稚園設置基準第4条〕	・満3歳以上：1学級あたり35名以下 ・学級は、同じ年齢にある幼児で編成することを原則とする〔幼保連携型認定こども園の学級の編制、職員、設備及び運営に関する基準第4条〕 ・保育教諭1人あたりの園児数 | 乳児 | おおむね3人 | | 満1歳から満3歳未満 | おおむね6人 | | 満3歳から満4歳未満 | おおむね20人 | | 満4歳以上 | おおむね30人 | 〔幼保連携型認定こども園の学級の編制、職員、設備及び運営に関する基準第5条3項〕
保育者の配置基準	〔児童福祉施設の設備及び運営に関する基準第33条〕		

出典：森上史朗監修、大豆生田啓友・三谷大紀編『最新保育資料集2015』ミネルヴァ書房　2015年をもとに筆者作成

第3節　地域型保育

　保育が行われるのは、家庭や、保育所・幼稚園といった集団保育施設だけではなく、さまざまな環境のもとで育つ子どもそれぞれに応じた受け入れの場がある。新制度では、保育施設以外の保育の場として、利用定員が6人以上19人以下の「小規模保育」、利用定員5人以下の「家庭的保育」、保育を必要とする子どもの家で行う「居宅訪問型保育」、企業等の従業員の子どもを対象とする「事業所内保育」を、市町村による認可事業として地域型保育給付の対象とする「地域型保育」と位置づけ、多様な保育の場から利用者が選択できるようにしている。

①小規模保育

　原則として満3歳児未満の子どもを対象とした事業であり、小規模なものであるため、保育内容の支援や卒園後の受け皿となる保育所や幼稚園、認定こども園の連携施設を設定することとなっている。「小規模保育」は、職員の資格などによりA型（保育所分園や小規模の保育所に近い類型）、B型（A型とC型の中間の類型）、C型（家庭的保育に近い類型）の三つに分かれる。

②家庭的保育

　市町村長が行う研修を修了した保育士、保育士と同等以上の知識及び経験を有すると市町村長が認めた者が行う事業であり、従前の「保育ママ」と呼ばれていた事業などが移行することが想定されている。

第2章 保育の場について知る

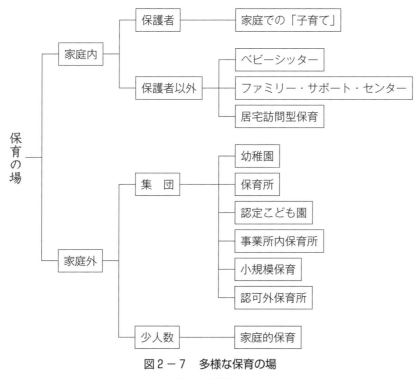

図2-7 多様な保育の場
出典：筆者作成

③**居宅訪問型保育**

　保育を担当する者一人が子ども一人に対応することを基本とし、「保育の必要性」の認定を受けただけでなく、集団保育が難しいなど居宅型訪問保育を行う必要があると認められた場合に利用できる。

④**事業所内保育**

　企業等が従業員の子どもの保育を行うために設置するものであるが、新制度において認可を受けるには、地域の保育を必要とする子どもを一部受け入れる（地域枠）が義務づけられている。

　そのほかに保育を行う場としては、たとえば「ベビーシッター」や「ファミリー・サポート・センター」などといった保護者以外が家庭内で行うものや、「保育所」や「保育園」という名称を用いているものの都道府県知事の認可を得ていない保育施設である「認可外保育所」がある。

　これまでに取り上げた保育の場をあらためてまとめると、図2-7のようになる。子どもの生活の実態に応じて、これまでに取り上げた仕組みが重要であることはいうまでもない。ただ、子どもに対して「保育」（＝養護と教育）を行うのは、保育の専門家ばかりではないことにも目を向けておくこと

である。子どもの生活を振り返ったときに、子どもに関わる大人は、たくさんいることに気づく。

　子どもの生活において、家庭や保育所・幼稚園などは、多様な経験をする重要な場である。その一方で、子どもは保護者や保育者を介して、家庭や保育所・幼稚園以外の場においても、さまざまな経験をしている。たとえば、家族で買い物に出かけたり、遊びに出かけたりする。そこで子どもは、保護者以外のさまざまな人々と関わり、遊び、学びながらさまざまな経験をする。ほめられた経験、怒られた経験、うれしかった経験、悲しかった経験、それらのどれもが子どもの発達や成長につながっていくのである。

　子どもの発達には、さまざまな経験が必要であるという点からいえば、保育の場となりうるのは、子どもが生活するすべての場であるといえる。確かに、保育者は「保育のプロ」として子どもたちに関わっていくわけであるが、保育者も万能ではない。「保育者だからできること」があると同時に、「保育者にはできないこと」「保育者でない人がやったほうがよいこと」もある。子どもたちが、さまざまな人と関わっていくなかでの経験が、子どもの発達において重要な役割を果たすことを保育者は忘れてはならない。

❋ 学習の確認 ❋

1．演習問題
① 保育所や幼稚園、認定こども園では、制度面でどのような基準があるか調べ、その共通点と相違点を整理してみよう。
② 子育て支援の取り組みとして、保育所や幼稚園、認定こども園でどのような取り組みが行われているか調べてみよう。
③ 「幼保一体化」に関する制度改革について調べてみよう。

2．キーワードのおさらい
☐ 子ども・子育て支援新制度
☐ 保育の必要性の認定
☐ 幼保連携型認定こども園
☐ 地域型保育
☐ 保育教諭

【引用・参考文献】
1）広田照幸『日本人のしつけは衰退したか―「教育する家族」のゆくえ―』講談社　1999年
2）森上史朗監修、大豆生田啓友・三谷大紀編『最新保育資料集2015』ミネルヴァ書房　2015年

第 2 章　保育の場について知る

● **法律や制度は保育に関係あるの？**

　保育者をめざす多くの人は、こう思っているのではないでしょうか。
「なんで、保育所や幼稚園の先生になるのに、法律とか制度とか学ばなければならないの？」
　確かに、法律や制度は、直接子どもや保護者に影響を与えることは少ないかもしれません。むしろ、子どもや保護者には縁遠いもの、保育者にとっても縁遠いものととらえられがちです。ただ、法律や制度は、天から降ってきたものではありません。法律や制度は「知らないうちにそうなった」というものではなく、社会のさまざまな状況に応じて人々が「つくり出した」ものなのです。
　なぜ、保育所は「保育を必要とする」乳幼児しか受け入れないのでしょう？　なぜ、保育士を定義する児童福祉法には「保護者に対する保育に関する指導」という文言が入っているのでしょう？　それらは、すべて法律や制度をつくっていく人々の「思いや願い」があらわれているのです。それでも、こう思う人もいることでしょう。「私たちが法律や制度をつくっているわけではない。だから、やっぱり法律や制度は縁遠い」。
　さらに、保育に関する法律や制度は、社会がどのような保育を望むのかをあらわしています。もし、法律や制度がなければ、好き勝手に保育をすることになります。そうすると地域によって、保育をする人によって、子どもの成長や発達に差が出てしまったり、きちんと保育をしてもらえない子どもたちが出てきたりする恐れがあります。法律や制度は、「少なくとも、こういうことをしよう」、あるいは「こういうことはやめよう」ということを、確認するためのものです。保育をすることは、子どもたちを保育することを通じて社会をつくっていくことなのです。だからこそ、法律や制度といった共通のルールが必要なのであり、保育者はそれらについての知識をもつことが必要なのです。

第3章 保育の思想・歴史を学ぶ

学びのポイント

❶西洋近現代の保育思想やその子ども観・保育理論の特徴を理解する。
❷日本の明治・大正・昭和・現代の保育思想・保育実践について、倉橋惣三の保育理論を中心に理解する。
❸先人の保育思想・保育理論の理解をもとに、よりよい保育観・子ども観の形成をめざす。

先人は感覚教育を重視してきた（写真：石井昭子・岩田陽子著『モンテッソーリ教育（理論と実践）第二巻 日常生活の練習』学習研究社 1977年）

第1節　西洋における保育の歴史

1.──近代保育思想の成立と発展

　乳幼児を育てる保育という営みは、人類の歴史とともにはじまり、それぞれの社会の要請を受けて、時代の移り変わりとともに変化してきた。
　古代ギリシャの都市国家スパルタでは、強健な身体づくりのため、幼児に冷水浴や上半身裸の生活をさせて保育をしていた。また自由都市アテネでは、健全な心身の育成に向けて、遊びを取り入れた保育が行われていた。しかし当時は、子どもの生死・身の振り方に関する権利は、親や国家が握っており、堕胎や殺害、棄て子等も親や国家の意向によって行われていた。中世や近世においては、キリスト教による「性悪説」に基づき、幼い子どもに対しても、鞭による厳しいしつけが行われた。これら古代から近世までの時代には、子どもを「子ども」として認識する見方はまだ存在せず、子どもは、おとなを基準にした見方、つまり、「小さなおとな」「未熟なおとな」「役立たず」「石つぶし」といったように見なされていた。このような子ども観が変化し、子どもが「子ども」として認識され、乳幼児に対する保育の思想が成立してく

第3章　保育の思想・歴史を学ぶ

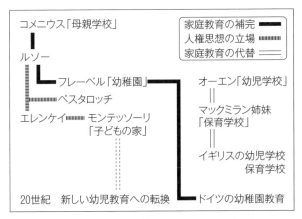

図3－1　乳幼児保育・教育思想の系譜¹⁾
出典：田中享胤・尾島重明・佐藤和順編著『MINERVA保育実践学講座 第2巻 保育者の職能論』ミネルヴァ書房 2006年

るのは近代以降のことである。図3－1は西洋の乳幼児保育・教育思想の系譜を表したものである。以下、西洋近代における代表的な保育思想家の保育観・子ども観・保育理論を学んでいく。

(1) **コメニウス**（Comenius, J.A. 1592～1670）

コメニウス

国民普通教育を構想した

コメニウスは、近世から近代への移行期である17世紀に現在のチェコで活躍した民族解放指導者であり、教育学者である。彼は敬虔（けいけん）なプロテスタントの牧師であり、自律した民衆育成のためには、子どものころからの教育が必要であると考え、すべての子どもを対象とした体系的な教育理論を構築した。彼は、0歳から24歳までの教育を乳幼児期、幼年期、少年期、青年期の4期に分け、それぞれの発達段階に応じた教育を構想した（表3－1）。著書『大教授学』では、「すべての人にすべてのことを教える普遍的な技術」を提案した。これは、貧富・男女の別なく、すべての国民を対象にした国民普通教育についての着眼であり、人類の教育思想史上における功績は大きい。

59

表3−1　コメニウスの発達区分と学校体系

年　　齢	0歳	6歳	12歳	18歳	24歳
発達段階の区分	乳幼児期	幼年期	少年期	青年期	
学校（その系統）	母親学校または母の膝	小学校または公立国語学校	ラテン語学校またはギムナジウム	大学および旅行	
教育の重点	外官の訓練と事物の識別	内官の訓練と想像力の深化	理解と判断	意志の訓練と諸能力の調和	
植物と季節からの分類	花の春	成長の夏	収穫の秋	果実の加工の冬	

出典：小川正通『世界の幼児教育』明治図書出版　1966年　p.23を一部改変

① 母親学校

コメニウスは0歳から6歳までの乳幼児期の教育を「母親学校」と名づけた。これは、実際に学校に通うのではなく、「母の膝元」で行われる教育のことである。信頼する母親のそばで、母親に見守られ、教えられながら、身の回りの基本的な事象について学習するのである。そこでは、天文学、地理学、歴史、算術、幾何学、工作、文法学、音楽、家政学等あらゆる人間生活に必要な基礎的な学習内容が構想されていた。

② 直観教授

コメニウスは、子どもは感覚や直感、生活経験を通して学ぶので、直接感性に訴えることが重要であると考え、世界で初めての絵入り教科書『世界図絵』（1658）を創った（図3−2）。また、子どもは、おとなの言動を模倣しながら学ぶので、おとなは道徳的規範などにおいて、よい手本となることが重要であるとした。

このように、乳幼児期の教育を全教育制度の最初に位置づけ、子どもの発達段階に応じた教育方法が必要であることを主張したコメニウスの思想は、その後の教育・保育思想の発展に大きな影響を与えた。

世界

天¹は火、つまり星をもっています。
雲²は上空にただよっています。
鳥³が雲の下を飛んでいます。
魚⁴が水中を泳いでいます。
大地には、山⁵、森⁶、畑⁷があり、動物⁸、人間⁹がいます。
このように世界という大きな身体は四つの要素から成り、居住者で満ちています。

図3−2　『世界図絵』（「世界」を説明したページ）

出典：J.A.コメニウス（井ノ口淳三訳）『世界図絵』ミネルヴァ書房　1988年　p.12

第3章　保育の思想・歴史を学ぶ

(2) ルソー（Rousseau, J.J. 1712〜1778）

子どもの発見者

ルソー

ルソーは、近代の幕開けである18世紀にフランスで活躍した啓蒙思想家・教育思想家である。彼は、近世の封建社会からの脱却をめざし、平等で民主的な社会の到来を渇望し、『人間不平等起源論』(1755)や『社会契約論』(1762)を著した。これらの著書の根底には、すべての人間は生まれながらに「善」であり、身分的な差別等はなく、皆人間として平等であるという、非常に先見的な人間観が流れていた。また、自律した市民で構成する社会を担う社会人を育てるため、教育書『エミール』(1762)を著した。

① 子どもの発見

書名のエミールは、架空の主人公の名前であり、内容は、エミールが誕生してから成人するまでの彼への教育と彼の成長の様子を記したものである。『エミール』は、出版と同時に社会に大きな衝撃を与えた。というのも、そこには、これまでにない非常に先見的な、ルソーの子どもに対する考え方や保育に対する考え方が示されていたからである[*1]。前述したように、これまでの社会では、子どもに対する認識はなく、子どもは、未熟で、無能な「小さなおとな」と考えられていた。これに対しルソーは、子どもには特有のものの見方・考え方・感じ方があると主張し、人間における子ども期の存在を初めて明らかにした[*2]。このように、ルソーの「子どもの発見」は、「子どもという独自な発達主体」の発見であり、おとなになる前の「子ども期の意義」の発見なのである。彼が「子どもの発見者」といわれる所以である。

② 消極教育

「子ども」に対する認識のなかった時代には、教育の目的は子どもを早く一人前のおとなにするために、おとなになって必要なことを幼いころから強制的に教え込むことであった。このような教え込みの教育を、ルソーは「積極的教育」と呼んで批判した。ルソーの主張する教育とは、子どもの生まれながらにもつ「善」性を信じ、子どもの自然（生まれながらに備わっている発達する力＝内部的成熟）に即した教育である。

ルソーは、『エミール』の冒頭で次のようにいっている。「万物をつくる者の手をはなれるとき、すべてはよいものであるが、人間の手にうつるとすべてが悪くなる」「若い母親よ、はやく垣根をつくりなさい。そして、あなたの苗木がかれないように水をやりなさい」と。これは、子どもを社会の悪徳や誤った教育から守り、子どもが本来もっている育つ力を、十分に支え、援

[*1] 「人は子どもというものを知らない。（中略）かれらは子どものうちに大人を求め、大人になる前に子どもがどういうものであるかを考えない。この点の研究に私は最も心をもちいた」[2)]。ルソー『エミール』より。

[*2] 「自然は子どもが大人になる前に子どもであることを望んでいる。（中略）子どもには特有のものの見方・考え方・感じ方がある」[2)]。ルソー『エミール』より。

助をするよう、母親やおとなに教えたものである。おとなに合わせるのではなく、子ども時代の肉体的・感性的特性を活かし、子どもが伸び伸びと育つように保護し、支え、環境を整える教育、すなわち「消極教育」をルソーは主張したのである。

③ 身体教育・感覚教育

消極教育の方法として、ルソーは、理性が発達するまでの幼少期においては、身体や感覚を通して保育することを重視した。すなわち、彼は、乳幼児が生まれながらにもっている肉体や器官・感官を訓練し、研ぎ澄まされた身体や感覚を通して、自分で感じ、考え、判断することのできる自律的・自活的な人間育成をめざした。このように、ルソーの感覚教育は、人間の五感すべてに及び、人間の身体全体を感覚器官として、身体を通して事物を正確に判断し、行動ができる、身体主体としての子どもを育てることを目的としていた。つまり、ルソーの身体教育・感覚教育の根底には、「身体＝理性」という先見的な視点がすでにあったのである。

このようにルソーは、具体的事物にふれ、感覚器官を通して学ぶ、現代教育・保育論の基本である「環境を通しての教育・保育」を早くも見出していたといえるだろう。

彼の保育思想は、後のペスタロッチやフレーベルの保育思想や保育実践に多大な影響を与え、さらに現代のモンテッソーリやデューイなどの現代保育思想の源泉となったのである。

(3) ペスタロッチ（Pestalozzi, J.H. 1746～1827)

ペスタロッチ

初等教育の父

ペスタロッチは、スイスのチューリッヒに生まれ、18世紀から19世紀にかけて活躍した教育実践家である。彼は、幼児教育を含めた初等教育の功績が目覚ましく、「初等教育の父」といわれている。彼が生きた時代は封建社会から近代社会への移行期で、社会は混乱していた。周囲の国からの内政干渉による戦禍、また経済的に農業だけでは生活が苦しく、都市へ出て工場労働者に転身する者もあり、多くの貧民や浮浪児・孤児が生まれた。ペスタロッチはこのような不安定な社会においては、貧民や子どもたちを一人前の人間として自律させる教育こそが重要であると考え、孤児院や貧民学校をつくり、人間を育てる教育に取り組んだ。ノイホーフの貧民学校、シュタンツの孤児院では、子どもたちとともに農地

を耕し、寝食をともにしながら、父親のような深い愛情で子どもたちを教育し、大きな成果を収めた[*3]。また、ブルグドルフやイヴェルドンでは、学校を経営し、ここで考案・実践された教授方法は、ヨーロッパ各地から見学者が訪れるほどに大きな反響を呼び、大成功を収めた。彼はこれらの実践を多くの著作にまとめ、後世に残る教育・保育思想や教育・保育理論を構築した。

① 人間諸力の調和的発達

ルソーの教育・保育思想を継承したペスタロッチは、それらをより実践的に発展させるため、教育の技術や方法論（メトーデ）を考案した。彼は、すべての人間が生まれながらにもっている諸力、すなわち、知力・心情力・技術力（頭・心・手）を調和的に発達させることを教育の理念に据え、そのための原理として自発性・自己活動の原理を導入した。これは、言葉による主知主義的な教育ではなく、子ども自らがいきいきと積極的に保育活動に取り組むことをめざした原理である。つまり、実際に実物を見て、触れて、聞いて、動かして、つくって、世話をするというような具体的体験を重視した保育活動のことである。彼は、こうした具体的な経験を通して、事物・事象を深く理解させ、また、事物を扱う技術や事物に対する心情等を育んでいこうとした。これらは、子どもとの共同生活を通して行われ、子どもの思考力・精神力・生活力をより調和的に高めていった。まさに、ペスタロッチのいう「生活が陶冶する」教育法であり、そこでは、実物教授、労作教育、直観教育等が行われ、現代の教育・保育理論の礎をつくったのである。

② 家庭教育

ペスタロッチは、乳幼児期における家庭教育を重視した。彼は、著書『ゲルトルートはいかにしてその子を教えるか』（1801）や『幼児教育の書簡』（1819）等のなかで、家庭のなかでの母と子の愛情に満ちた生活を通して、「親心・子心」という人間的心情が育まれ、人間としての知性・道徳心・身体能力等が育っていくとした。ペスタロッチは、妻アンナの一人息子への子育てやシュタンツでの孤児教育を通して、人間教育における家庭教育の意義を「居間の教育学」として見出した。家庭教育における母子の「近しい関係」こそが、人間の初期教育の基本であることを主張したのである。

[*3] ペスタロッチの人間観は、1780年出版の『隠者の夕暮れ』のなかにある、「王座の上にあっても木の葉の屋根の陰に住まわっても同じ人間」という言葉のなかによくあらわれている。

(4) フレーベル (Fröbel, F.W.A. 1782〜1852)

幼稚園教育の父

フレーベル

フレーベルは、18世紀後半、ペスタロッチより36年遅れてドイツに生まれた。世界で初めて幼稚園をブランデンブルグにつくり、幼児教育に多大な影響を与えたので、「幼稚園教育の父」といわれる。彼はペスタロッチ教育の真髄を学ぶため、24歳のときと26歳から2年間の2回、スイスのイヴェルドンのペスタロッチの学校で学んでいる。そこでペスタロッチの教育の諸原理を体得し、それらをもとに彼の代表作である『人間の教育』(1826)を完成させた。彼の教育論の根底には、「万有在神論」という宗教的思想がある。それは、この世にあるものすべて（森羅万象）のなかに神が内在しているという考え方で、自然界の動植物のなかにも、子どものなかにも、神性が働いているというのである。そこで幼児教育における基本は、子どもの神性にしたがい、子どもに内在する「自然（神性）」に即して行うべきであるとした。『人間の教育』にあるように、子どもは、「内なるものを外部に」自発的に表現するようになり、「外なるものを内部に」取り入れて有機的に、連続的に発達していくのである。彼は、このような子どもの発達を豊かに引き出すのが「遊び」であると考え、幼児の旺盛な創作活動を満たすための「恩物(Gabe)」という遊具を考案した（図3-3）。フレーベルは、幼児教育における遊びの重要性に着目した最初の人物である。

● 遊びの重視

フレーベルは、「遊びは幼児期の生活にとって最高の段階」と考え、遊戯や恩物に基づく教育活動を展開した。彼が設立した保育施設「キンダーガルテン(Kindergarten, 子どもたちの庭園)」*4の園庭には、花壇や菜園が造られ、子どもたちはそこで、植物の観察や栽培をしたり、友だちと遊戯をしたり、恩物を使って遊んだりして、旺盛な衝動活動を解放させた。彼が考案した恩物は、第一恩物から第六恩物まであり、赤青黄色等の球体、立方体、円柱、直方体など、宇宙に存在する基本図形でつくられていた。子どもがそれらを使って遊ぶことで、内に秘めている表現力や創造力が目覚め、世界のさまざまな事物や事象の原理・原則を自然に理解することができると考えたのである。このように、幼児期の遊びは子どもの発達にとってきわめて重要で、意義深いものであるとフレーベルは考えたのである。

*4 日本語の「幼稚園」という言葉は、キンダーガルテンを翻訳したものである。

図3-3 フレーベルの恩物（一例）
お茶の水女子大学所蔵

2.──西洋現代の保育思想

　コメニウス、ルソー、ペスタロッチ、フレーベルといった西洋近代の教育者において、子どもが発見され、子どもの善性（自然）に即した保育方法・保育実践が開発された。こうした近代の保育実践を土台にしながら、20世紀になると、より一段と教育・保育に関する研究が伸展した。なかでも医学・心理学・生物学において、子どもに対する科学的な研究が進み、子どもの心身の発達が明らかにされた。それに伴い、教育学・保育学も科学として飛躍的な進展を遂げた。ここでは、現代の教育学・保育学を牽引したモンテッソーリとデューイの保育思想・保育実践について学ぶ。

(1) モンテッソーリ（Montessori, M. 1870〜1952）

モンテッソーリ法の生みの親

モンテッソーリ

　モンテッソーリは、イタリアに生まれ、20世紀に活躍した女性の精神科医であり、教育者である。彼女は、イタリアにおける女性初の医学博士で、主に精神障害についての研究をした。また、彼女は障害児との関わりを通して教育にも関心を示し、教育学部に再入学し、教育学や心理学を学んだ。これらの経験を活かし、1907年にローマのスラム街に「こどもの家」という保育施設を設立した。ここでは、この地区に住む2歳から7歳の子どもたちを対象に、精神遅滞児への教育を応用した独特な方法で教育が行われた。それらは、『モンテッソーリ法』という書物にまとめられ、出版された。

● モンテッソーリ法

　モンテッソーリは、子どもには、ある能力を獲得するのに最も効果的な時期（敏感期）があると考えた。たとえば、感覚、言葉、数などに対する敏感期がある。これらの敏感期は、生きものの早期にあらわれ、やがて消えてしまうので、乳幼児期の初期保育においては、特に重視されなければならないという。乳幼児は、ある能力が育つ敏感期に、その能力が育つに必要な活動や環境が与えられると、心の底から喜び、活動に熱中し、すばらしい集中力を発揮する。保育者は、乳幼児の敏感期を正しく把握し、適切な活動体験を提供しなければならない。そこで考案されたのが「モンテッソーリ教具」である（図3-4）。教具は円柱さし、色つき円柱、色板、触覚板、重量板、温覚瓶、音感ベル、匂いかぎ筒、色ビーズ、着衣枠等から構成される。たとえば、感覚の敏感期に、子どもがこれらの教具を使って遊ぶことによって、感覚・知覚・指先の筋肉等の機能が発達する。モンテッソーリは、乳幼児期における感覚教育を重視し、子どもが使いやすい感覚教材を開発した。

　これらの保育実践は、現代保育における「環境を通しての教育」の先駆けであり、現代保育に与えた功績は大きい。独創的なこれらの教具は、今日、知的障害児教育にも活用されている。

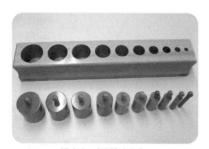

錐さし（円柱さし）

ひも通し

中央より時計回りに、方塔（ピンクタワー）、二項式と呼ばれるキューブ、あけ移しのためのピッチャー、3色ふたあけ箱

図3-4　モンテッソーリの教具（一部）

(2) デューイ（Dewey, J. 1859～1952）

児童中心主義教育を進めた

デューイ

デューイは、19～20世紀にアメリカ合衆国で活躍したプラグマティズムの哲学者であり、教育学者である。彼は、20世紀アメリカにおいて児童中心主義教育・経験主義教育の大旋風を巻き起こし、新教育運動として世界中に大きな影響を与えた。彼は実際に、シカゴ大学内に幼児期からの「実験学校」をつくり、そこでの教育実践に基づいた理論構築に努力した。それは、伝統的な教科書や教師主導の教育ではなく、子どもの発達や子どもの興味・関心を最重要視し、子どもの意欲的な経験・活動を通して、身近な生活問題を解決する力や民主的な社会人としての能力を育成しようとする進歩主義教育であった。彼の教育論をまとめた主な著書としては、『学校と社会』（1899）、『民主主義と教育』（1919）等がある。彼は、教育を通して進歩し続けるアメリカ社会の改造をめざしたのである。

① 児童中心主義教育

すでにルソー、ペスタロッチ、フレーベルの時代において子どもを中心とした教育が推奨されていた。それは善なる子どもの自然性を大切に守り、豊かに開花させるための教育であった。しかし、世界の多くの場所では、依然として子どもの尊厳を無視した、教師中心、教科書中心の強圧的・強制的な教育が行われていた。こうした状況に対して、デューイを代表とする新教育運動家によって、児童中心主義教育が再度提唱された。

デューイが主張する児童中心主義教育は、子どもが興味をもって自主的に取り組むような教育内容や教育環境を準備することに主眼が置かれた。彼は教育の重心のコペルニクス的転回*5として「旧教育は、（中略）重力の中心が子どもたち以外にある。（中略）今や、われわれの教育の到来しつつある変革は、重力の中心の移動である。（中略）このたびは、子どもが太陽となり、その周囲を教育の諸々のいとなみが回転する。子どもが中心であり、この中心のまわりに諸々のいとなみが組織される」（『学校と社会』）とした。つまり、彼によれば、子どもが関心を示す教育内容や子どもがやる気を起こす教育方法が研究され、準備されなければならないというのである。これを契機に、子どもの発達研究、カリキュラム研究、教授研究、教材研究等が進み、公立学校成立期と重なり、児童中心主義教育・進歩主義教育が全米に浸透していった。

*5 ポーランドの天文学者コペルニクスは、当時の天動説を否定し、地動説を唱え、世界観を一変させた。これにたとえ、ものの考え方が正反対（180°）に変わることをコペルニクス的転回という。

② 経験主義教育

デューイは、子どもは身体を使った実際の体験を通して経験的に学ぶものであるとして、子どもの体験活動を重視した。実験学校（デューイ・スクール）では、料理や織物、粘土細工、乗り物の模型づくり、糸つむぎ等の、子どもの身近な生活に関連する仕事や作業が幼児クラスからの教育内容として導入された。また、観察や見学などの校外学習、発表会や報告会等の全体集会等も頻繁に行われた。このように実験学校では、身体活動・集団活動を通して、子どもたちが実際の体験をもとに、自主的・主体的に学習ができるような経験主義教育が行われた。

これらデューイの児童中心主義教育・経験主義教育は、戦後の日本へ伝えられ、戦後日本の教育・保育に大きな影響を与えたのである。

第2節　日本における保育の歴史

1.──明治の保育思想と保育

わが国において、本格的に保育の思想や保育施設が成立してくるのは、明治時代以降のことである。それ以前の子育ては、農村の村落共同体のなかで、次世代育成の習俗として、村落ごとに伝統的な儀式や習慣等の方法を用いて行われていた。子孫繁栄のため、「子は宝」という思想も共有され、生活のなかにさまざまな子育ての行事が組み込まれていた。現代も残っているお宮参りや食い初め、初節句、七五三の祝い等の行事を通して、村をあげて子どもの成長を見守っていた。しかし反面で、生活維持のために、「間引き」といわれる新生児を誕生直後に抹殺するような残酷なことも公然と行われていた。江戸時代になると、徐々に保育に対する意識も高まり、京都や長崎に保育施設ができたり、寺子屋へ幼児が通ったりするようになった。

明治時代になると、政府により「学制」が1872（明治5）年に制定され、わが国最初の近代教育制度が発足した。それに伴い、幼児を対象とした教育機関「幼稚院」や「幼穉遊嬉場」が京都につくられ、1876（明治9）年には「東京女子師範学校附属幼稚園」が開設された。これは、わが国最初の幼稚園であり、そこでは関信三[*6]や松野クララ[*7]によるフレーベル主義の保育が行われた。その後、これを模範にした師範学校附属の幼稚園は、大阪・仙台・鹿児島等にも開設され、全国に普及していった。またこのころ、神戸でハウ（Howe, A. L.）が興した頌栄幼稚園のようなキリスト教主義の幼稚園

*6　関信三（1843〜1879）は、東京女子師範学校附属幼稚園の初代監事（園長）で、幼稚園教育に関する外国文献の翻訳に努め、フレーベルの保育理論や保育方法を紹介した。

*7　ドイツ人の松野クララ（1853〜1941）は、東京女子師範学校附属幼稚園の初代主席保姆（主任保母）であり、フレーベル教育の導入者である。

も多く開設され、わが国の幼稚園の普及や発展に貢献した。この時期の幼稚園は、どちらかというと富裕層のための教育施設で、庶民には縁遠いものであった。農村社会では、「子守学校」や「子ども預かり所」、託児所等が、都市の貧困層には保護施設がつくられ、大阪では石井十次による「愛染橋保育所」が設立された。

明治中期になると、幼稚園の設立はますます盛んになり、それらに対応するため、1899（明治32）年に法的基準として「幼稚園保育及設備規程」が制定された。保育年齢や1日の保育時間も決められ、保育内容は遊戯・唱歌・談話・手技とされた。

さらに、明治後期には、保育の進め方として東京女子師範学校の東基吉や和田実らが、従来のフレーベルの恩物主義保育を批判し、幼児を中心にした自由で自発的な活動的遊戯の重要性を主張した。これらの新しい保育論は、後に日本の幼児教育に大きな影響を与えた倉橋惣三に受け継がれていった。

2.──大正・昭和初期の保育思想と保育

大正期から昭和初期にかけては、大正デモクラシーの自由な時代を背景にして、モンテッソーリやデューイの保育論も輸入され、国内でもさまざまな新しい保育思想や保育理論が台頭していった。

1926（大正15）年には、「幼稚園令」が公布され、保育時間の延長や保育内容も「遊戯、唱歌、観察、談話、手技」の5項目に増やされた。また工場労働者が増えるにつれ、乳幼児保護のための社会事業として、1919（大正8）年に大阪に公立託児所が設立され、全国に普及していった。このように保育施設や保育内容が充実・発展していくなかで、特に倉橋惣三による保育論は、幼児教育現場における"保育実践のバイブル"として注目されていった。

倉橋惣三（1882～1955）

倉橋惣三は、東京女子師範学校教授兼附属幼稚園主事で、大正・昭和初期に幼児教育分野で活躍し、後世の日本の保育・幼児教育界に多大な影響を与えた。彼は大正デモクラシーの自由を標榜した時代を背景に、著書『幼稚園真諦』（1934、1953）や『子供讃歌』（1954）等において、児童中心主義の保育思想や保育理論を発表した。彼は、当時行われていたフレーベルの恩物を使った形式的な保育を批判し、

倉橋惣三

子どもの生活を重視し、子ども一人一人の興味・関心を尊重した「誘導保育論」を主張した。それは、子どもの現在のありのままの生活（「さながらの生活」）を大切にし、子どもがその生活のなかで自由に、主体的に活動しながら、十分に自己充実ができるように、保育者が環境を整え、より高次な生活へと誘導していく保育論のことである。つまり、彼の有名な言葉、「生活を、生活で、生活へ」[*8]が示すように、生活重視・誘導重視の保育方法を主張したのである。子どもの現在の遊び生活を十分に楽しませながら（必要に応じて充実指導をしながら）、より発展的で、より高次な遊びや生活へと誘導し、時には教導していくという倉橋の誘導保育の方法論は、現代の保育方法の基本理念として保育実践のなかに生きている。

*8 この言葉は、保育のなかで子どもの「生活を」重視し、子どもの園での「生活で」（園生活を通して）、より良い「生活へ」導いていこうとする考え方である。

3. ──現代の保育思想と保育

(1) 保育制度の確立

1945（昭和20）年に第2次世界大戦が終結し、わが国は新たに民主主義国家として再出発することになる。日本国憲法（1946年）や教育基本法（1947年）、学校教育法（1947年）等が発布され、学校教育制度が確立されていった。幼稚園は幼児教育機関として、この学校教育制度のなかに位置づけられた。また、1947（同22）年に児童福祉法が制定され、保育所が児童福祉施設の一つとして位置づけられた。幼稚園の目的は、「幼児を保育し、適当な環境を与えて、その心身の発達を助長することを目的とする」（旧学校教育法第77条）とされ、保育所の目的は、「日日保護者の委託を受けて、保育に欠けるその乳児又は幼児を保育することを目的とする施設とする」（旧児童福祉法第39条）と規定された。

このように、乳幼児期の保育が法制化・制度化されたことは、乳幼児の保育・教育にとって大きな前進であった。しかし、同年齢の子どもの保育が、当時の文部省と厚生省に二分されたことは、教育の機会均等の面からも、後々、さまざまな問題を引き起こすこととなる。幼保一体化を求める声は当初からあがっていた。近年になり、都市化、核家族化、少子化、情報化など、社会情勢の変化や保護者からの要望の高まりから、やっと両省の歩み寄りが実現した。2006（平成18）年、「就学前の子どもに関する教育、保育等の総合的な提供の推進に関する法律」の公布により、幼稚園と保育所の両方の機能をもつ総合施設である認定こども園が創設された。その後、2015（同27）年からは、子ども・子育て支援新制度のもと、「学校及び児童福祉施設」と

して幼保連携型認定こども園が法制化された。しかしながら、わが国では幼稚園と保育所が完全に一元化されるには至っていない。

(2) 児童の権利保障

子どもは、自分自身では生命維持も、移動も、自己主張もできない非常にか弱い存在として生まれてくる。子どもが、一人前になるためには、おとなによる手厚い保護と教育が必要である。どんな子どもも、おとなによる愛情に満ちた適切な保護と援助を受けるならば、将来立派な人間になる可能性をもっている。子どもを1人の人間として尊重し、子どもの発達の可能性を最大限に保障していくことが、全世界的に自覚され、法制化されたのは20世紀になってからである。

世界では、第1次世界大戦後「児童の権利に関するジュネーブ宣言」(1924年)が国際連盟において、第2次世界大戦後「児童の権利に関する宣言」(1959年)が国際連合において採択された。日本では、戦後、日本国憲法の精神に則り、「児童憲章」(1951年)が制定された。しかし現実には、子どもの生育環境は、社会・経済状況の影響を受けてさらに悪化し、再度、国際連合において、「児童の権利に関する条約（通称・子どもの権利条約）」(1989年)が採択された。日本はこれに、1994（平成6）年に批准した。そこには、子どもの生きる権利、発達する権利、保護され愛される権利、遊ぶ権利、教育を受ける権利等、子どもが人間として成長・発達するのに必要不可欠な基本的権利が示されている。これらの条約に込められた子どもの権利保障の思想は、保護者・保育者等、子どもに関わるすべての人が各保育現場で自覚し、守っていかなければならないものである。教育学者のエレン・ケイは、20世紀を「児童の世紀」としたが、21世紀はより幸せな「子どもの時代」になるように、「児童の権利に関する条約」の思想を教育・保育実践の場に活かしていきたいものである。

以上のように、近代のルソー、ペスタロッチ、フレーベル以来の教育・保育の思想や理論、20世紀諸科学の学際的英知が、幼稚園教育要領や保育所保育指針に生かされ、現代の教育・保育実践の指針となっているのである。

❋ 学習の確認 ❋

1. 演習問題
   ① ルソーの「子どもの発見」とは、どのような意味か。「小さなおとな」と比較してみよう。
   ② デューイの児童中心主義の特徴をまとめてみよう。
   ③ 倉橋惣三の「誘導保育論」を説明してみよう。

2. キーワードのおさらい
   □ ルソー
   □ 消極教育
   □ フレーベル
   □ 倉橋惣三
   □ 「生活を、生活で、生活へ」

【引用・参考文献】

1) 田中亨胤・尾島重明・佐藤和順編著『MINERVA 保育実践学講座 第2巻 保育者の職能論』ミネルヴァ書房 2006年
2) ルソー（今野一雄訳）『エミール』上・中・下 岩波書店 1962年
3) 角野幸代「子どもを捉える視座の研究―ロックからルソーへ」日本教育方法学会紀要『教育方法学研究』第17巻 1991年
4) フィリップ・アリエス（杉山光信・杉山恵美子訳）『〈子供〉の誕生』みすず書房 1980年
5) コメニュウス（鈴木秀男訳）『大教授学』明治図書出版 1962年
6) ペスタロッチ（長尾十三二・福田弘訳）『ゲルトルート児童教育法』明治図書 1976年
7) 荘司雅子『フレーベル研究』玉川大学出版部 1984年
8) フレーベル（荒井武訳）『人間の教育』岩波書店 1964年
9) デューイ（宮原誠一訳）『学校と社会』岩波書店 1957年
10) 待井和江編『保育原理』第6版 ミネルヴァ書房刊 2005年
11) 文部科学省・厚生労働省『幼稚園教育要領・保育所保育指針』建帛社 2008年
12) 日本ペスタロッチー・フレーベル学会編集『ペスタロッチー・フレーベル事典』玉川大学出版部 2006年
13) 角野幸代「対話的教育の構想―子どもを捉える視座の研究」日本教育方法学会紀要『教育方法学研究』第21巻 1995年

● 「対話」をすれば笑顔に会える ―「対話的保育」―

　人間の子どもは、他者と関わりながら成長・発達していきます。どのような他者とどのような関わり方をするかによって、子どもの考え方や行動の仕方も変わってくるのです。子どもの年齢が低いほど他者からの影響を受けやすく、そうした意味で、乳幼児期の保育は、子どもの人間としての基礎をつくるうえで非常に重要な営みとなります。

　保育者は、乳幼児とどのように関わればよいのでしょうか。『我と汝』『対話』という書物を書いたドイツの哲学者マルティン・ブーバー（Martin Buber 1878～1965）は、「子どもは、生まれながらに汝を求める存在である」といっています。子どもは、真剣に向かい合い、対話をしてくれる他者を強く求めているのです。保育者も子どもと真剣に対話をするという姿勢で向き合わねばなりません。

　そこで、「対話」（ダイアローグ）とは何かを考えてみましょう。対話とは、対等な者同士が、相手を尊重しながら、ある一つのことについて互いに心を開いて真剣に話し合い、新しい結論を導き出すことです。そこでは、対話する他者との間に、深い信頼関係のもとで活発な相互交流が繰り返されます。このような対話の関係を子どもは求めているのです。保育者を自分と向き合ってくれる「汝」として、必死に片言で、身振りや手振りで訴えてきます。保育者も子どもの気持ちをしっかりと受け止め、自分の願いを込めて子どもに返していきます。このような相互交流を通して、両者ともに、子どもは人間として、保育者は保育者として、成長し、発達していくのです。これが「対話的保育」です。

　子どもと母親、子どもと保育者、子ども同士、保育者と保護者等の間に対話的関係が成立し、対話的保育が展開されることを期待しましょう。そこでは、子どもたちの生き生きとした表情と屈託のない笑い声が満ち満ちていることでしょう。

子どもと対話するペスタロッチの像

第4章 保育をどのように考え、進めるべきか

学びのポイント

❶保育の原理とは何かを知る。
❷保育所保育の特性である養護と教育の一体性とは何かを学ぶ。
❸子ども理解、自分の保育観の形成、振り返り、カウンセリングマインドの重要性を知る。

子どもに寄り添って保育を考えよう

第1節 それぞれの子どもにとって最適な保育を考える

　あなたは子どもにどういうイメージをもっているだろうか。元気、意欲旺盛、穢れのない、外が好き、虫が好き、創造性・想像力豊か、怖いもの知らず……。確かに見渡せば、子どもたちは外で元気に走り回っており、好奇心にあふれ、無邪気に虫や小動物と戯れ、また、純真な表現者でもある。

　しかし、はたしてそれらは実際に子どもにかかわって感じたことだろうか。知識からつくり上げられた淡い理想ではないのか。自分の子ども時代はどうだったろうか。チャレンジ精神旺盛で、正直で、素直で、いつも笑顔だったろうか……。

　冒頭から少し挑発的であったかもしれないが、自分の描いた子ども像は、たとえば子ども時代の自分自身とはズレがあることに気がつく。確かに、子どもには理想像に近い部分もあるが、子どもも人間であり、わがままな面もあるし、都合が悪ければうそをつくこともある。それなのになぜ美化してしまうのだろうか。ここが問題であり、多くの人はおとなの側からの願いから子どもに特定の固定的なイメージを押しつけてしまうのである。一人一人の子どもをみれば、イメージ通りの子どももいれば、そうでない子どももおり、十把ひとからげのイメージで語ることはできない。一人一人に寄り添って、

その子どもにあわせた関わりをもつなかで、少しずつその子どもの人となりを理解していかなければならない。

文部科学省の「幼稚園教育指導資料第4集　一人一人に応じる指導」には、教育観の転換として次のような記述がある。

> **幼稚園教育指導資料第4集　一人一人に応じる指導**
> これまでの幼稚園教育は、どちらかといえば、同じ内容を同じ方法で行われがちであり、教師の選択した望ましい活動をどの幼児も同じように行う、画一的な保育が多く見られました。
> 画一的な教育の考え方のもとで指導を進めると、活動がどう展開されているかはみえても、一人一人の幼児がどのように感じ、どのような気持ちや思いを抱いているのか、その内面に何が起こり、どのように乗り越え、何が身についていくかなど一人一人が育っていく過程はみえにくいものです。
> 幼稚園においては、教師が幼児と生活を共にする中で一人一人の幼児の発達の特性やその幼児らしい行動の仕方や考え方などを理解して、それぞれの特性や発達の課題に応じた指導を行うようにすることが重視されなければなりません。
> そのためには、幼児の側にたって一人一人のもつよさや可能性に目を向けることが必要です。すなわち、画一性を排し、一人一人に応じる指導へと教育観を転換することが求められているのです。

これは1989（平成元）年に幼稚園教育要領が大きく改訂された後に発行されたものである。この改訂以前の保育においては、望ましい活動を子どもに与えることが保育のねらいになっていたため、保育者の関心は活動の展開に向けられ、どの子どもにも同じような活動を行わせようとする傾向が強かった。その結果、保育者に求められる資質といえば、活動を上手に展開するために必要な技術や、子どもを集団として効率的に扱う技術が主であった。子どものなかにどのような変化が起こり、何が身についたのかを気にかけるといった、一人一人の育ちを大切にした指導法を保育者が身につける必要性は少なかったのである。

現代の保育においては、一人一人の子どもが自分らしさを発揮しながら、好奇心や探究心、向上心といった意欲に支えられ、生きていく力を育成することが基盤となる。画一的な指導を行い、均質な人を育てることではない。われわれはその子らしさを大切にし、それぞれの子どもが自分の個性を存分に発揮しつつ、伸びやかに育っていく過程を何よりも大事にしなければならない。

今や保育所は家庭の代替所ではない[*1]。子どもの生活を見守りながら、個々の必要性に応じたサポートを行い、また、保護者の支援をしながら子育てについて考えることが求められている。2008（同20）年の保育所保育指針の改定は、このような保育所保育のあり方を明示した。

*1　2008年の改定において、「保育所保育指針」の総則から「家庭養育の補完」という言葉が削除された。これは保育所が保護者とともに子どもを育てるという積極的な役割を強調したものである。

以下、保育所保育指針に記されている保育の原理について学んでいく。

第2節　保育所保育指針に学ぶ保育原理の考え方

　保育所保育の基本指針を示したのが、厚生労働省の定める「保育所保育指針」である。第1章 総則には、保育の根幹をなす主な事項が掲げられている。ここでは、第1章の「1．保育所保育に関する基本原則」を考察する（以下、本章では保育所保育指針を指針、保育所保育指針解説を解説と略す）。

1.──保育の特性を理解する

　指針ならびに解説から保育の原理にかかわる要点についてみることにする。保育所の役割はいくつかあるが、子どもの最善の利益を考慮しながら、入所児童はもとより地域社会の子育てに貢献し、その保護者への支援を行う保育者の専門性を高めていくことに指針はふれている。なかでも保育所の特性について詳しく示しているのが、第1章 総則である。

保育所保育指針
第1章　総則　1　保育所保育に関する基本原則　(1)保育所の役割
　イ　保育所は、その目的を達成するために、保育に関する専門性を有する職員が、家庭との緊密な連携の下に、子どもの状況や発達過程を踏まえ、保育所における環境を通して、養護及び教育を一体的に行うことを特性としている。

　大切な点は、養護と教育の一体性である。子どもの命を守り、情緒の安定を図りながら（養護）、発達を促す活動の援助を行う（教育）ことである。たとえば、おむつ替えについて考えてみよう。おむつを替えることは、生理的欲求を充足させることであり、生命の保持や生活の安定を図るためのケアである。機械的に作業するのではなく、やさしい言葉をかけ、温かい雰囲気のなかで行うことによって、保育士等と子どもとの相互作用が生まれ、心身ともに快適な状態がつくられる。すなわち、情緒の安定が図られることで、保育士等[*2]と子どもとの信頼関係を育むことにつながっていく。信頼関係こそ、その後の子どもの能動的な活動を生み出す力となるのである。
　また、おむつ替えのような直接的な生活の援助が減る年齢になっても、養護は必要である。主体的な遊びや生活のでき始める3歳以上の子どもの援助においてさえ、子どもの心身の状態をきちんと把握し、養護的な配慮をする

＊2　指針では保育士のみならず施設長・調理員・栄養士・看護師など保育所で保育に携わるすべての職員を保育士等と表記している。

ことは欠かせない。もちろん、幼稚園のように教育を中心に行われるにしても、その教育は小学校以降のものとは質的に異なり、やはり保護や配慮が必要となるのである。

2. 保育の目標を理解する

保育所では何を目指すのか、具体的に何をするのか、については、「保育の目標」として解説と指針には次のように説明されている。

保育所保育指針解説

第1章 総則
　保育所は、それぞれに特色や保育方針があり、また、施設の規模や地域性などにより、その行う保育の在り様も様々に異なる。しかし、全ての保育所に共通する保育の目標は、保育所保育指針に示されているように、子どもの保育を通して、「子どもが現在を最も良く生き、望ましい未来をつくり出す力の基礎を培う」ことと、入所する子どもの保護者に対し、その援助に当たるということである。

保育所保育指針

第1章 総則　1 保育所保育に関する基本原則　(2)保育の目標
ア　保育所は、子どもが生涯にわたる人間形成にとって極めて重要な時期に、その生活時間の大半を過ごす場である。このため、保育所の保育は、子どもが現在を最も良く生き、望ましい未来をつくり出す力の基礎を培うために、次の目標を目指して行わなければならない。
(ア)　十分に養護の行き届いた環境の下に、くつろいだ雰囲気の中で子どもの様々な欲求を満たし、生命の保持及び情緒の安定を図ること。
(イ)　健康、安全など生活に必要な基本的な習慣や態度を養い、心身の健康の基礎を培うこと。
(ウ)　人との関わりの中で、人に対する愛情と信頼感、そして人権を大切にする心を育てるとともに、自主、自立及び協調の態度を養い、道徳性の芽生えを培うこと。
(エ)　生命、自然及び社会の事象についての興味や関心を育て、それらに対する豊かな心情や思考力の芽生えを培うこと。
(オ)　生活の中で、言葉への興味や関心を育て、話したり、聞いたり、相手の話を理解しようとするなど、言葉の豊かさを養うこと。
(カ)　様々な体験を通して、豊かな感性や表現力を育み、創造性の芽生えを培うこと。

アには、養護(ア)と教育(イ)〜(カ)について5領域(健康・人間関係・環境・言葉・表現)に関する目標が具体的に述べられている。目の前の子どもをどう受け止め、生命の保持・情緒の安定を図るのか、どのように子どもの成長・発達を援助し、5領域の目標を育んでいくのかを考えなければならない。

未来を見据えた長期的視野に立ちながら、子どもたちが現在をよりよく生きることを保育者はめざすのである。その際、子どものありのままを受け止

め、情緒の安定を図り（養護）、成長・発達を促す意図的な保育を行う（教育）ことを一体的に展開しながら、保育士は子どもと共に毎日をいきいきと送っていくのである（養護と教育の目標）。

指針の「(2)保育の目標」は次のように続く。

> イ　保育所は、入所する子どもの保護者に対し、その意向を受け止め、子どもと保護者の安定した関係に配慮し、保育所の特性や保育士等の専門性を生かして、その援助に当たらなければならない。

イには、子どもの最善の利益を優先しながら、保護者の意向を受け止めるなどの保護者への支援について述べられている。

保護者と心のつながりを築き、保護者が安心して子育てに取り組めるような雰囲気をともにつくり出していく。またこのことが、アの目標実現を支えるものともなるのである（子育て支援の目標）。

3.──保育の方法を考える

保育者は目標をよく心に刻み、保育所全体で協力しながら取り組んでいくことが肝要である。さらに指針と解説では、これらの目標達成のために特に留意する事項として、「(3)保育の方法」をあげている。アからカまであるので一つずつ順番にみていこう。

> **保育所保育指針**
> 第1章　総則　1　保育所保育に関する基本原則　(3)　保育の方法
> ア　一人一人の子どもの状況や家庭及び地域社会での生活の実態を把握するとともに、子どもが安心感と信頼感をもって活動できるよう、子どもの主体としての思いや願いを受け止めること。

子どもは園だけでなく、家族や地域社会の一員として生活しており、園での生活と家庭での生活の連続性に配慮して保育することが求められる。そのために、保育者は日ごろから保護者とコミュニケーションをとり、家庭における子どもの姿を把握することが重要である。また、保護者に園での子どもの様子や園の方針、出来事を伝えることも大切である。保育者と保護者がお互いの信頼を大切にするなかで、子どもは身近な人との信頼関係の下で安心感や信頼感を持って活動でき、かつ周囲のさまざまな人やものとの関わりを通して自己肯定感が育まれていく。さらに、それが基盤となって主体性が発揮されるようになっていくのである（状況の把握と主体性の尊重）。

> イ　子どもの生活のリズムを大切にし、健康、安全で情緒の安定した生活ができる環境や、自己を十分に発揮できる環境を整えること。

アでみた生活の連続性のように、基盤となる生活において健康で安全な保育環境を整えることは不可欠である。一人一人の生活リズムが形成されてこそ、子どもはより自己発揮することが可能となる。そのためには、子どもが他の子どもたちと共に過ごす生活のなかで、十分に自己活動ができるような環境が必要であり、当然その環境は、安心感をもちながら落ち着いて生活のできる、健康的で安全性が確保されたものでなければならない（健康安全な環境での自己発揮）。

> ウ　子どもの発達について理解し、一人一人の発達過程に応じて保育すること。その際、子どもの個人差に十分配慮すること。

同じ年齢の子どもであっても、個性や生活における経験などの違いによって、また一人の子どもにおいても、たとえば言葉の習得は比較的早いが運動面の発達はゆっくりしているといったように、発達に違いがある。保育者は子ども理解に努め、子ども一人一人の発達過程や個性を見据えながら、個人差を尊重し、見通しを立てて子どもたちと関わることが大切である（個の重視）。

> エ　子ども相互の関係づくりや互いに尊重する心を大切にし、集団における活動を効果あるものにするよう援助すること。

年齢や活動の性格等によって、子どもが過ごす集団の大きさやそこでの遊びのありようは、異なってくる。低年齢のうちは、保育士の仲立ちの下、身近にいる子ども同士が比較的少人数で同じ遊びを楽しむ。年齢が高くなってくると、クラス全体などの大きな集団で仲間と一緒に取り組むことが多くなる。子どもたちは互いに協力したり役割を分担したりするなど、集団の一員としての立場や他者との関係を経験するなかで、人の役に立つうれしさや多様な考えの存在を感じとる。保育者は子ども相互の関係を大切にしながら、集団としての成長を促していくのである（集団の重視）。

ただし、ウとエで大切なことは、個と集団のどちらが大事かということではなく、それぞれが相乗的に影響し合い、成長を促すものであることを保育者が理解しておくことである。個の成長が集団の成長に関わり、集団における活動が個の成長を促すといった関連性をもつのである。集団としての活動

が一人一人の子どもにとって安心感・充実感の得られるものとなるように配慮することが求められる（個と集団の関係性）。

> オ　子どもが自発的・意欲的に関われるような環境を構成し、子どもの主体的な活動や子ども相互の関わりを大切にすること。特に、乳幼児期にふさわしい体験が得られるように、生活や遊びを通して総合的に保育すること。

　生活や遊びから得られる好奇心や探究心、満足感や達成感、驚きや感動、疑問や葛藤は、子どもの成長を促し、自発的に身のまわりの環境に関わろうとする意欲や態度を養う。たとえば、一つの遊びは、さまざまな発達の側面が連動して成立している。これらの子どもの諸能力は別々に発達していくのでなく、さまざまな遊びや生活体験が相互に関連し合い、積み重ねられていくことで総合的に発達していくのである。こうしたことを踏まえ、保育者は発達の見通しをもちながら、計画を立てて保育していくことが大切である。一方で、体験が短期的な結果や特別な知識・能力の習得に偏ったりすることのないよう、子どもの実態や状況に合わせて柔軟に対応することも必要となる（生活や遊びを通しての総合的な保育）。

> カ　一人一人の保護者の状況やその意向を理解、受容し、それぞれの親子関係や家庭生活等に配慮しながら、様々な機会をとらえ、適切に援助すること。

　保護者とのパートナーシップが大切であり、そのためには日ごろからのコミュニケーションは欠かせない。しかし、多様な家庭環境があり、保護者の状況もそれぞれ異なっているため、子どもや子育てに対する思いを丁寧に受け止めることが重要である。モンスターペアレントや心を病んでいる保護者がいる場合もあり、ひとりで抱え込まずに、周りの職員と連携をとりながら、協働して解決に向かうことである。いずれにしても、ソーシャルワーカーとしての保育者の使命も認識しておかなければならない。そしてこのことが結果的に子どもを育てることにつながるのである（子育て支援の方法）。

4. ――保育の環境に配慮する

保育の基本は、環境を通して行うことにある。解説には次のようにある。

> **保育所保育指針解説**
> 第1章　総則
> 　保育所における保育は、1の(1)のイに示されているように、環境を通して行うことを基本としている。保育の環境は、設備や遊具などの物的環境、自然や社会の事象だけでなく、保育士等や子どもなどの人的環境も含んでおり、こうした人、物、場が相互に関連し合ってつくり出されていくものである。

保育者は、子どもが環境との相互作用により成長・発達することを認識し、子どもからの働きかけに応じて変化したり、周りの状況でさまざまに変化したりする、子どもたちを刺激するような応答的な環境を整えていく大切さを解説は述べている。さらにそのうえで、子どもの生活を豊かにする「(4)保育の環境」について、指針では4つの要件をあげている。

> **保育所保育指針**
> 第1章　総則　1　保育所保育に関する基本原則　(4)　保育の環境
> ア　子ども自らが環境に関わり、自発的に活動し、様々な経験を積んでいくことができるよう配慮すること。
> イ　子どもの活動が豊かに展開されるよう、保育所の設備や環境を整え、保育所の保健的環境や安全の確保などに努めること。
> ウ　保育室は、温かな親しみとくつろぎの場となるとともに、生き生きと活動できる場となるように配慮すること。
> エ　子どもが人と関わる力を育てていくため、子ども自らが周囲の子どもや大人と関わっていくことができる環境を整えること。

コラム

● 幼稚園、認定こども園における「保育の目標」と乳幼児期の特性について

　77ページの「保育の目標」は、幼稚園、認定こども園でもそれぞれの根拠法に示されています。すなわち幼稚園における教育の目標は、学校教育法第23条に、また認定こども園における教育及び保育の目標は、改正認定こども園法第9条に記されています。

　平成30年の改定（訂）の大きな特徴は、それぞれ「保育の目標」の記述に違いはあれ、保育所、幼稚園、認定こども園で行われる幼児教育が同質なものであることを明言したうえで、「幼児教育において育みたい資質・能力」という3つの柱、「幼児期の終わりまでに育ってほしい姿」として10の姿を示し、これらの子どもの育ちを踏まえて、0歳児から保育を行っていくことを宣言したことです。

　それぞれの保育内容について規定している幼稚園教育要領、幼保連携型認定こども園教育・保育要領には、幼児期、乳幼児期の特性について触れた箇所があります。他者と関わりながら、子どもたち一人一人が興味・関心を一層膨らませ、学びを得ていく生活の場であることがはっきりと述べられています。「発達」を意識し、子どもたちの特性を理解し、適切な援助をしていく保育者の姿についても書かれています。さらに、幼保連携型認定こども園教育・保育要領では、保育所保育指針にもあるように、「子どもの発達」に関する内容を、「基本的な事項」として、各時期のねらいや内容等とあわせて記述することで、0歳児からの発達の詳しい特徴を意識させるものになっています。

　「彼を知り己を知れば百戦危うからず」という孫子の言葉にもあるように、子どものことを少しでも理解し、また保育者としての役割を意識するなかで、一歩一歩自分の理想の保育者に近づいていきましょう。そして子どもたちの笑顔に少しでも多く出会ってください。

第3節　子どもを理解する

　保育所保育の根幹にかかわる「保育の原理」についてみてきた。次に保育の対象となる子どもをどのように理解すべきかについて述べる。

1.——子どもの発達の特性を知る

　子どもの学びや育ちを促すものに、その活動がもつ「楽しさ」がある。「楽しさ」とは、興味をひかれ、無心で取り組み、それがうまくいって達成感を味わったり、失敗して悔しがったり、活動自体に充実感や満足感を感じるような、広く深い心の動きのことである。子どもはこの「楽しさ」を原動力として、自らを表現したり、外界からの刺激を受け止めたりしようとする。こうした取り組みから生じた「楽しさ」は、子どもの心に、好奇心や探究心、自発性や主体性、知性や感性、創造性や想像性などを育んでいき、さらなる展開や発展を導く力へと進化していくのである。

　そう考えれば、子どもの活動の根底にあるワクワクやドキドキといった興味や関心を少しでも発見、理解しようとする目をもって保育者が子どもとかかわることは重要な役割となる。とはいえ、子どもがすべての活動や表現で楽しさを味わえるとは限らない。たとえば、好きなことをしていても自分の世界で完結してしまう場合があるかもしれない。それを徐々に誰かにみてほしいと願う気持ちになっていくには、よき理解者が近くにいて認めてもらえる経験をすることが必要である。自己肯定感、自尊感情の大切さがいわれるが、子どもがそれらを獲得するには、まずその子どもの存在を周りの人が愛情をもって受け入れることが重要である。

　子どもを大切な存在、かけがえのない存在として受け入れ、ありのままを認め、よいところをほめていく。それによって、子どもは自分が受け入れら

自分がありのままに受け入れられているという安心感が、自己肯定感を育くむ

れているという安心感をもち、人を信頼し、人との関わりを喜び、人からほめられたことから自信をもつようになる。そして、人に認められたい、喜ばれたいという思いをもって、いろいろな活動に積極的に取り組むようになる。また、子どもは次第に活動自体の楽しさにも目覚め、積極的な冒険者になっていく。子どもを支える周りの人が母港、子ども自身を船とすれば、船のエンジンがさしずめ興味・関心ということになる。エンジンの馬力は、子どもの冒険の楽しさと自慢話を聞いてくれる周りの人に支えられ、大きくなっていくのである。

2.──子どもに個人差があることを知る

　指針の「第2章　保育の内容」には、4．保育の実施に関して留意すべき事項の(1)保育全般に関わる配慮事項として、「ア　子どもの心身の発達及び活動の実態などの個人差を踏まえるとともに、一人一人の子どもの気持ちを受け止め、援助すること」とある。さらに、解説にしたがって、保育の内容について理解を深めていこう。

保育所保育指針解説

第2章　保育の内容
　子どもが安定し、充実感をもって生活するために、保育士等は以下の三つの点に配慮する必要がある。
　一つ目は、乳幼児期の子どもの発達は心身共に個人差が大きいことに配慮することである。同じ月齢や年齢の子どもの平均的、標準的な姿に合わせた保育をするのではなく、一人一人の発達過程を踏まえた上で、保育を展開する必要がある。
　二つ目は、子どもの活動における個人差に配慮することである。同じ活動をしていても、何に興味をもっているか、何を求めてその活動をしているのかは、子どもによって異なる。そのため一人一人の活動の実態を踏まえて、その子どもの興味や関心に沿った環境を構成していく必要がある。
　三つ目は、一人一人の子どものその時々の気持ちに配慮することである。保育士等が様々に変化する子どもの気持ちや行動を受け止めて、適切な援助をすることが大切であり、常に子どもの気持ちに寄り添い保育することが求められる。

　保育者が望ましいと思う活動を全員に行わせるだけの画一的な保育では、一人一人の発達の保障は期待できない。子どもは同じ年齢であっても、遺伝的な影響や生活経験、抱く興味・関心などの違いによって、発達の過程は大きく異なる。子どもは各家庭で異なった生活をしており、園において同じ環境のもとで生活していても環境の受け止め方は異なったものとなることから、環境への関わり方も異なるのは当然のことといえる。そのため、一見同じような活動をしているようにみえても、それぞれの子どもの発達にとっての意

味は異なったものとなる。

したがって、日常の保育のなかで保育者は、一人一人の子どもの生活する姿から、今何を経験しているのかや今必要な経験は何かを的確にとらえ、それらに応じた適切な環境構成や援助をすることが大切である。つまり、子どもと生活をともにし、関わるなかで、一人一人の子どもの個人差に応じた保育を実践していくことが必要となるのである。それには、発達の個人差だけではなく、活動の様子や気持ちなどの個人差を意識し、理解しようとする姿勢が大切になる。

個人差に目を向けることは、個性の重視にも通じる。同じ年齢であっても似たところもあれば違うところもあり、違う年齢であっても違うところもあれば似たところもある。まさに、年齢や性別等を超え、フィルターをかけることなく自分の目の前にいる子どもとかかわることを楽しみ、見極めることが大事である。「みんなちがって、みんないい」（金子みすゞ「私と小鳥と鈴と」*3 より）という詩があるように、一番大切なのは、子どもたちとかかわる喜び、子どもたちへの感謝の気持ちなのである。

＊3　矢崎節夫選『金子みすゞ童謡全集』（JULA出版局　2003年）1)。金子みすゞは大正末期から昭和初期に活躍した童謡詩人。歴史に埋もれていたが、児童文学者である矢崎節夫らが発掘し、今日の評価につながっている。

3.──子どもにはさまざまな感受性・個性があることを知る

「ゆき」　　うえだ　しんご（5歳）

ふくのうえにとまって
なかにかくれて
ねてしもた

（灰谷健次郎編・長新太絵『たいようのおなら』*4 のら書店　1995年）2)

＊4　子どもたちの感性あふれるユニークな詩集である。

「かさ」　　大坂　日向子（宮城・5歳）

（お店やさんごっこをしていて）
これ（かさ）は
あめのおとが
よくきこえる　きかいです

（川崎洋編『こどもの詩』*5 文藝春秋　2000年）3)

＊5　新聞に連載されている子どもの詩の秀作集。

子どもは無垢な感動をたくさんもっている。人は、ものを見て、音を聞き、

香りをかぎ、ものを味わい、ぬくもりを感じる能力をもっている。しかし、すべての人が同じようにものを見、感じ取っているわけではない。特におとなになっていくことで、子どものようにやわらかくものを感じることができにくくなっていく。われわれおとなは、この詩のように素直な目で世界を見ることができるだろうか。

　子どもと生活をともにする保育者は、表面的に見えている子どもの姿だけをもって、その子に必要な関わりを考えるのではなく、表面には出にくい子どもの内面を読み取り、その子の視点や立場に立って考え、理解することが求められる。日常の生活のなかで、目の前の子どもの姿を大切にすることこそ個性の尊重となる。それらは、おとなのものさしに適合しないこともしばしばであろう。また、おとなが望ましいとしているもののなかには、子どもがこだわっているものと対立し、葛藤を生み出すものもあるかもしれない。一人一人のその子らしさ、その子のこだわりを大切にしようとするならば、子どもの生活のなかにもち込んでいるおとなの価値観や基準を、時にはリセットすることも必要である。保育者は「個性化」（その子らしさを輝かせる）と「社会化」（みなとともに集団生活の楽しさや良さを知る）の適切な視点をもちながら、子どもの無限の可能性に目を向け、それがあると信じて気長にかかわる信念や根気強さをもつことが必要とされる。

第4節　保育者自身の保育観を考える

1.──どのような保育をしたいかを考える

　これまでみてきたように、子どもは周りの環境のなかにあるものとの関わりや、保護者や保育者、そして他の子どもたちなど身近な人をモデルとして、また彼らとの相互的な関係性のなかでさまざまなことを学び、成長していく。子どもは、身近な人の援助や協力によってステップアップし、能力の獲得が促されるという「発達の最近接領域」[*6]の考え方に通じるものである。潜在的な能力をもっている子どもたちは、生活のなかで環境、とりわけ人とのかかわりにより成長を遂げていく。保育者はいつも子どもの傍らにいて、必要なときに手助けし、そうでないときは空気のように……そんな存在をめざしたいものである。

　そのために、保育者は驕りや疑いのない眼で子どもを見て、子どもの真の姿に感動し、自らの子どもを見る眼を常に振り返ることが必要である。また、

［*6　ソビエトの心理学者ヴィゴツキー（Vygotsuky,L.S.）が提唱した子どもの精神発達に関する考え方。すでに子どもが獲得している現在の発達水準と他者からの援助や誘導を受けることで達成できる水準の二つに分けて、それらの水準の間に位置する、いわば潜在的に発達可能な領域を「発達の最近接領域（ZDP）」とよんだ。この考え方は、その時点で子どもが独力ではできないが、何らかの適切な援助を受けることにより発揮できる能力を有することを意味し、教育の可能性や重要性を示唆している[8]。］

子どもを柔らかに受け止め、本質（子どもらしさ）を少しでも受け止められるように意識することである。たとえば、子どもの「元気」について考えてみよう。外で飛び回ることだけが元気といえるだろうか。内なる闘志ともいうべき元気や何かをやさしく包み込む元気、ハンディを抱えていても明るく生きる元気などもあることを知っておくべきである。自分の固定的なイメージで子どもを見ず、出会った子どもに向き合って、その子らしさを感じていくことを大切にする。保育者もレイチェル・カーソン[*7]がいうように、「知ることより感じることがまず大事」なのである。

　保育観とは、いったん形成されたら固定化してしまうものではなく、子どもの発達と同じようにさまざまな関係や情況のなかで、行きつ戻りつしながら、職能の形成とともによりよいものへと発達すべきものである。保育者が日々の保育のなかで立ち止まって振り返り、的確な評価を行い、今の保育を考えていくうえで基盤となる考え方を意識化することは、保育改善のための大きな力となる。

　保育は単に子どもを受け入れることではない。豊かな内的世界をもっている一人一人の子どもと気長につきあいながら、生活上の援助をしつつ、子どものよさやおもしろさを実感し、子どもたちが自己成長できるようなかかわりを意図的にもつことである。保育者は、子どもがその子らしく育つということを、ともに生活するなかでしっかりと保障していくのである。そこでは、子どもは尊重され、成長に必要な学びを経験するなかで毎日を送っていくわけであるが、同時に保育者自身も日々成長させてもらっているのである[*8]。

　ここで考えなければならないのが、園での日常生活の質における担保である。現在、「保育の質」の担保が声高に指摘されている。大事なことは、子どもの日常に何か特別な活動をもってくることではない。習い事などで忙しい日々を送る子どもは多く、「子ども期」が消失寸前ともいえるこの時代であるからこそ、子どもの興味・関心を見極め、環境との関係性を高め、楽しく学び成長できる日常が大切なのである。

[*7] アメリカの海洋生物学者。『沈黙の春』（青木築一訳　新潮社）で1960年代に農薬等による環境汚染を警告し、一躍脚光を浴びる。文中の言葉は晩年の著作『センス・オブ・ワンダー』（上遠恵子訳　新潮社）より。本書を貫いている精神は、「神秘さや不思議さに目を見張る感性」の重要性である。

[*8] p.39のコラムも参照。

子どもの声にじっと耳を傾け、見守ることを大切にしたい

おとな自身が、自らの経験や「こうあるべき」という理想にとらわれて、子どもの生活の"今"を見据えていなければ、現実の生活を子どもたちと共有することは難しいに違いない。たとえば、子どもによっては、多くの子どもがいる場所とは違う所で、何人かであるいはひとりで遊んでいる子どもがいる。それは廊下の隅っこやカーテンの後ろであったり、庭木の陰などおとなの目から少し離れた場所であったりする。そこでの子どもは、思い思いに自分の世界を展開しようとしているのである。そんな世界をやさしく見守り、そっとのぞいてみたいと思える保育者こそが、子どもにとって信頼を寄せるおとなになり得ると思われる。

2.──自身の保育観を省みる

　けんかの仲裁一つにおいても保育観は反映されるものである。けんかは子どもたちの自己主張の場であり、他人の思いを感じ、理解することのできるよい機会でもある。「怒りたくなる、悔しくなる、情けなくなる……」などの自分の感情を整理し、適切に相手に表現しなければ気持ちは伝わらない。保育者が「ごめんって言いなさい」「いいよって言いなさい」と無理強いして事務的に仲直りをさせてしまっても、子どもの気持ちはおさまらないし、将来のトラブルを自らで解決していく力を身につけることにもつながらない。

　子どもの意見をきちんと受け止めることは、カウンセリングマインド[*9]の第一歩である。けんかなどの場合、まず一人一人の言い分を聞いて、その思いに共感する。行為の善し悪しは別にして、子どもにすれば自分のしたことや思いを理解してもらえたことに安心する。そうしたうえで、当事者同士が互いの思いを述べ、相手の思いを理解していく。その過程で些細な行き違いや、自分が思いもしなかったことを相手が感じていたことなどを知るのである。自分と同じように、相手にもさまざまな思いがあることに気づくのであり、保育者が「とりあえず仲直りをさせてしまえ」という態度ではこうはならない。子どもは、葛藤を体験するなかでつらい思いをすることもあるが、その分だけ多くのことを学ぶことができるのである。

　混沌とした現代社会にあって、子どもの「生きる力」[*10]の基礎を培おうとする保育は欠かすことができない貴いものである。一昔前に比べて、子どもの数は減り、子育てに関する情報は世の中にあふれているにもかかわらず、子育てはさらに難しくなっている一面もある。不安や葛藤を抱えている保護者をサポートし、さまざまな体験を大切にしながら愛情豊かに子どもを育てていくことが、やがてはやさしい社会を創造する者を育てることにつながる。

[*9] 保育者や教員が、子どもの内面を深く理解しようと努め、カウンセリングの基本的精神を学び、その精神を子ども理解に生かそうとする態度のこと。和製英語である。

[*10] 文部科学省が教育改革のスローガンとして掲げてきた言葉。「生きる力」とは、変化の激しいこれからの社会を生きる子どもたちに身につけさせたい「確かな学力」、「豊かな人間性」、「健康と体力」の三つの要素からなる。

保育はそんな大きな社会的役割を担っているのである。

　みなさんは、どんな保育をしたいのか、どんな保育者になりたいのか、さまざまなイメージをもっているだろう。ぜひそれらを明確にし、膨らませ、実践に向けていってほしい。子どもに試行錯誤が必要なように、みなさんにもそれが必要なのである。そのなかで自分の想いや実践したことを振り返り、成長し続けることが大切であり、保育観を常によりよいものへと更新していくことである。また、保育はひとりでするものではなく、個性豊かな保育者集団が協力して個性豊かな子どもたちを育てていくのである。

　最後に、子どもを理解するための参考として、津守真の『保育者の地平』[*11]にある保育の心構えを引用しておく。

*11　津守真『保育者の地平』（ミネルヴァ書房　1997年）。児童心理学者として活躍後、大学教員を辞した著者が、障害をもつ子どもたちの保育の現場に身をおいて実践した12年間の記録である。

1．出会うこと
　　偶然の機会を尊重し、相手の側に立とうとすること。
2．交わること―表現と理解
　　出会った後、相手の行動を表現としてみて、自分の理解に従って応答する。どのように理解するかは保育者に問われている。
3．現在を形成すること
　　現在を充実させることによって次が展開する。
4．省察すること
　　その体験を思い返して省察する。

　1から4までのすべてが保育であり、実践と省察は不可分である。1日の実践を振り返ることで、明日の新しい出会いに備えることができる。結果の善し悪しにかかわらず、自らを振り返り、冷静に自己評価できる保育者をめざしてほしい。

> ❋ 学習の確認 ❋
>
> 1．演習問題
> 　① 保育所保育指針にある「個人差や一人一人を大切に」というフレーズは、幼稚園教育要領や幼保連携型認定こども園教育・保育要領にも同じような記述がある。その内容を比べて検討しよう。
> 　② 自分の保育観・子ども観を書いて、発表し合ってみよう（この演習は１回で終わるのでなく、実習を経験した後や学年が上がったときなどさまざまな節目にもやってみよう）。
>
> 2．キーワードのおさらい
> 　□ 保育の目標
> 　□ 保育の方法
> 　□ 保育の環境
> 　□ カウンセリングマインド
> 　□ 振り返り

【引用・参考文献】
1）矢崎節夫選『金子みすゞ童謡全集』JULA出版局　2003年
2）灰谷健次郎編・長新太絵『たいようのおなら』のら書店　1995年　p.39
3）川崎洋編『こどもの詩』文藝春秋　2000年　p.146
4）大場幸夫・網野武博・増田まゆみ編著『保育を創る８つのキーワード』フレーベル館　2008年
5）大宮勇雄『保育の質を高める』ひとなる書房　2006年
6）小田豊・榎沢良彦編『新しい時代の幼児教育』有斐閣　2005年
7）山本多喜司監修『発達心理学用語辞典』北大路書房　1991年　p.255
8）レイチェル・カーソン（上野恵子訳）『センス・オブ・ワンダー』新潮社　1996年
9）津守真『保育者の地平』ミネルヴァ書房　1997年
10）柴崎正行編著『保育方法の探究　第２版』建帛社　2002年
11）田中まさ子編『保育原理　第３版』みらい　2014年
12）民秋言編著『改訂保育者論』建帛社　2007年
13）津守真『子どもの世界をどうみるか』日本放送出版協会　1999年
14）堀田力『「人間力」の育て方』集英社　2007年
15）森上史朗・大豆生田啓友編『よくわかる保育原理』ミネルヴァ書房　2008年
16）森上史朗編『幼児教育への招待』ミネルヴァ書房　2003年
17）文部科学省『幼稚園教育指導資料第３集　幼児理解と評価』チャイルド本社　2005年
18）山本和美編著『保育方法論』樹村房　2007年
19）『げ・ん・き第100号』エイデル研究所　2007年
20）内閣府・文部科学省・厚生労働省『幼保連携型認定こども園教育・保育要領』フレーベル館　2017年
21）厚生労働省「保育所保育指針解説」2018年

● **教師なんて大嫌い！**

　私は教師が嫌いでした。勝手に期待される一方で、出来が悪ければ否定され、教師には自分の本質をわかってもらえないと思っていました。紆余曲折の末に大学院に入って、ようやく"恩師"と呼べる教師に出会いました。こんな教師になりたい、教師とはかくありたいと思うようになったのです。

　どんな意見でも、一生懸命考えたものは真剣に聞き、必ずコメントをくださったこと。高名であっても偉ぶらず、同じ研究をする者として私たちを同格に扱ってくださったこと。ご自身の経験を交えながら世界の広さを教えてくださったこと。門外漢から幼児教育の世界に入った私には、とてもありがたい存在でした。このような貴重な出会いは滅多にないことですが、もし、もっと幼いときに出会っていれば人生は変わっていたと真剣に思います。

　よき理解者、援助者との出会い。みなさんはもう出会えたでしょうか？

第5章 保育所保育の内容を学ぶ

学びのポイント

❶「保育の内容」とは何かを学ぼう。
❷「ねらい」と「内容」について理解しよう。
❸「養護」と「教育」の関係を把握しよう。

養護と教育の意味を考えよう

第1節 「保育の内容」の基本的な考え方

1.──「保育内容」の構造とポイント

　これまで学んできた保育の原理をふまえて、保育者は一人一人の子どもに最適な保育を提供していく必要がある。そして、保育の目的・目標を達成するために、「具体的にどのような活動や体験を選択していくのか」という保育の内容について学び、それらを実践していくための保育の方法を構築していかなければならない。そこで、本章では保育所保育指針を中心に、「保育の内容」に関する事項について理解を深めていこう。
　まず、指針では、「保育の内容」に関することは主として第3章に記されている。その構成は図5-1の通りである。

2.──「ねらい」及び「内容」

　指針における保育の内容は、「ねらい」及び「内容」から構成されている。「ねらい」とは、「第1章　総則」で示されている保育の目標をより具体化したものであり、「子どもが保育所において、安定した生活を送り、充実した活動ができるように、保育を通じて育みたい資質・能力を、子どもの生活

第5章　保育所保育の内容を学ぶ

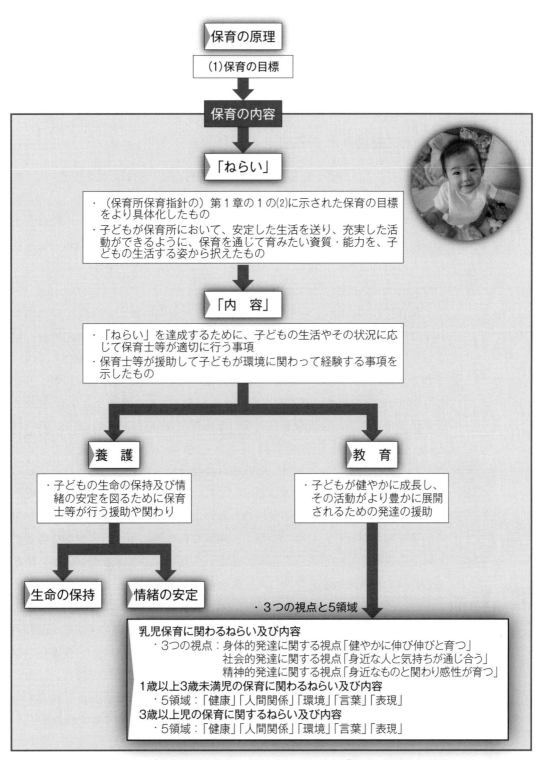

図5-1　「保育所保育指針」（第2章）における「保育の内容」の構成
出典：厚生労働省「保育所保育指針」（2017年）第2章をもとに筆者作成

する姿から捉えたもの」のことである。

「内容」とは、上記の「ねらい」を達成するために、「子どもの生活やその状況に応じて保育士等が適切に行う事項」と、「保育士等が援助して子どもが環境に関わって経験する事項」を示したものである。

3.──「養護」と「教育」の一体性

「ねらい」と「内容」を具体的に把握する視点は、指針では「養護」と「教育」の二つから提示されている。

「養護」とは、「子どもの生命の保持及び情緒の安定を図るために保育士等が行う援助や関わり」のことである。この「生命の保持」と「情緒の安定」の二つの項目ごとに、指針では「養護」の「ねらい」と「内容」が記されている。

「教育」とは、「子どもが健やかに成長し、その活動がより豊かに展開されるための発達の援助」のことであり、図の5-1のように、乳児保育では3つの視点として、1歳以上3歳未満児と3歳以上児では5領域として構成されている。3つの視点とは、身体的発達に関する視点「健やかに伸び伸びと育つ」、社会的発達に関する視点「身近な人と気持ちが通じ合う」、精神的発達に関する視点「身近なものと関わり感性が育つ」である。また、5領域とは、「健康」「人間関係」「環境」「言葉」「表現」であり、1歳以上3歳未満児と3歳以上児の5領域は、それぞれの発達にあわせた内容となっている。指針では、この3つの視点と5領域ごとに「ねらい」と「内容」がそれぞれ記されている。これらは、小学校の教科のように独立して扱われたり、特定の活動を示したりしたものではなく、保育を行う際に子どもの育ちや発達をとらえる視点として示されたものである。これは、さまざまな側面から子どもが経験を積み重ねる姿をとらえ、総合的に保育していくことを意味している。

このように「養護」と「教育」の両側面が示されていることが、「保育の内容」に関する大きな特色の一つでもある。しかし、これは、「養護」の側面と「教育」の側面を切り離して考えることを意味するわけではない。むしろ、これは、これまでの指針において唱えられてきた「養護」と「教育」の一体性の重要性[*1]を積極的な形で受け継いだ証である。そうした流れから、指針では「養護」と「教育」のそれぞれの定義を明確にし、「養護」と「教育」に関わるねらい及び内容が示されているのである。

さらにいえば、「養護」が基礎となって「教育」が展開されるということ

*1 特に1990（平成2）年の第1次改定では、家庭養育の補完としての養護的側面の必要性および重要性が強く主張され、「養護」と「教育」の一体性が謳われた。これは、保育所の役割＝託児という印象を払拭すべく、しつけや教えるといった教育的側面が強調されがちであった当時の情勢に対する警鐘の意味が込められていた（『発達113』ミネルヴァ書房）。

第5章　保育所保育の内容を学ぶ

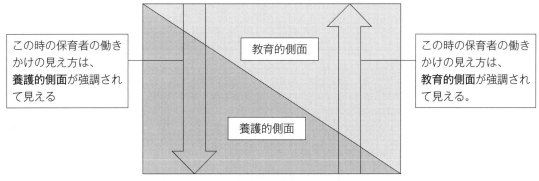

図5－2　保育における養護と教育の見え方の位相（イメージ）

出典：阿部和子「養護と教育が一体となって営まれる保育を言語化することとは」社会福祉法人全国社会福祉協議会　全国保育士会、保育の言語化等検討特別委員会『養護と教育が一体となった保育の言語化』2016年

が指針の考え方である。つまり、「生命の保持」と「情緒の安定」を図る「養護」の活動が基礎となって、保育所における3つの視点と5領域から構成される「教育」の活動を支えていくのである。こうした関係を構造化したものが、図5－2である。

このような形で、保育所における「養護」と「教育」にかかわる保育の内容は、一体的に展開されることが企図されているのである。

第2節　「ねらい」及び「内容」の基本的な考え方

1.──「養護」と「教育」に関わる「ねらい」及び「内容」

第1節で説明したように、指針の「保育の内容」における「ねらい」と「内容」は、「養護」と「教育」の二つの側面に分けて示されており、これらは第1章（総則）の「1　保育所保育に関する基本原則」にある「(2)保育の目標」（図5－3）をそれぞれ具体化したものである。以下に、それぞれの「ねらい」及び「内容」のポイントについて示す。

(1)　「養護」にかかわる「ねらい」及び「内容」

「養護に関わるねらい及び内容」には、「保育の内容」の養護的側面が示されている。これは、第1章　総則にある「(2)保育の目標」の(ア)を具体化したものであり、「生命の保持」に関わるものと「情緒の安定」に関わるものとに分けて、「ねらい」と「内容」が示されている（表5－1）。

「生命の保持」の「ねらい」のポイントは、一人一人の子どもの生存権を

（2）保育の目標

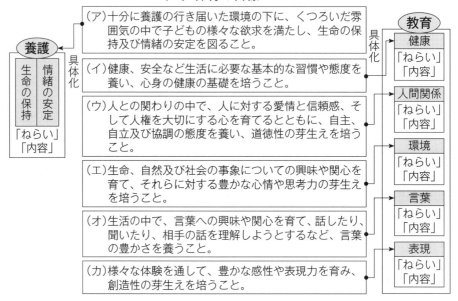

図 5 − 3　指針における保育の目標

出典：厚生労働省「保育所保育指針」（2017年）第 1 章「総則」1 (2)「保育の目標」をもとに筆者作成

保障することにある。これは、子どもの命を守り、一人一人の子どもが快適に、そして健康で安全に過ごせるようにすること、また、生理的欲求が十分に満たされ、健康増進が積極的に図られるようにすることを意味する。この「生命の保持」と関連する「保育の内容」は、後で示す「教育に関わるねらい及び内容」の「健康」の領域ととりわけ深く関連している。さらに、指針の第 3 章（健康及び安全）に示されている事項と重なる部分もある。

また、「情緒の安定」の「ねらい」のポイントは、安定した情緒のなかで自己肯定感を乳幼児期に育てることにある。なぜなら、子どもが保育士を含むさまざまな人たちに受け止められながら安定感をもって過ごし、自分の気持ちを安心してあらわすことで育まれる自己肯定感は、子どもの将来にわたる心の成長の基盤となるからである。こうした「情緒の安定」に関わる「保育の内容」は、先の「生命の保持」と相互に関連するだけでなく、「教育に関わるねらい及び内容」の「人間関係」の領域に示される事項とも深く関連している。

(2)　「教育」にかかわる「ねらい」及び「内容」

「教育に関わるねらい及び内容」には、「保育の内容」に関する教育的側面が示されている（表 5 − 2、5 − 3、5 − 4）。これは指針における「(2)

表5－1　養護に関わるねらい及び内容

	生命の保持	情緒の安定
ねらい	①一人一人の子どもが、快適に生活できるようにする。 ②一人一人の子どもが、健康で安全に過ごせるようにする。 ③一人一人の子どもの生理的欲求が、十分に満たされるようにする。 ④一人一人の子どもの健康増進が、積極的に図られるようにする。	①一人一人の子どもが、安定感をもって過ごせるようにする。 ②一人一人の子どもが、自分の気持ちを安心して表すことができるようにする。 ③一人一人の子どもが、周囲から主体として受け止められ、主体として育ち、自分を肯定する気持ちが育まれていくようにする。 ④一人一人の子どもがくつろいで共に過ごし、心身の疲れが癒されるようにする。
内容	①一人一人の子どもの平常の健康状態や発育及び発達状態を的確に把握し、異常を感じる場合は、速やかに適切に対応する。 ②家庭との連携を密にし、嘱託医等との連携を図りながら、子どもの疾病や事故防止に関する認識を深め、保健的で安全な保育環境の維持及び向上に努める。 ③清潔で安全な環境を整え、適切な援助や応答的な関わりを通して子どもの生理的欲求を満たしていく。また、家庭と協力しながら、子どもの発達過程等に応じた適切な生活のリズムがつくられていくようにする。 ④子どもの発達過程等に応じて、適度な運動と休息を取ることができるようにする。また、食事、排泄、睡眠、衣類の着脱、身の回りを清潔にすることなどについて、子どもが意欲的に生活できるよう適切に援助する。	①一人一人の子どもの置かれている状態や発達過程などを的確に把握し、子どもの欲求を適切に満たしながら、応答的な触れ合いや言葉がけを行う。 ②一人一人の気持ちを受容し、共感しながら、子どもとの継続的な信頼関係を築いていく。 ③保育士等の信頼関係を基盤に、一人一人の子どもが主体的に活動し、自発性や探索意欲などを高めるとともに、自分への自信をもつことができるよう成長の過程を見守り、適切に働きかける。 ④一人一人の子どもの生活リズム、発達過程、保育時間などに応じて、活動内容のバランスや調和を図りながら、適切な食事や休息が取れるようにする。

出典：厚生労働省「保育所保育指針」（2017年）第1章「総則」2⑵「養護に関わるねらい及び内容」をもとに筆者作成

保育の目標」の(イ)～(カ)を具体化したものである。5領域すべてにおける「ねらい」は、子どもの「心情」「意欲」「態度」などを観点としてそれぞれ示されている。「心情」とは感情を基本とした心のありようのことであり、「意欲」は「心情」が外に向かって自覚的・主体的にやってみたいこととなって、子どもが活発に遊び、生活していくことであり、「態度」は「心情」「意欲」のつながりが習慣化され、安定して能動的に持続させる力のことである。この三つは、子どもに「育みたい資質・能力」となり、これらがひいては「生きる力」の基礎となるものであり、「心情」→「意欲」→「態度」が循環的に育っていくことが示されている。そして、それぞれの「ねらい」を達成するために、保育士等の援助を受け、子どもが環境にかかわって経験する事項として「内容」が示されている。

⑶ 「ねらい」及び「内容」をふまえた創意工夫

　表5-2、5-3、5-4からわかるように、指針に示された「養護」と「教育」に関する「ねらい」と「内容」は、実に多岐にわたる。それらに、それぞれの「内容の取扱い」などをあわせると、保育を計画・実施するためには、非常に多くのことに目配せする必要がある。

　各保育所では、こうした組み合わせによる指導計画の作成を基本としながら、「ねらい」と「内容」を構成することが求められる。その際に留意すべきことは、各保育所の実態にあわせて、独自性と創意工夫を最大限に生かしていくことである。「保育の内容」に関していえば、目の前の子どもの育ちゆく姿を見通し、乳幼児期の発達の特性、0歳から6歳までの発達過程や発達の連続性を考慮し、各保育所の保育理念や保育方針、地域性などを反映させながら、保育の内容をつくり出していくのである。

2.――「ねらい」及び「内容」をふまえた保育の実施に関わる配慮事項

　「保育の実施に関わる配慮事項」について述べる。この事項には、指針の第2章に示されており、保育士等が一人一人の子どもの発達過程やその連続性をふまえ、ねらいや内容を柔軟に取り扱いながら配慮して保育すべきことが示されている。そうした配慮により、保育士等が自らの手で計画を作成していくことが保育の創意工夫につながり、保育内容の充実化を図ることにつながるとされる。指針では、そうした主旨をふまえたうえで、保育に関わる配慮事項を子どもの発達過程に沿う形で示している。ここでは表5-5のように、「保育全般に関わる配慮事項」と「子どもの発達過程に応じた配慮事項」の二つに分けて説明する。

⑴ **保育全般に関わる配慮事項**

　子どもの気持ちや健康、適切な援助、入所時の子どもの保育、国籍や文化の違い、性差や個人差、といったことに関する配慮事項が、全年齢に共通する保育の基礎的事項として示されている。

⑵ **子どもの発達過程に応じた配慮事項**

　「乳児保育に関わる配慮事項」には、特に心身の機能が未熟な0歳児の保育に関する配慮事項が示されている。次に、「3歳未満児の保育に関わる配慮事項」には、主に1、2歳児の保育にかかわる配慮事項が示されている。ただし、この時期の子どもは個人差が著しく、また発達過程も多様なので、

乳児保育との連続性に配慮する必要がある。最後に、「3歳以上児の保育に関わる配慮事項」には、子どもが友だちとの関わりを深め、協同的な遊びや活動を通して成長していくことへの配慮などが示されている。

第3節　幼稚園教育要領との関わり

　本節では、幼児期の教育・保育に関する理念や内容などを示した幼稚園教育要領との関わりについて、「保育の内容」に焦点を当てて説明する。

1.──教育・保育内容の「領域」の変遷

　わが国の幼児教育・保育行政の大きな特色は、学校教育施設としての幼稚園と児童福祉施設としての保育所の二元体制で実施されてきたことである。第2次世界大戦後の1946（昭和21）年に日本国憲法が制定され、それに基づいて1947（同22）年に教育基本法、学校教育法、そして児童福祉法といった教育及び福祉に関する法律が整備された。そうしたなかで、幼稚園は学校教育法に基づく学校教育施設として幼稚園教育要領に、保育所は児童福祉法に基づく児童福祉施設として保育所保育指針に準拠し、それぞれ幼児教育・保育を行ってきた。そして、幼稚園教育要領と保育所保育指針はともに、これまで時代の流れや社会的要請に応じて見直されてきた（図5-4）。

　1963（同38）年、当時の文部省と厚生省が「幼稚園と保育所との関係について」という通知を行って以降、保育所保育指針の改定は、基本的に幼稚園教育要領の改訂後（実際には1年遅れ）に行われてきた[*2]。この通知では、「保育所のもつ機能のうち、教育に関するものは、幼稚園教育要領に準ずることが望ましい」とされ、「このことは、保育所に収容する幼児のうち幼稚園該当年齢の幼児のみを対象とする」とされた。その結果、幼稚園教育要領を改訂してから後、それに準ずる形で保育所保育指針の改定が行われることとなった。保育所保育指針は1965（同40）年に初めて制定されたが、1964（同39）年に改訂された幼稚園教育要領に準じて制定されたものである。

　「保育の内容」に関しては、表5-6に示したように、1965（同40）年に制定された保育所保育指針では、「望ましい主な活動」として年齢ごとに示されていた。4歳から6歳児の内容は、当時の幼稚園教育要領の6領域におおむね合致する形（「健康」「社会」「言語」「自然」「音楽」「造形」）で示された。そのうえで、保育所は「養護」の機能も併せもつとされていた。

*2　ただし、2008年の改定は、本書のp.106～107で述べるように「告示化」という目的のために同時期に行われた。

表5－2　「乳児保育」の教育に関わるねらい及び内容

視点	健やかに伸び伸びと育つ	身近な人と気持ちが通じ合う
目標	健康な心と体を育て、自ら健康で安全な生活をつくり出す力の基盤を培う。	受容的・応答的な関わりの下で、何かを伝えようとする意欲や身近な大人との信頼関係を育て、人と関わる力の基盤を培う。
ねらい	①身体感覚が育ち、快適な環境に心地よさを感じる。 ②伸び伸びと体を動かし、はう、歩くなどの運動をしようとする。 ③食事、睡眠等の生活のリズムの感覚が芽生える。	①安心できる関係の下で、身近な人と共に過ごす喜びを感じる。 ②体の動きや表情、発声等により、保育士等と気持ちを通わせようとする。 ③身近な人と親しみ、関わりを深め、愛情や信頼感が芽生える。
内容	①保育士等の愛情豊かな受容の下で、生理的・心理的欲求を満たし、心地よく生活をする。 ②一人一人の発育に応じて、はう、立つ、歩くなど、十分に体を動かす。 ③個人差に応じて授乳を行い、離乳を進めていく中で、様々な食品に少しずつ慣れ、食べることを楽しむ。 ④一人一人の生活のリズムに応じて、安全な環境の下で十分に午睡をする。 ⑤おむつ交換や衣服の着脱などを通じて、清潔になることの心地よさを感じる。	①子どもからの働きかけを踏まえた、応答的な触れ合いや言葉がけによって、欲求が満たされ、安定感をもって過ごす。 ②体の動きや表情、発声、喃語等を優しく受け止めてもらい、保育士等とのやり取りを楽しむ。 ③生活や遊びの中で、自分の身近な人の存在に気付き、親しみの気持ちを表す。 ④保育士等による語りかけや歌いかけ、発声や喃語等への応答を通じて、言葉の理解や発語の意欲が育つ。 ⑤温かく、受容的な関わりを通じて、自分を肯定する気持ちが芽生える。

出典：厚生労働省「保育所保育指針」（2017）第2章「保育の内容」1(2)をもとに筆者作成

身近なものと関わり感性が育つ
身近な環境に興味や好奇心をもって関わり、感じたことや考えたことを表現する力の基盤を培う。
①身の回りのものに親しみ、様々なものに興味や関心をもつ。 ②見る、触れる、探索するなど、身近な環境に自分から関わろうとする。 ③身体の諸感覚による認識が豊かになり、表情や手足、体の動き等で表現する。
①身近な生活用具、玩具や絵本などが用意された中で、身の回りのものに対する興味や好奇心をもつ。 ②生活や遊びの中で様々なものに触れ、音、形、色、手触りなどに気付き、感覚の働きを豊かにする。 ③保育士等と一緒に様々な色彩や形のものや絵本などを見る。 ④玩具や身の回りのものを、つまむ、つかむ、たたく、引っ張るなど、手や指を使って遊ぶ。 ⑤保育士等のあやし遊びに機嫌よく応じたり、歌やリズムに合わせて手足や体を動かして楽しんだりする。

表5−3 「1歳以上3歳未満児の保育」の教育に関わるねらい及び内容

領域	健康	人間関係
目標	健康な心と体を育て、自ら健康で安全な生活をつくり出す力を養う。	他の人々と親しみ、支え合って生活するために、自立心を育て、人と関わる力を養う。
ねらい	①明るく伸び伸びと生活し、自分から体を動かすことを楽しむ。 ②自分の体を十分に動かし、様々な動きをしようとする。 ③健康、安全な生活に必要な習慣に気付き、自分でしてみようとする気持ちが育つ。	①保育所での生活を楽しみ、身近な人と関わる心地よさを感じる。 ②周囲の子ども等への興味や関心が高まり、関わりをもとうとする。 ③保育所の生活の仕方に慣れ、きまりの大切さに気付く。
内容	①保育士等の愛情豊かな受容の下で、安定感をもって生活をする。 ②食事や午睡、遊びと休息など、保育所における生活のリズムが形成される。 ③走る、跳ぶ、登る、押す、引っ張るなど全身を使う遊びを楽しむ。 ④様々な食品や調理形態に慣れ、ゆったりとした雰囲気の中で食事や間食を楽しむ。 ⑤身の回りを清潔に保つ心地よさを感じ、その習慣が少しずつ身に付く。 ⑥保育士等の助けを借りながら、衣類の着脱を自分でしようとする。 ⑦便器での排泄に慣れ、自分で排泄ができるようになる。	①保育士等や周囲の子ども等との安定した関係の中で、共に過ごす心地よさを感じる。 ②保育士等の受容的・応答的な関わりの中で、欲求を適切に満たし、安定感をもって過ごす。 ③身の回りに様々な人がいることに気付き、徐々に他の子どもと関わりをもって遊ぶ。 ④保育士等の仲立ちにより、他の子どもとの関わり方を少しずつ身につける。 ⑤保育所の生活の仕方に慣れ、きまりがあることや、その大切さに気付く。 ⑥生活や遊びの中で、年長児や保育士等の真似をしたり、ごっこ遊びを楽しんだりする。

出典：厚生労働省「保育所保育指針」(2017) 第2章「保育の内容」2(2)をもとに筆者作成

環境	言葉	表現
周囲の様々な環境に好奇心や探究心をもって関わり、それらを生活に取り入れていこうとする力を養う。	経験したことや考えたことなどを自分なりの言葉で表現し、相手の話す言葉を聞こうとする意欲や態度を育て、言葉に対する感覚や言葉で表現する力を養う。	感じたことや考えたことを自分なりに表現することを通して、豊かな感性や表現する力を養い、創造性を豊かにする。
①身近な環境に親しみ、触れ合う中で、様々なものに興味や関心をもつ。 ②様々なものに関わる中で、発見を楽しんだり、考えたりしようとする。 ③見る、聞く、触るなどの経験を通して、感覚の働きを豊かにする。	①言葉遊びや言葉で表現する楽しさを感じる。 ②人の言葉や話などを聞き、自分でも思ったことを伝えようとする。 ③絵本や物語等に親しむとともに、言葉のやり取りを通じて身近な人と気持ちを通わせる。	①身体の諸感覚の経験を豊かにし、様々な感覚を味わう。 ②感じたことや考えたことなどを自分なりに表現しようとする。 ③生活や遊びの様々な体験を通して、イメージや感性が豊かになる。
①安全で活動しやすい環境での探索活動等を通して、見る、聞く、触れる、嗅ぐ、味わうなどの感覚の働きを豊かにする。 ②玩具、絵本、遊具などに興味をもち、それらを使った遊びを楽しむ。 ③身の回りの物に触れる中で、形、色、大きさ、量などの物の性質や仕組みに気付く。 ④自分の物と人の物の区別や、場所的感覚など、環境を捉える感覚が育つ。 ⑤身近な生き物に気付き、親しみをもつ。 ⑥近隣の生活や季節の行事などに興味や関心をもつ。	①保育士等の応答的な関わりや話しかけにより、自ら言葉を使おうとする。 ②生活に必要な簡単な言葉に気付き、聞き分ける。 ③親しみをもって日常の挨拶に応じる。 ④絵本や紙芝居を楽しみ、簡単な言葉を繰り返したり、模倣をしたりして遊ぶ。 ⑤保育士等とごっこ遊びをする中で、言葉のやり取りを楽しむ。 ⑥保育士等を仲立ちとして、生活や遊びの中で友達との言葉のやり取りを楽しむ。 ⑦保育士等や友達の言葉や話に興味や関心をもって、聞いたり、話したりする。	①水、砂、土、紙、粘土など様々な素材に触れて楽しむ。 ②音楽、リズムやそれに合わせた体の動きを楽しむ。 ③生活の中で様々な音、形、色、手触り、動き、味、香りなどに気付いたり、感じたりして楽しむ。 ④歌を歌ったり、簡単な手遊びや全身を使う遊びを楽しんだりする。 ⑤保育士等からの話や、生活や遊びの中での出来事を通して、イメージを豊かにする。 ⑥生活や遊びの中で、興味のあることや経験したことなどを自分なりに表現する。

表5-4 教育に関わる各領域の目標やねらい及び内容

	健　康	人間関係
目標	健康な心と体を育て、自ら健康で安全な生活をつくり出す力を養う。	他の人々と親しみ、支え合って生活するために、自立心を育て、人と関わる力を養う。
ねらい	①明るく伸び伸びと行動し、充実感を味わう。 ②自分の体を十分に動かし、進んで運動しようとする。 ③健康、安全な生活に必要な習慣や態度を身に付け、見通しをもって行動する	①保育所の生活を楽しみ、自分の力で行動することの充実感を味わう。 ②身近な人と親しみ、関わりを深め、工夫したり、協力したりして一緒に活動する楽しさを味わい、愛情や信頼感をもつ。 ③社会生活における望ましい習慣や態度を身に付ける。
内容	①保育士等や友達と触れ合い、安定感をもって行動する。 ②いろいろな遊びの中で十分に体を動かす。 ③進んで戸外で遊ぶ。 ④様々な活動に親しみ、楽しんで取り組む。 ⑤保育士等や友達と食べることを楽しみ、食べ物への興味や関心をもつ。 ⑥健康な生活のリズムを身に付ける。 ⑦身の回りを清潔にし、衣服の着脱、食事、排泄などの生活に必要な活動を自分でする。 ⑧保育所における生活の仕方を知り、自分たちで生活の場を整えながら見通しをもって行動する。 ⑨自分の健康に関心をもち、病気の予防などに必要な活動を進んで行う。 ⑩危険な場所、危険な遊び方、災害時などの行動の仕方が分かり、安全に気を付けて行動する。	①保育士等や友達と共に過ごすことの喜びを味わう。 ②自分で考え、自分で行動する。 ③自分でできることは自分でする。 ④いろいろな遊びを楽しみながら物事をやり遂げようとする気持ちをもつ。 ⑤友達と積極的に関わりながら喜びや悲しみを共感し合う。 ⑥自分の思ったことを相手に伝え、相手の思っていることに気付く。 ⑦友達のよさに気付き、一緒に活動する楽しさを味わう。 ⑧友達と楽しく活動する中で、共通の目的を見いだし、工夫したり、協力したりなどする。 ⑨よいことや悪いことがあることに気付き、考えながら行動する。 ⑩友達との関わりを深め、思いやりをもつ。 ⑪友達と楽しく生活する中できまりの大切さに気付き、守ろうとする。 ⑫共同の遊具や用具を大切にし、皆で使う。 ⑬高齢者をはじめ地域の人々などの自分の生活に関係の深いいろいろな人に親しみをもつ。

出典：厚生労働省「保育所保育指針」(2017年) 第2章「保育の内容」3(2)をもとに筆者作成

環　境	言　葉	表　現
周囲の様々な環境に好奇心や探究心をもって関わり、それらを生活に取り入れていこうとする力を養う。	経験したことや考えたことなどを自分なりの言葉で表現し、相手の話す言葉を聞こうとする意欲や態度を育て、言葉に対する感覚や言葉で表現する力を養う。	感じたことや考えたことを自分なりに表現することを通して、豊かな感性や表現する力を養い、創造性を豊かにする。
①身近な環境に親しみ、自然と触れ合う中で様々な事象に興味や関心をもつ。 ②身近な環境に自分から関わり、発見を楽しんだり、考えたりし、それを生活に取り入れようとする。 ③身近な事象を見たり、考えたり、扱ったりする中で、物の性質や数量、文字などに対する感覚を豊かにする。	①自分の気持ちを言葉で表現する楽しさを味わう。 ②人の言葉や話などをよく聞き、自分の経験したことや考えたことを話し、伝え合う喜びを味わう。 ③日常生活に必要な言葉が分かるようになるとともに、絵本や物語などに親しみ、言葉に対する感覚を豊かにし、保育士等や友達と心を通わせる。	①いろいろなものの美しさなどに対する豊かな感性をもつ。 ②感じたことや考えたことを自分なりに表現して楽しむ。 ③生活の中でイメージを豊かにし、様々な表現を楽しむ。
①自然に触れて生活し、その大きさ、美しさ、不思議さなどに気付く。 ②生活の中で、様々な物に触れ、その性質や仕組みに興味や関心をもつ。 ③季節により自然や人間の生活に変化のあることに気付く。 ④自然などの身近な事象に関心をもち、取り入れて遊ぶ。 ⑤身近な動植物に親しみをもって接し、生命の尊さに気付き、いたわったり、大切にしたりする。 ⑥日常生活の中で、我が国や地域社会における様々な文化や伝統に親しむ。 ⑦身近な物を大切にする。 ⑧身近な物や遊具に興味をもって関わり、自分なりに比べたり、関連付けたりしながら考えたり、試したりして工夫して遊ぶ。 ⑨日常生活の中で数量や図形などに関心をもつ。 ⑩日常生活の中で簡単な標識や文字などに関心をもつ。 ⑪生活に関係の深い情報や施設などに興味や関心をもつ。 ⑫保育所内外の行事において国旗に親しむ。	①保育士等や友達の言葉や話に興味や関心をもち、親しみをもって聞いたり、話したりする。 ②したり、見たり、聞いたり、感じたり、考えたりなどしたことを自分なりに言葉で表現する。 ③したいこと、してほしいことを言葉で表現したり、分からないことを尋ねたりする。 ④人の話を注意して聞き、相手に分かるように話す。 ⑤生活の中で必要な言葉が分かり、使う。 ⑥親しみをもって日常の挨拶をする。 ⑦生活の中で言葉の楽しさや美しさに気付く。 ⑧いろいろな体験を通じてイメージや言葉を豊かにする。 ⑨絵本や物語などに親しみ、興味をもって聞き、想像をする楽しさを味わう。 ⑩日常生活の中で、文字などで伝える楽しさを味わう。	①生活の中で様々な音、形、色、手触り、動きなどに気付いたり、感じたりするなどして楽しむ。 ②生活の中で美しいものや心を動かす出来事に触れ、イメージを豊かにする。 ③様々な出来事の中で、感動したことを伝え合う楽しさを味わう。 ④感じたこと、考えたことなどを音や動きなどで表現したり、自由にかいたり、つくったりなどする。 ⑤いろいろな素材に親しみ、工夫して遊ぶ。 ⑥音楽に親しみ、歌を歌ったり、簡単なリズム楽器を使ったりなどする楽しさを味わう。 ⑦かいたり、つくったりすることを楽しみ、遊びに使ったり、飾ったりなどする。 ⑧自分のイメージを動きや言葉などで表現したり、演じて遊んだりするなどの楽しさを味わう。

表5-5　保育の実施上の配慮事項（要約）

保育全般に関わる配慮事項
◎一人一人の子どもの気持ちを受け止め、援助する 　⇒ 子どもの心身の発達及び活動の実態などの個人差を踏まえる ◎子どもの健康に対する留意 　⇒ 生理的・身体的な育ちとともに、自主性や社会性、豊かな感性の育ちとがあいまってもたらされる ◎子どもに対する適切な援助 　⇒ 子どもが自ら周囲に働きかけ、試行錯誤しつつ自分の力で行う活動を見守る ◎入所時の子どもの保育に関する配慮 　⇒ できるだけ個別的に対応し、子どもが安定感を得て、次第に保育所の生活になじんでいくようにする 　⇒ 既に入所している子どもに不安や動揺を与えないようにする ◎子どもの国籍や文化の違いに対する配慮 　⇒ 国籍・文化の違いを認め、互いに尊重する心を育てるようにする ◎子どもの性差・個人差に対する配慮 　⇒ 性差・個人差にも留意しつつ、性別などによる固定的な意識を植え付けることがないようにする

乳児保育に関わる配慮事項	1歳以上3歳未満児の保育に関わる配慮事項	3歳以上児の保育に関わる配慮事項
●適切な判断に基づく保健的な対応 ●特定の保育士による応答的な関わり ●職員・嘱託医との連携及び（栄養士・看護師等が配置されている場合の）専門性を生かした対応 ●保護者への支援 ●職員間の協力による対応	●適切な判断に基づく保健的な対応 ●環境の整備と様々な遊びの取り入れ ●自我の育ちの見守りと自発的な活動の促し ●職員間の協力による対応	●「幼児期の終わりまでに育ってほしい姿」を考慮する ●発達や成長の援助をねらいとした活動の時間については、意識的に保育の計画等において位置付けて実施する（ただし、子どもが保育所で過ごす時間がそれぞれ異なることに留意する） ●指針の第1章に示す「保育所保育に関する基本原則」を逸脱しないよう配慮する

出典：厚生労働省「保育所保育指針」（2017年）第2章「保育の内容」をもとに筆者作成

2.──学校教育との連携

(1) 保育所保育指針の「告示化」と「大綱化」

　2008（平成20）年の保育所保育指針の第3次改定は、それまでの見直しの流れとは異なり、幼稚園教育要領の改訂を待たずに同時期に行われた。これは、保育所保育指針の「告示化」と「大綱化」という大きな目的があったからである。

第2次改定までの保育指針は「通知」であり、いわば「ガイドライン」としての位置づけであった。それが、2008年の改定により「大臣告示」として公布され、法的な規範性を有する最低基準として明確に位置づけられ、拘束力、制約力が明確化され、法律としての性格をもつことになった。

　また、2008年改定の指針では、基準として規定する事項を基本的なものに限定するという主旨から、内容の「大綱化」[*3]が図られた。そして、基本的かつ重要な要素だけを示した指針を最低基準として位置づけ、そのうえで各保育所の質の向上のための創意工夫を促すことが託された。その結果、各保育所に画一的な保育のかたち（スタイル）を求めるのではなく、保育所および家庭、地域の創意工夫や特性を生かした保育の実施が求められることになった。

　指針を法律としての性格を備えた「告示」として位置づけたことは、国家が施策のなかで保育所の役割を明確化し、その重要性を明言したことを意味する。逆にいえば、保育所が大切であることは以前より主唱されていたとはいえ、国家的な整備が不十分だったために、保育に携わる人材や機関に対して社会的に正当な評価がなされていなかったともとらえられよう。

＊3　「大綱」とは、一般的には「根本的な事柄」（『広辞苑』）という意味だが、民秋（2008）は、「大綱化」を「要点は欠かさずしっかり押さえつつ、できるだけ簡明に示すこと」と定義している。

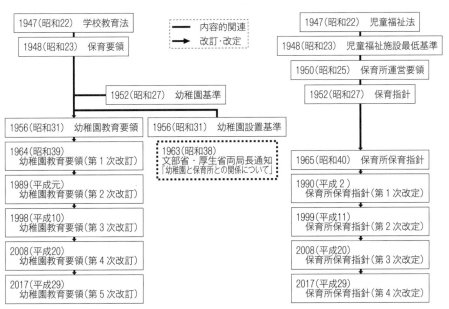

図5-4　「幼稚園教育要領」と「保育所保育指針」の変遷

出典：無藤隆・民秋言『NoccoセレクトVol.2 ここが変わった！NEW幼稚園教育要領・保育所保育指針ガイドブック』フレーベル館　2008年　p.5を一部改変

(2) 認定こども園の制度化と小学校との連携

　2008（平成20）年の指針が「告示化」された背景には、2006（平成18）年に成立した「認定こども園」が制度化されたことがある。認定こども園は、幼稚園と保育所の両方の機能を一体的に提供し、加えて、子育て支援の機能も併せもつ複合型の一体施設のことである。そこでは、保育所機能に関しては保育所保育指針が、幼稚園の機能に関しては幼稚園教育要領がそれぞれ基準とされる。1964（昭和39）年の告示以来、幼稚園教育要領はすでに法令に準ずるものとして扱われてきた一方で、保育所保育指針は「通知」扱いであった。そのため、「告示」である幼稚園教育要領と「通知」である保育所保育

表5－6　教育・保育内容の「領域」の変遷

	幼稚園教育要領		保育所保育指針
1956（昭31）年制定	（教育内容の領域の区分） 健康、社会、自然、言語、音楽リズム、絵画制作		
1964（昭39）年改訂 （第1次）	（教育内容の領域の区分） 健康、社会、自然、言語、音楽リズム、絵画制作	1965（昭40）年制定	（望ましい主な活動） 1歳3か月未満：生活・遊び 1歳3か月～2歳：生活・遊び 2歳：健康・社会・遊び 3歳：健康・社会・言語・遊び 4・5・6歳：健康・社会・言語・自然・音楽・造形
1989（平元）年改訂 （第2次）	（教育内容の領域の区分） 健康、人間関係、環境、言葉、表現	1990（平2）年改定 （第1次）	（内容）年齢区分3歳児～6歳児 基礎的事項・健康・人間関係・環境・言葉・表現 ※年齢区分6か月未満児～2歳児までは上記（内容）を「一括して示してある」
1998（平10）年改訂 （第3次）	（教育内容の領域の区分） 健康、人間関係、環境、言葉、表現	1999（平11）年改定 （第2次）	（内容）発達過程区分3歳児～6歳児 基礎的事項・健康・人間関係・環境・言葉・表現 ※発達過程区分6か月未満児～2歳児までは上記（内容）を「一括して示してある」
2008（平20）年改訂 （第4次）	（教育内容の領域の区分） 健康、人間関係、環境、言葉、表現	2008（平20）年改定 （第3次）	（保育の内容） 養護：生命の保持・情緒の安定 教育：健康・人間関係・環境・言葉・表現
2017（平29）年改訂 （第5次）	（教育内容の領域の区分） 健康、人間関係、環境、言葉、表現	2017（平29）年改定 （第4次）	（保育の内容） 養護：生命の保持・情緒の安定 教育：乳児 　健やかに伸び伸びと育つ・ 　身近な人と気持ちが通じ合う・ 　身近なものと関わり感性が育つ 1歳以上3歳未満児 　健康・人間関係・環境・言葉・表現 3歳以上児 　健康・人間関係・環境・言葉・表現

出典：民秋言編『幼稚園教育要領・保育所保育指針の成立と変遷』萌文書林　2008年　p.7を一部改変

指針の間の法的な階層差が、それらを一つの機関（施設）として並存させるうえで齟齬を来たすこととなった。そこで、両者の法律的な整合性を図り、幼稚園と保育所をある意味で対等な制度とするために「告示化」が行われ、保育所および幼稚園をともに学校教育の始まりとして位置づけ、いわば「幼保合同」という形で就学前保育の充実化を図ることが目指された。

さらに、そこには「小学校との連携」も視野に入れられている。幼稚園教育要領では、1998（同10）年の第3次改訂によりすでに、「幼稚園教育が小学校以降の生活や学習の基盤の育成につながることに配慮」することが示されていた。こうした「小学校との連携」に関する内容が、保育所保育指針にも盛り込まれることになった。そして、今回の改訂（定）では、幼稚園と保育所、幼保連携型認定こども園が幼児教育施設として位置づけられ、保育所保育指針と幼稚園教育要領、幼保連携型認定こども園教育・保育要領とが初めて同時に改訂（定）された。その結果、幼児教育と小学校教育がつながっていくことが一層明確となり、保育所も幼児教育を担う施設として明確に位置づけられることになったのである。

(3) 保育内容の共通化

小学校教育とのつながりは、当然のことながら、子どもの育ちについてもあてはまる。すなわち、乳児からの発達の連続性や「資質・能力」を中心とする考え方によって、幼児教育と小学校以上の学校教育において共通する力を育成することが、今回の保育所保育指針の改定では明記されることになった。そして、小学校以上の学校教育を通して育まれる「資質・能力」の基礎は、幼児期で培われることが目指されている。こうした「幼児教育において育みたい資質・能力」として、次の3つの柱が定義された（表5-7）。

これら3つの柱は、小学校以降になると、「知識及び技術」「思考力、判断力、表現力等」「学びに向かう力、人間性等」となり、高等学校まで一貫して育まれるものとしてとらえられている。また、「幼児期の終わりまでに育っ

表5-7 幼児期において育みたい資質・能力の3つの柱

知識及び技能の基礎	豊かな体験を通じて、感じたり、気付いたり、分かったり、できるようになったりする
思考力、判断力、表現力等の基礎	気付いたことや、できるようになったことなどを使い、考えたり、試したり、工夫したり、表現したりする
学びに向かう力、人間性等	心情、意欲、態度が育つ中で、よりよい生活を営もうとする

出典：厚生労働省「保育所保育指針」2017年

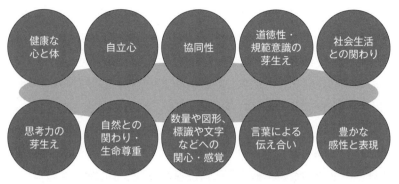

図5-5　幼児期の終わりまでに育ってほしい姿

てほしい姿（10の姿）」が保育所において（そして幼稚園及び認定こども園でも）最終的に向かっていく方向として示された（図5-5）。

　10の姿とは、保育所修了時に完全にできるようになる（もしくはできなくてはならない）といった到達目標（完成された姿）ではなく、「このような方向に向けて指導を行う」といった方向性を示すものである。こうした姿は、5歳時において突然現れ出てくるといったものでもなく、それ以前からの保育を経て、生活のなかのさまざまな場面において育まれてきた姿としてとらえられている。この10の姿は、小学校に対して子どもの姿を伝える際に活用することも期待されている。

　以上のように、保育所や幼稚園、幼保連携型認定こども園といった幼児教育施設に対しては、子どもの未来の創り手・担い手となるために必要な資質・能力を育むことが期待されている。そうしたことを理解したうえで、目の前の子どもと保育者は丁寧に向き合うことが重視されるのである。

✳ 学習の確認 ✳

1．演習問題
① 「養護」と「教育」の語義をいろいろな教育・保育関係の辞典・事典で調べたうえで、保育所保育指針に示されている「養護」及び「教育」の意味の特色を考えてみよう。
② 表5－1から表5－4までを参考にして、「養護」や「教育」に関する「ねらい」と「内容」の要素が、保育所におけるさまざまな活動とどのように関係しているのかを考えてみよう。

2．キーワードのおさらい
☐ 「養護」と「教育」の一体性
☐ 「ねらい」と「内容」
☐ 5領域
☐ 心情・意欲・態度
☐ 「資質・能力」の3つの柱
☐ 「幼児期の終わりまでに育ってほしい姿」（10の姿）

【引用・参考文献】
1) 大場幸夫監修『ここが変わった！新保育所保育指針―改定のポイントと解説』チャイルド本社　2008年
2) 柏女霊峰・湯川秀樹『《保育所保育指針改定　幼稚園教育要領改訂》について』同文書院　2008年
3) 厚生労働省『保育所保育指針解説書』フレーベル館　2008年
4) 全国社会福祉協議会編『新保育所保育指針を読む［解説・資料・実践］』全国社会福祉協議会　2008年
5) 民秋言編『幼稚園教育要領・保育所保育指針の成立と変遷』萌文書林　2008年
6) 鳥光美緒子「戦後保育・幼児教育政策の歩みを見なおす―幼保二元行政システムのもたらしたもの」森田尚人・森田伸子・今井康雄編著『教育と政治―戦後教育史を読みなおす』勁草書房　2003年
7) 『発達113―［特集］教育要領・保育指針の改訂と保育の実践』ミネルヴァ書房　2008年
8) ミネルヴァ書房編集部編『保育所保育指針　幼稚園教育要領［解説とポイント］』ミネルヴァ書房　2008年
9) 無藤隆・民秋言『Noccoセレクトvol.2　ここが変わった！NEW幼稚園教育要領・保育所保育指針　ガイドブック』フレーベル館　2008年
10) 文部科学省『幼稚園教育要領解説』文部科学省　2008年
11) 無藤隆『はじめての幼保連携型認定こども園教育・保育要領』フレーベル館　2014年
12) 無藤隆・汐見稔幸編『イラストで読む！幼稚園教育要領保育所保育指針幼保連携型認定こども園教育・保育要領はやわかりBOOK』学陽書房　2017年
13) 大宮勇雄他編『どう変わる？何が課題？　現場の視点で新要領・指針を考えあう』ひとなる書房　2017年

第6章 保育の計画と保育の質の向上

学びのポイント

❶保育を計画する意義と編成の方法についてを理解しよう。
❷保育の計画の全体像を把握しよう。
❸保育の質を向上するために何が必要かを学ぼう。

楽しむためには"計画と準備"が大切。

第1節 なぜ保育に計画が必要なのか

1.──計画を味方にしよう

「計画」という言葉に苦手なイメージをもつ人は多いと思う。計画は、たとえば冒険旅行でゴールに向かって進むときの宝の地図と同じようなものと思えばよい。地図は、わたしたちが迷子にならないように、どの方向へ進めばよいかを示してくれるし、迷ったときに戻るべきところを教えてくれる。保育における計画も同じことで、子どもが入園してから卒園するまでの見通しをもつための手がかりとなる。子どもにとって園で過ごす時期は、生涯にわたる人間形成にとって極めて重要なものである。

まったく計画のない保育を想像してみよう。「自由に思い思いの遊びを行い、毎日楽しくてよい」と思うかもしれない。しかし、それでプロとして本当に子どもの成長・発達を保障していると言えるだろうか。「保育は環境を通して行う」のが基本である。子どもの育ちによりふさわしい環境は、いきあたりばったりの保育で提供することは不可能である。計画がなければ、準備はできない。さらに保護者や地域の方から「この園ではどんな保育をされていますか？」と質問されたときに、場当たり的な保育をしているようでは、納得の得られる回答はできない。

保育の計画は子どものためにするものであるとともに、保育者自身のため

にするものでもある。計画することで用意を万全にし、自信をもって保育に臨むことができる。つまずきや多様な出来事や反応を予想して計画に盛り込むことで、当日何が起きてもあわてずに対応できる。実践して不都合があれば、計画をふまえて振り返りを行いながら、より良いものへ変更すればよいのである。保育の質は、「計画」と「実践」と「評価」をつなげていくことにより向上していく。保護者や地域の方にわかりやすく、きちんとした保育の計画を提示することで園の信用にもつながる。

2. 保育の計画における大切なもの

　計画を立てる際には、園は子どもが初めて経験する集団の生活であることと、幼児教育を18歳までの間に育成すべき「資質・能力」という長いスパンで考えていくことに気をつける必要がある。次の4点がポイントとなる。

①カリキュラム・マネジメント

　全体的な計画などのカリキュラムの編成が適切で、指導計画や日々の実践に明確なつながりをもち、保育の成果に根拠をもって評価を行うといった、一連の取り組みを意味する。また、子どもたちが家庭や地域の人々の人的・物的資源を活用できるように効果的に組み合わせ、社会とのつながりが意識できるような「社会に開かれた教育課程・全体的な計画」にする。その際、園長指導の下、全教職員で検討し、各園の特色が生かせるように配慮する。

②幼児期の終わりまでに育ってほしい姿

　園生活の全体において育ってほしい10の姿について理解を深めるとともに、保育の場での事例研究や園内外の研修、地域連携において保育内容を深める。

③PDCAサイクルの確立

　一人一人の実態や良さや可能性を把握し、保育の評価を的確に行うことによって指導の改善に生かしていく。

④特別な配慮を必要とする子どもの指導

　特別な配慮を必要とする子どもについては、計画の時点から園やクラスに包容されていることが重要である。また、一人一人のニーズに合った「個別の教育支援計画」や「指導計画」の作成を行う。

(1) 子どもの理解

①発達課題の把握

　子どもが各年齢の時期に経験し、獲得しておくことが望ましい一般的な成長や発達の課題を前もって把握しておく。

②一人一人の子どもの実態の把握

　子どもの発達には個人差があるため、発達課題をすべての子どもにそのままあてはめることはできない。その子どもが何に興味・関心をもっているか、いま何が成長・発達しようとしているのかを日々の関わりのなかで受け止めていく必要がある。表面にあらわれた子どもの行動や言葉だけではなく、一人一人の内面を見て、また周囲の職員からの情報などを参考にして、子どもの実態を深く理解することが大切である。

③経験の継続性

　子どもの興味や関心から生じる活動への必然性を基盤に、これまでの経験とこれから行う活動との間に連続性・接続性をもたせることが大切である。

④子ども観の問い直し

　子ども観[*1]は保育の姿そのものといえる。子どもを中心とした保育においては、保育者の援助のもと、子どもが環境に主体的に関わることで、好奇心や探究心などから興味や関心、意欲などが生み出されていく。しかし、保育者中心の保育では、子どもに"やらせる"ことが多くなるだろう。保育観や知識、先入観を常に問い直し、省察を繰り返すことで、新たな子ども観を築いていくことができる。

*1　保育者が子どもをどのように理解し、どのように育もうとするかという、保育の基盤となるもの。子ども観を最初に問うたのは、「子どもの発見者」の啓蒙思想家ルソーである（第3章）。

(2)　環境構成

①生活の基盤づくり

　子どもが安心・安定して個々の生活や集団での生活ができるように、居場所のある生活の場を整え、生活の仕方を身につけていけるように配慮する。

②季節と地域の特性

　住宅地、商業地、農村、漁村など、園の置かれている地域の環境や折々の季節感を生かし、保育に取り入れていくことによって、いきいきとした遊びの原動力となり、子どもの生活に密着したものとなる。

③保護者や地域への支援

　園は地域や家庭を支える「子育て支援」の役割を担うため、計画には保護者や地域への支援も盛り込む。

④すべての職員による役割分担と協力体制

　一時預かり（預かり保育）や延長保育等の保育の多様性から、複数の保育者によって子どもを保育することも多い。そのため、職員の協力体制は不可欠であり、留意事項や引き継ぎについても計画に明記しておくとよい。

　なお、保育実践においては、計画通りに進めることにこだわり過ぎず、子どもの実態に合わせて、柔軟な保育が展開できるように配慮する。

第6章 保育の計画と保育の質の向上

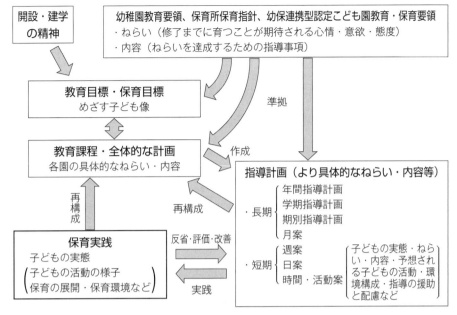

図6-1 保育の計画の全体像
出典：田中亨胤・三宅茂夫編『子どものいまとみらいを考える　教育課程・保育課程』2014年　みらい　p.30

3.──保育の計画の全体像

　保育の計画は、さまざまな事項と関連し、階層的な構造をもっている。まずはその構造を把握しよう（図6-1）。

　教育課程・全体的な計画は、その園における保育の全体計画を示したものであり、カリキュラムとも言われる。保育所では「全体的な計画」、幼稚園では「教育課程」にもとづき保育が行われる。幼保連携型認定こども園では、「教育及び保育の内容に関する全体的な計画」を作成し、保育を実施することとなっている。

　指導計画は、教育課程・全体的な計画をさらに具体化したもので、大きくは長期と短期の二つがある。長期の指導計画には、「年間指導計画」「期別指導計画」「月案」がある。短期の指導計画には、「週案」「日案」「時間・活動案」がある。これらの計画は別個に存在しているのではなく、それぞれが密接につながりをもっている。教育課程・全体的な計画から長期の計画へ、さらに短期の計画へと移るにしたがって、子どもに対するより具体的な保育の内容や関わり方へと展開していく。見方を変えれば、第5章で学んだ保育の「ねらい」と「内容」がより具体化される道筋でもある。つまり、めざすべき目標から実際の活動へと、「今日、この時間、子どもたちとどのような活動をするのか」を明らかにしていく過程である。

第2節　教育課程・全体的な計画

1.──教育課程・全体的な計画の意義

　教育課程・全体的な計画は、いわば園のマニュフェストであり、保育などの全体的な方向性を示した計画である。幼稚園教育要領、保育所保育指針や関係法令等をふまえて、園の特徴や子どもの発達の様子を生かし、入園から卒園までの在園期間に子どもの実態に沿って保育が展開できるよう構成する。

　教育課程・全体的な計画は、保育を実践するうえで、「目的」や「目標」を合理的に達成するために必要となる。保育は、一人一人の子どもの年齢や発達に合わせて、その子にとってふさわしい体験を選び、良好に成長・発達できるよう、自主的な活動である「遊び」のなかでの「学び」を通した心の教育が求められる。教育課程・全体的な計画は、そうした保育の過程における見通しを示している。

2.──幼稚園教育要領にみる教育課程

　幼稚園教育要領には教育課程の役割と編成などについて次のように示されている。

*2 「幼児期の教育は、生涯にわたる人格形成の基礎を培う重要なものであり、幼稚園教育は、学校教育法に規定する目的及び目標を達成するため、幼児期の特性を踏まえ、環境を通して行うものであることを基本とする」（幼稚園教育要領第1章　総則）

> **幼稚園教育要領　第1章 総則　第3 教育課程の役割と編成等**
> 　各幼稚園においては、教育基本法及び学校教育法その他の法令並びにこの幼稚園教育要領の示すところ*2に従い、創意工夫を生かし、幼児の心身の発達と幼稚園及び地域の実態に即応した適切な教育課程を編成するものとする。
> 　また、各幼稚園においては、6に示す全体的な計画にも留意しながら、「幼児期の終わりまでに育ってほしい姿」を踏まえ教育課程を編成すること、教育課程の実施状況を評価してその改善を図っていくこと、教育課程の実施に必要な人的又は物的な体制を確保するとともにその改善を図っていくことなどを通して、教育課程に基づき組織的かつ計画的に各幼稚園の教育活動の質の向上を図っていくこと（以下「カリキュラム・マネジメント」という。）に努めるものとする。

*3 子どもはグループ、異年齢などの集団生活での体験を通して、自分はどうすべきか、今が何が大切かを考え、試行錯誤しながら行動することが重要である。そうすることによって、協同、協調、思いやり、我慢、自己抑制を学び、子どもの「生きる力」になっていく。

　「生きる力」の基礎を育む*3幼稚園教育は、義務教育及びその後の教育と連続性・接続性をもつ。また、「人間形成の基礎を培う」観点から生涯学習の起点として、何ごとも人生の長いスパンにおいてとらえていくことを意味している。幼稚園教育の全体計画である教育課程は、一人一人の子どもが目標をもち生活を展開していくための、さらにその目標を支えていく保育者の歩む道のりを示すための羅針盤であるといえよう。

3. 保育所保育指針にみる全体的な計画

　保育所保育は多様な役割を果たすが、「子どもの最善の利益」を最重要目標に掲げている。そうしたなかで、保育の全体的な計画について、保育所保育指針では次のように位置づけている。

> **保育所保育指針　第1章 総則　3 保育の計画及び評価　(1)　全体的な計画の作成**
> ア　保育所は、1の(2)に示した保育の目標を達成するために、各保育所の保育の方針や目標に基づき、子どもの発達過程を踏まえて、保育の内容が組織的・計画的に構成され、保育所の生活の全体を通して、総合的に展開されるよう、全体的な計画を作成しなければならない。
> イ　全体的な計画は、子どもや家庭の状況、地域の実態、保育時間などを考慮し、子どもの育ちに関する長期的見通しをもって適切に作成されなければならない。
> ウ　全体的な計画は、保育所保育の全体像を包括的に示すものとし、これに基づく指導計画、保健計画、食育計画等を通じて、各保育所が創意工夫して保育できるよう、作成されなければならない。

　全体的な計画は、保育所生活の全体を通して総合的に展開されるものである。入所している子ども及び家庭の状況、保護者の意向、地域の実態を考慮するとともに、「それぞれの保育所に適したもの」となるように編成される（表6－1）。計画は「各年齢を通じて一貫性のあるもの」であるとともに、個々の子どもの実態をふまえながら、発達や成長を連続的・継続的な視点でとらえ、保育が計画的に行われることが求められる。また、利用者の視点から多様な保育ニーズに応えていくなど、保育所が社会的な養育機関としての役割を担っていることが全体的な計画にも反映されている。

第3節　教育課程・全体的な計画の編成

1. 教育課程・全体的な計画の編成における留意事項

　教育課程・全体的な計画の編成に関する留意事項は、以下の通りである。
①発達の漸進性・連続性[*4]に配慮する。
②園や地域の実態に即して柔軟に対応する。
③養護的視点と教育的視点の一体性が必要である。
④園生活と家庭生活などとの連続性に配慮する。
⑤小学校以降の教育や生活につなげる。
　以上の5点に留意して、個々の子どもの成長や発達、生活の実態をふまえ、

＊4　発達の様相・過程は一人一人に違いがあるが、いくつかの共通する発達の特徴の一つとして、連続性があげられる。乳児期・幼児期・児童期・青年期・成人期・老人期と人間の一生をいくつかの特徴ある時期に区切ることができ、変化は漸進的、連続的に起こる。

表6-1 全体的な計画の例（私立A保育園）[1]

園目標〈育ってほしい心と力〉

				1歳3か月
		依存の時代（前半）	依存の時代（後半）	探索・
発達の主な特徴		・年齢の低いほど体重や身長の増加が大きく、視覚・聴覚の発達もめざましく、自分を取り巻く世界を認知し始める。 ・生きることすべてを大人に依存しているものの、泣く笑うなどの表情の変化や、体の動きなどで、自分の欲求を表す力を持つ。 ・月齢による発達差だけでなく、一人一人の心身の発育発達の個人差が大きい。	・前期に引き続き、急速な発育・発達が見られ、それぞれの月齢によって発達上の特徴が異なる。 ・精神的にも身体的にも未熟な時期であり、生きることのほとんどを大人に依存している。 ・6か月頃より母親から受けた免疫は弱まり、感染症にかかりやすくなる。 ・言葉への関心が深まり、名前を呼ばれたら振り向いたり、手をあげて応えたりする姿が見られるようになる。	・身のまわりのことは、があらわれてくるが、 ・歩行の完成に伴い行動発となる。このため、みえるが、その中で心 ・感受性が強く、泣いたえが、保育士・友だちけんか等としてあらわ
ねらい	養護的視点 健康 人間関係 環境 言葉 表現	・常に一人一人の健康状態を把握し、その変化に気付いたときは、適切な処置をとる。 ・保育士とのふれあいを通し、情緒の安定した生活が出来るようにする。 ・個人差に応じて無理なく離乳を進め、健やかな発育発達を促す。 ・尊い生命の健やかな育ちを願う。 ・一人一人の生活のリズムを受け止めながら、食事・排泄・睡眠などの生理的欲求を満たす。 ・やさしく見守りながら、腹ばい・寝返りなどを十分に楽しませる。 ・やさしく抱いたり、あやしたり、語りかけたりして、情緒の安定を図る。 ・やさしく言葉をかけながら、聞く・見る・触る等感覚の働きを豊かにする。 ・やさしく話しかけたり、発声に応答したりしながら喃語を育む。	・一人一人の生活のリズムを受け止めながら、基本的生活習慣の芽生えを育てる。 ・這うことを十分に楽しませ、歩行の開始準備をする。 ・一人一人の甘えなどの依存欲求を満たし、情緒の安定を図る。 ・身近なものを見たり触ったりしてその楽しさを経験させる。 ・絵本を見ながら情緒が育つようにする。 ・やさしく語りかけたり、発声や喃語に応答したりしながら発語を助ける。	・食事を楽しみながら次 ・保育士の援助を受けなが ・歩行が完成し、登る・う運動や手指を使う遊 ・保育士や友達に感心を ・身近なものを見たり、味関心をもつ。 ・見立て遊びを楽しむ。 ・保育士に読み聞かせて ・保育士に話しかけられを楽しむ。 ・いろいろな経験を通しらわす。 ・生活の中で様々な音・
保育のあり方		・安全には十分注意すると共に、常に体の状態を細かく観察し、異常を早く発見し適切な処置をとる。 ・表情や動きなどから子どもが何を欲求しているかを読み取り、その欲求に応えていく。 ・保育士が愛情を込めて世話をしたり、言葉をかけたりすることが子どもの発育・発達に大きく影響を及ぼすことを認識して日々保育する。 ・保護者と連絡をとりあい、信頼関係を十分築きながら、子どもの体質・発達などをよく理解し、個別の保育を進めていく。 ・より良い発育発達のために、特に次の点に注意しながら、保育を進める。 ★授乳のときは必ず抱いて、ゆったりとした気持ちを持って行う。 ★オムツはこまめに取替え、肌の状態・尿・便の回数・性状を観察する。 ★発育状態に応じて離乳を開始する。 ★目覚めているときは、出来るだけ抱きあげたり、あやしたりする。 ★睡眠中は仰向けに寝かせ、顔色、呼吸の状態をきめ細かく観察する。 ★玩具等は、安全で子どもの発達状態に応じた適切なものを選ぶ。	・一人一人の体質・発達をよく理解し、子どもの日常の状態の観察を十分に行い、変化が見られたときには適切に対応する。 ・母親対子ども、保育士対子どもといった1対1の関わりが重要な時期であるのでスキンシップやマザーリング・言葉かけを十分にし、安心して一人一人の依存の欲求がみたされるよう配慮していく。 ・食事、排泄等への対応は個々に応じて無理なく行ない、ほめながら、子どもの意欲や行動を大切に育てていく。 ・身近な自然の素材・生き物・乗り物等に接して楽しむ機会を持ち、子どもの外界への関心を広げるように配慮していく。	・大人とのふれあいを多くが築かれ、しかも言葉の子どもへの語りかけをで伝えられない子ども ・探索活動が活発となり、しくなるが、規制する払いながらも思う存分、にものにかかわる活動

【全年齢を通しての課題】
◎個人差があるので子ども一人一人をみつめ、一人一人の発達に応じた、一人一人の保育をすることが大切である。
◎絵本を通して育つものの大きさを考え、大切にしたい。〈早くから読み聞かせることによって情緒豊かに育ち、さらに文字や数字への関心とつながるものである〉
◎異年齢保育を通して、兄弟姉妹的役割やたての人間関係がうまく育つよう、それぞれの年齢、活動、状況の差などを的確に観察把握し、それぞれに応じた援助や関わりをしていく。

第6章　保育の計画と保育の質の向上

1．ありがとうと感謝する心	2．美しいものに感動する心	3．不思議なものに驚く心
4．弱いものへのいたわりの心	5．心に思ったことを表現できる力	6．未知なるものへ挑戦する力

	2歳	3歳
いたずらの時代	模倣・自己主張の時代	独り立ち・ごっこの時代
なんでも自分でしようとする気持ち まだまだ大人の手助けが必要である。 範囲が広がり、興味・探索活動が活 行動は一見無目的、無意味のように 身の諸能力が伸びていく。 り、後追いしたり、又、自我の芽生 の好き嫌い、かんしゃく、かみつき、 れてくる。	・一日の生活の流れがわかり身のまわりのことを、未熟ながらある程度までできるようになる。 ・自我の育ちが、いろいろな反抗的な形となって表れ、ふくれたり、かんしゃくを起こしたり、攻撃的な態度をとったり、言いだしたら聞かないなど自己主張が強くなる。 ・同年齢の子どもに対して関心があり、関わりを持って遊ぶことを好むが、ひとり遊び、並行遊びの段階であり、遊びは持続しにくい。 ・絵本・紙芝居などの簡単なストーリーが楽しめ、大人との会話もかわせるようになる。 ・周りの人の行動を盛んに模倣し、簡単なごっこ遊びができるようになる。	・身のまわりのことは大体自分一人でできるようになり大人の手伝いもするようになる。 ・友達とあそぶ楽しさがわかり始め、簡単なルールのある遊びやごっこ遊びなど、友達とのつながりが深まっていくが、自己中心的でけんかも絶えない。しかし、その中で友達へのいたわりの気持ちも芽生えてくる。 ・言葉は豊かになり「なぜ」「どうして」の質問が盛んになる。 ・絵本を見たり話を聞いたりすることを楽しむようになり、描いたり、作ったりした活動も盛んになる。 ・大人の行動や日常経験していることを再現するなど、ごっこ遊びが活発となる。
第にマナーが身に付くようにしていく。		
ら基本的生活習慣を身につけていく。 降りる・跳ぶ・押すなどの全身を使 びを楽しむ。	・自分でしようとする気持ちを受けとめてもらい、基本的生活習慣を身につける。 ・思い切り全身を動かし、歩く・走る・登る・ぶら下がる・転がる・引く・押す等のあそびを活発にする。	・自分で出来るという自信をもち、健康生活に必要な基本的生活習慣が自立する。 ・戸外で十分に体を動かし様々な運動遊びを楽しみ満足感を味わう。
持ち一緒に遊ぶ。	・保育士や友達と遊ぶ楽しさがわかる。	・友達と遊ぶ楽しさを知る。
自由にいじったり、試したりして興	・身のまわりのものや動植物を見たり触れたりして、興味や関心を持つ。 ・簡単なごっこ遊びをする。	・自然の中で十分に遊び、身近な事象に触れ、驚きや親しみを感じる。 ・身近な社会現象に親しみ、ごっこ遊びを楽しむ。 ・生活や遊びを通して簡単な数・量・形・色がわかる。
もらい、絵本に親しむ。 たり簡単な言葉を使ったりすること	・絵本や紙芝居に興味関心をもち、喜んで読んでもらう。 ・保育士が仲立ちとなって生活や遊びの中で言葉のやりとりを楽しむ。	・絵本や物語に親しみ、想像して楽しむ。 ・身近な人の話しを親しみをもって聞き、自分のしたいこと、して欲しいことを言葉で言う。
て快・不快の感情をもち、素直にあ 色・形・手触り・動きなどを楽しむ。	・いろいろな経験を通して、喜びや楽しさなどの感情を豊かにもつ。 ・生活や遊びの中での体験を身体・言葉・リズム・造形などで表現する。	・様々な感情を豊かにもち楽しさや喜びを感じ、イメージを豊かにする。 ・生活を通して経験したことを身体・言葉・リズム・造形などで表現する。
もつことにより、温かい人格の基礎 獲得にも最も重要な時期であるので、 多くし、親しみを持って接し、言葉 の思いをしっかり受け止めていく。 身のまわりの興味からいたずらが激 のではなく、安全には細心の注意を 手と身体を動かして自主的・自発的 を豊かにすることが大切である。	・大人に依存しながらも自分でしようという意欲を大切に、大いにほめたり、認めたりしながら自立を促し、子どもが自主的に行動を起こしていけるように、大人側がきめつけずに誘いかけたり、自分で決めさせたりする援助が必要である。 ・子ども同士でぶつかりあうことも多いが、保育士はお互いの気持ちを受け止めながら根気良く友だちとの関わり方を知らせていくようにする。 ・運動機能の伸びや、言葉の習慣などめざましい成長を遂げるこの時期に丁寧に関わり、生活や遊びの中で子どものつぶやき・しぐさなど保育士が共感しながら表現の喜びや芽生えを育てていくようにしたい。	・身のまわりのことは、大体自分で出来るものの個人差があるものであせらず、一人一人に行き届いた心配りをする必要がある。 ・個人差はあるものの、ある程度の落ち着き・自制心・協調性がみえてくるので、生活や遊びの中で起こる衝突が相手を思いやったり、つながりを深めたりすることとなるよう適切な援助が大切である。 ・子どもの気持ちや考えを尊重しながら意欲・能力を大切に育てたい。 ・異年齢保育の場合、4・5歳児から自然に抑えられていることもあるのでその時には、発散出来る場を設けることが必要である。

【特に注意すること】
◎子どもの健康安全面には十分に留意し、日常の健康状態の把握はもとより、次のような事項には特に知識を深め、適切な対応ができるよう努める。
　・乳幼児突然死症候群　・アレルギー、アトピー性皮膚炎　・虐待など
◎プライバシーの保護、秘密保持には特に留意し、保護者との相互信頼関係の確立に努める。
◎勤務時間のローテーション、複数担任、異年齢保育など、職員のチームワークが不可欠である。連携を密にとりながら、子どもの最善の利益を考慮した保育に取り組む。
◎子どもは見たり、聞いたり、真似したりして育っていくものであるから、保育士は常に自己研鑽に努め、自らの言動に十分配慮しなければならない。
　（保育士自身に感謝の心、感動する心、いたわりの心、表現する力、挑戦する力がなければ、子どもには何も生まれない）

4歳	5歳	6歳
意欲・想像の時代		意欲・挑戦の時代
・基本的生活習慣がほぼ自立し、人だけでなく周りのものに対して興味関心が深まり、意欲的・行動的である。 ・体験により自分を取り巻く様々なものの特性を知り、それらとの関わり方・遊び方を豊かに体験していく。 ・友達とのつながりが強まりその為、競争心も起こり、けんかやトラブルも多い。しかし、少しずつがまんも出来るようになり、少々のことなら自分たちで解決できる。 ・自意識の芽生えから生じる心の葛藤を体験し、他人に見えない「心」があることを実感することから、情緒が一段と豊かに育ち、感受性や想像力も増し、内面の世界が広がる。		・基本的生活習慣は、ほとんど自立する。 ・仲間意識が更に強くなり、共通の目的に向かって集団行動をする中で役割や決まりを守ることの必要性がわかり、相談したり、協力したり競争したりして、遊びをつくり出したりルールのある集団あそびを楽しんだりする。 ・トラブルが生じた場合は、自分たちの力で解決しようとする。 ・感じたこと、考えたことを一応形の整った文章として話すことが出来、絵本や童話などを通して未知の世界にも興味を持つ。
⇒⇒⇒		
・健康生活に必要な習慣や態度を身につけ進んでする。 ・安全に気をつけ身近な遊具や用具を使い、十分に体を動かし充実感を味わう。		・健康生活に必要な習慣や態度が身につき状況に応じた行動をする。 ・安全に気をつけ友達と工夫して意欲的に運動遊びを楽しみ充実感を味わう。
・友達とのつながりを深め集団の一人としての自覚をもつ。		・周りの人々と親しみを深め集団の中で自己主張をしたり、他人の立場を考えたりしながら行動する。
・身近な動植物・自然事象に親しみ、それらに関心をもち、驚いたり、試したり、考えたり、いたわったりする。 ・身近な人々の生活や社会事象に関心を持つ。 ・生活や遊びを通して数・量・形・色・位置がわかり、時刻や数字・文字に興味を持つ。		・生活経験を広げ、身近な社会事象、動植物や自然事象と自分たちとの関係に気づき理解を深める。 ・生活や遊びを通して事物の特徴や数・量・形・色・位置がわかり時刻や数字・文字に関心を持つ。
・絵本・童話・放送などに親しみ想像する楽しさを味わう。 ・言葉を交わしあうことを十分経験し、聞くこと、話すことが豊かになる。		・絵本・童話・放送などを見たり聞いたりして楽しむ、その内容やおもしろさを楽しみ想像力を豊かにする。 ・いろいろな場で聞くこと話すことを活発にし、日常生活に必要な言葉を正しく使う。
・生活経験を通して喜びや怒り・悲しみ・驚きなどを身体で感じとり、友達と共感する。 ・思ったこと、感じたことを身体・言葉・リズム・造形で表現することを楽しむ。		・生活の中での怒り・悲しみ・喜び・驚きなどの感情を友達と共感し高めあう。 ・思ったこと・感じたこと・考えたことを友達と一緒に身体・言葉・リズム・造形で意欲的に表現する。
・思いと行動が一致しない面があるので、表面的な行動だけを見るのではなく、内面を察して共感したり、励ましたりする保育士の優しい眼差しが必要である。 又、子どもらしい空想力が大いに展開出来るような場を設けることも重要なことである。 ・友達と遊びを存分に楽しめるように、時には仲だちとなったり、トラブルが生じれば様子を見守ったり適切な援助をしながら意欲的・自主的な態度を身につけさせていきたい。 ・異年齢保育の場合、一番忘れがちな年齢であるので配慮しながら伸び伸び育てたい。		・年長児としての自覚・誇りを培いながら子ども達に問題提起をし、その意義や解決方法を一緒に話し合う中で、考える力・想像する力・思いやりの心を育てていきたい。 その為には、子どもの要求・思いを十分に表現できる温かい雰囲気を作り、そしてそれらを受容できる保育士でなければならない。 見たり、聞いたり・話したり・工夫したり・身体を動かすことが十分にできる生活・遊びの環境を構成し、その中で育つ感動する心・表現する喜びを体験させながら、豊かな人として育てたい。 ・異年齢保育の場合、思いやりの心が年下の子どもへ手をかけ過ぎることになりがちである。気持ちを十分くみとりながら話し合いをもつようにしたい。

子ども主体の生活となっていくよう、保育が柔軟で計画的、発展的、一貫性のあるものとなるように留意することが重要である。

2. 教育課程・全体的な計画の編成の手順

教育課程・全体的な計画を編成する際の基礎資料となるのは、次の①〜⑤の5項目である。

①教育・保育関係法令

表6-2　教育課程・全体的な計画編成の基盤となる主な関係法令

・児童の権利に関する条約
・児童憲章
・教育基本法
・学校教育法
・学校教育法施行規則
・幼稚園教育要領
・就学前の子どもに関する教育、保育等の総合的な提供の推進に関する法律の一部を改正する法律（通称・認定こども園法）
・児童福祉法
・児童福祉施設の設備及び運営に関する基準
・保育所保育指針
・全国保育士会倫理綱領
・幼保連携型認定こども園教育・保育要領
・食育基本法

※このほかに各県の教育委員会規則や教育課程・全体的な計画等も含まれる。
出典：筆者作成

②園の実態・職員の子ども観

・クラス編成（クラスに在籍する子どもの年齢構成や人数）。
・職員構成（管理職、教諭や保育士の経験年数、養護教諭、栄養士、調理師、保健師、看護師、事務職員、非常勤講師、園医、薬剤師など）。
・園地、園舎、施設、設備の状況。
・保護者の就業状況等による延長保育等の実態など。

③地域社会や家庭の実態

・地域の成り立ちや風習、生活習慣など。
・住宅街、商業地域、農村地帯など園の置かれている立地環境。
・小学校・中学校・高等学校・専門機関などとの関係など。

④保護者の意向

・園への要望（経営的なことや保育の内容、行事、子どもの園生活、保育

者のことなど)。
・保護者の子育て観など。
・一時保育、在宅家庭保育、延長保育、病児保育、産休明け保育など家庭の事情に応じた子育て支援の要望など。

⑤子どもの実態
・一般的な発達課題。
・観察記録。
・最近の乳幼児の研究資料や統計など。
・職員が収集した資料。

　①から⑤に関する資料を土台として、次に、⑥保育方針を立てる、⑦保育目標を立てる、⑧保育内容を構成する(発達過程別のねらいと内容をあげる)、⑨行事や地域活動を計画する。以上の過程によりその園独自の教育課程・全体的な計画が編成されていく。①から⑨までの編成の手順を図6－2に示す(図には指導計画の立案も含めている)。

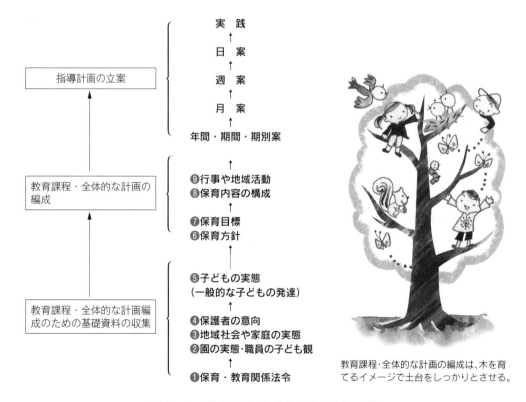

教育課程・全体的な計画の編成は、木を育てるイメージで土台をしっかりとさせる。

図6－2　教育課程・全体的な計画編成の手順
出典：筆者作成

第4節　指導計画

1.──指導計画とは

　教育課程・全体的な計画が保育の骨格となる計画だとすれば、指導計画は具体的な内容や方法を肉づけしたものである。教育課程・全体的な計画をもとに、それぞれの時期の「ねらい」や「内容」「環境構成」「予想される子どもの活動」「保育者の援助」などを記していく。

　指導計画は、長期の指導計画と短期の指導計画に大きく分けられる（図6－1）。長期の指導計画には、「年間指導計画（案）」「期別指導計画（案）」「月間指導計画（案）」がある。短期の指導計画には、「週案」「日案」「部分案」などがある。

2.──長期の指導計画と短期の指導計画

(1) 長期の指導計画

　長期の指導計画では、教育課程・全体的な計画に沿って園生活を長期的に見通しながら、具体的な指導計画を考える。たとえば、子どもの生活や発達を考慮して園行事を位置づけたり、園内外の四季折々の自然環境を生かして子どもの遊びや環境を見直したりする。したがって、長期の指導計画は、全職員が協力してそれぞれの子どもの年齢にふさわしい指導計画を作成する。全職員で検討して作成することで、保育者間で子どもの見方や保育の進め方について共通理解が得られ、保育者一人一人が長期的な見通しをもって日々の保育を考えることができる。

①年間・期別指導計画（案）

　年間指導計画（案）は、4月から翌年3月までの1年間の生活を見通して立案される最も長期の計画である（表6－3）。教育課程・全体的な計画を土台に発達段階に応じた「育ち」というものを見通して作成する。期別指導計画（案）は、1年間を子どもの育ちを節目として3期～4期ぐらいに区切り、家庭や地域との連携や行事等に配慮しつつ、その園の子どもの実態が反映されるよう、それぞれの時期にふさわしい保育の内容を計画する。園生活の流れや子どもの育ちは園の状況によって異なり、画一的なものではない。

表6-3　年間指導計画の例（H附属幼稚園　3歳児）

期	I　保育者と触れ合い、園生活に慣れていく時期			II　自分から好きな遊びをみつけ、取り組む時期		
月	4	5	6	7	8	9
子どもの姿	・園生活に期待はあるが、その反面、新しい環境で緊張感や不安感を抱き、泣いたり不安定な表情をしたりする子どもが多い。 ・保育者が傍にいたり、かかわったりすることで安定するが、一人遊びが中心になる。また自分の思いは主として表情や態度で伝える。 ・園生活の流れがわかり、そのリズムに慣れてくると、自分から遊び始めたり身の回りのことをしようとしたりする。			・夏休み明けには一時的に不安定な状態になるが、園生活や保育者に親しみながら、しだいに落ち着いてくる。 ・一人一人の子どもが自己主張できるようになり、物の取り合いなど友だちとのトラブルが多くなる。 ・園の遊具などに関心を示し、友だちとふれ合いながら自分の好きな遊びに取り組むようになる。		
ねらい	○園生活の流れを知り、できることは自分でしようとする。 ○自分のしたい遊びを見つけ、先生や友だちと一緒に遊ぶことを楽しむ。 ○遊びや生活に必要な約束やきまりのあることを知り、守ろうとする。			○園生活の仕方がわかり、身の回りの整理を自分でしようとする。 ○毎日幼稚園に来ることを楽しみに思い、好きな遊びや好きな場所をみつける。 ○経験したことや感じたことなどをさまざまな方法で表現することを楽しむ。		
内容	・自分の学級名や保育室がわかり、園生活の拠り所であることを知る。 ・担任の保育者を覚え、信頼感をもつ。 ・遊びの片づけや入室など、生活にきまりと流れがあることに気づく。 ・「おはよう」「さようなら」などの簡単なあいさつをしようとする。 ・間食と手洗いなど、食とそれにかかわる衛生の習慣があることを知る。 ・担任の保育者や友だちに親しみをもち、安心して遊ぶ。 ・春の暖かさや初夏の爽やかさを感じながら戸外で身体を動かして遊ぶ。 ・積み木、ブロック、ままごとなどに興味をもち、落ち着いて遊ぶ。 ・飼育動物に餌を与えたり、虫や魚などの小動物に触れたりして、身近な生き物に親しむ。 ・園内の草花を見たり触れたりして、その美しさや変化のおもしろさを感じる。 ・栽培物の世話をし、生長する喜びを感じる。 ・知っている歌を歌ったり、身体でリズムを取ったりすることを楽しむ。 ・絵本を見たり、読んでもらったりする楽しさを知る。			・登降園時の持ち物の整理や衣服の着脱など、身の回りの整理を自分でしようとしたり、できないことを先生に伝えたりする。 ・用便、手洗い、うがいなどの基本的な生活の仕方を知り、自分なりにしようとする。 ・汗の始末や衣服の調整、水分の補給など、健康な園生活の過ごし方を知る。 ・身近な遊具や生活用具の使い方を知り、興味をもって使う。 ・走ったり跳んだりして身体を思いっきり動かすことを楽しむ。 ・固定遊具や運動遊具に触れ、興味をもつ。 ・使った遊具や用具は、元の場所に片づける。 ・友だちに対する関心が高まり、気の合う友だちと遊ぼうとする。 ・遊具の取り合いなど友だちとのトラブルのなかで、自分の思いを伝えようとする。 ・学級や園の集会に参加して話や歌、出し物を楽しみ、たくさんの友だちが集まっている雰囲気に慣れていく。 ・戸外で身近な小動物や草花などをみつけ、その動きや形、色、大きさなどに興味を示す。 ・土や砂、泥、水などの感触に親しむ。 ・バスや絵の具を用いて、のびのびと描く楽しさを味わう。 ・粘土や紙などの素材に親しみ、自分のイメージに合わせて形づくったり、のりやテープで貼り合わせたりする遊びが楽しめることを知る。 ・ピアノやギターに合わせて歌を歌ったり、手遊びなどをしたりして楽しむ。		
環境構成・保育者の援助	・ロッカーや靴箱などに個人の共通シールを貼り、自分の場所がわかるようにする。 ・便所や水道など共用の場所に表示を付ける。その使い方などは繰り返し指導し、身についていくようにする。 ・保育室に近い砂場や花壇、畑を整え、気軽に戸外へ出て砂や水で遊んだり、身近な小動物や植物に触れたりして親しめるようにする。 ・室内の遊びの場はいくつかのコーナーを設け、家庭的な雰囲気をつくり、好きな遊びができるようにする。 ・いすやゴザを活用し、保育者の話や絵本の読み聞かせを、落ち着いて楽しめるようにする。 ・室内外の遊具の安全点検を定期的（月1回）に行い、子どもが安心して安全に遊べるようにする。			・生活習慣は、個人差に応じて援助していく。 ・子どもの言葉をよく聞き、共感する気持ちをもって受けとめる。 ・一緒に活動をしながら、遊びのなかにもルールがあることを知らせる。 ・水遊びの用具や遊具を工夫し、個々の水への抵抗感に応じて遊びが楽しめるようにする。 ・栽培物に日常的にかかわれるよう置き場所を工夫し、世話に必要な道具や水の準備をする。 ・紙や空き箱、飲料空容器などの廃材や、サインペン、テープ、ハサミなどの製作に必要な道具を準備して、絵画や製作で遊べる環境を整える。 ・月毎の絵本を絵本棚にそろえ、好きな絵本をじっくり読めるようにする。		
家庭・地域との連携	家庭・地域	・担任保育者との信頼関係が得られるように、一人一人の子どもとのかかわりを大切にしていく。 ・親子入園では、園生活を親子で過ごすことにより、保護者に安心感が得られるようにする。 ・登降園時に、園での子どもの姿や家庭での様子を具体的に伝え合う機会を多くもつ。 ・「園だより」「学年・学級通信」保育参観などを通して、園の教育方針や子どもの様子を伝えたり、見る機会を設ける。		・親子活動への参加を呼びかけていく。 ・夏の健康な生活（清潔、衣服の調節、食事、プールなど）について保護者に知らせ、一人一人の子どもに応じた配慮を依頼する。 ・園周辺の園外散歩に出かけ、家庭や地域の人々との交流の機会をもつ。		
	親育ちの課題	幼稚園生活を理解する ・保育者との間に、早く信頼関係を築き、保護者自身ができるだけ、ありのままの姿を出せるようになる。 ・子どもの自立を焦らず、ゆったりとわが子の成長に寄り添っていくことができる。		わが子の育ちにあたたかく目を向ける ・わが子のペースに寄り添って子育てしようとする。 ・その子らしさを生かしたあたたかい見方ができる。 ・一人一人発達する姿に違いがあることを共感的に理解するようになる。		

第6章　保育の計画と保育の質の向上

Ⅲ　幼稚園が安心して過ごせる場となり、友だちとのつながりを求めながら、自分らしさを発揮していく時期					
10	11	12	1	2	3
・着替え、排泄、持ち物の整理など生活に必要なことは、時間がかかっても自分でしようとする。 ・友だちに自分の思いや欲求などを話そうとするが、十分に伝えられず、トラブルが起きることがある。 ・友だちやいろいろな物への興味が増し、その子なりにかかわって遊ぶようになる。			・園生活の仕方がわかり、身の回りのことや生活に必要なことなど、自分でできることは自分なりにしようとする。 ・保育者の話や4、5歳児の活動などを通して進級に対する関心や期待がみられる。周囲の友だちの遊びにも関心を向け、グループ同士のかかわりや友だち関係に広がりができ始める。 ・遊びの継続時間が長くなり、落ち着いて取り組むようになる。		
○園生活の仕方がわかり、身の回りの整理を自分でしようとする。 ○毎日幼稚園に来ることを楽しみに思い、好きな遊びや好きな場所をみつける。 ○経験したことや感じたことなどをさまざまな方法で表現することを楽しむ。			○のびのびと園生活を楽しみ、いろいろな活動に意欲的に取り組もうとする。 ○さまざまな遊びに興味や関心を示し、積極的に4、5歳児とかかわって遊ぼうとする。 ○成長の喜びと進級の期待をもって生活する充実感を味わう。		
・食事や衣服の着脱などの手順を知り、自分からしようとする。 ・困っていることやして欲しいことなどを、自分なりの言葉や方法で先生に伝えようとする。 ・並んだり順番を守ったりすることに気づき、自分からしようとする。 ・園内の秋の自然物や生き物に興味をもち、みつけたり、集めたりするなど自分の遊びに取り入れる。 ・栽培物（野菜、草花など）の変化や生長に関心をもち、世話をしたり、収穫をしたりする。 ・砂や土、泥に触れながら、保育者や友だちと一緒に見立てたり、イメージしたりして遊ぶ。 ・学級の保育者や友だちと一緒に、食事をする楽しさを感じる。 ・自分の周囲にさまざまな人がいることに気づき、みんなで一緒に遊ぶ楽しさを感じる。 ・遊びや生活に必要な言葉を知り、喜んで友だちや保育者との会話のやりとりをしようとする。 ・戸外で思いっきり身体を動かしたり、遊具や用具を使ったりして、運動遊びをする。 ・簡単なルールがわかり、それらを意識して遊びや活動に取り組む。 ・いろいろな画材や材料に興味をもち、それらを使ってのびのびと描いたり、つくったりする。 ・音楽やリズムに合わせて、歌を歌ったり、楽器を鳴らしたり、身体を動かしたりするなどさまざまな表現を楽しむ。 ・好きな遊びのなかで、見たり、聞いたり、イメージしたりしたことを、自分なりの言葉や身振りなどで表そうとする。			・風邪の予防に関心をもち、手洗いやうがい（緑茶うがい）を自分から進んでしようとする。 ・自分でできるという満足感や自信を感じながら、自分の身の回りのことや片づけなどに取り組む。 ・遊びの遊具や用具などの安全な使い方がわかり、自分から気をつけて遊ぼうとする。 ・雪、氷、霜など冬の自然に触れ、その感触や寒さ、冷たさを感じながら遊ぶ。 ・栽培物や園庭、花壇などの身近な草花の芽や花を見たり、世話をしたりしながら、春を感じる。 ・感じたり、考えたり、みつけたりしたことを、友だちや保育者に言葉で伝えようとする。 ・4、5歳児の遊びを真似たり、一緒に遊んでもらったりすることを楽しみながら、憧れや優しさの気持ちをもつ。 ・新入園児が入園することを楽しみにし、自分がお兄さんやお姉さんになることを喜ぶ。 ・冬休みに経験した遊びやさまざまな正月遊びに、挑戦したり、繰り返し遊んだりする。 ・寒さに負けず、戸外で身体を動かして遊び、身体が温かくなる感覚を味わう。 ・自分なりのイメージを膨らませながら、さまざまな方法で表現したり、好きなものになりきったりして遊ぶ。		
・遊びや生活に必要な言葉、きまり、ルールなどがわかり、子どもが意識して取り組めるように、具体的な言葉や保育者の動きなどから、繰り返し伝えていく。 ・園庭やどんぐり広場など、秋の自然物や生き物がみつけられる場所に子どもとともに出かけ、興味をもって見たり、触れたりして遊べるようなきっかけづくりをしていく。 ・好きな遊びが十分に楽しめるように、子ども一人一人のイメージや見立てをありのまま受けとめ、共感していく。 ・自分の周囲にいる人に親しみをもち、つながりが感じられるように、遊びのなかで子どもなりの思いや気持ちを汲み取り、共感したり、代弁したりしながら、丁寧に仲立ちや橋渡しをしていく。 ・戸外に進んで出て思いっきり身体を動かしたり、遊んだりすることで、心地よさを感じられるようにしていく。 ・子どもが身体を揺らしたり、リズムをとったりしながら、歌や合奏する様子を保育者も一緒に楽しみ共感していく。			・自分でできたことが実感できるように、一緒に喜んだり、認めたりして、次への意欲につなげていく。 ・暖房、換気、寒さへの対応など健康に過ごせるように環境を整えるとともに、冬の過ごし方について知らせていく。 ・冬の自然現象に興味・関心がもてるように、時期、機会を逃さずとらえ、子どもに提示していく。 ・遊びに必要なものや道具を子どもと一緒につくったり、身につけたりして、なりきって遊ぶことを楽しめるようにする。 ・生活発表会では、一人一人の子どもが安心して、喜んで活動に取り組めるように、子どものつぶやきや表現を大切に受けとめ、ごっこ遊びの内容や流れを構成していく。 ・4、5歳児や未就園児など異年齢で触れ合いを喜ぶことができるように、保育者も一緒に遊びながら、雰囲気やきっかけをとらえて関係をつないでいく。		
・さまざまな行事では、事前に活動の意図や経過を知らせ、子どもの遊びや活動を理解してもらうとともに、子どもの取り組むありのままの姿をみて、わが子の成長を見てもらえるようにする。 ・園外保育に出かけ、さまざまな秋の自然にふれたり、地域の人にあいさつをしたりする機会をもてるようにする。 ・地域の高齢者の方々と話をしたり、一緒に遊んだりできるようにかかわりをつないでいく。			・冬の健康的な生活（衣服の調節、風邪の予防など）について保護者に知らせ、一人一人に応じた配慮を依頼する。 ・子ども同士のトラブルでは、保護者にも様子を具体的に知らせ、互いの子どもの思いを受けと止めながら、人とのかかわりが育とうとしていることを一緒に考えていく。 ・進級への期待や喜びを抱くように、学級懇談会や生活発表会の行事を通し、一人一人の子どもの成長を話し合う。		
子どもの世界があることを受け入れ、大切に思う ・長い目で、わが子の成長を見守っていこうとする気持ちをもつようになる。 ・友だちとのかかわりを大切に思い、友だちとの関係ができていくことに喜びを感じる。					

②月間指導計画（案）

　期の育ちの見通しを配慮しつつ、その月の季節や社会的行事などを考慮し、1か月の生活を見通しをもって、経験して欲しい活動を立案をする。具体的には、「子どもの姿」「ねらい」「保育内容」「予想される子どもの活動」「環境構成・配慮事項」「家庭との連携」等を記述する。本章では、保育所の5歳児の月間指導計画（案）をとりあげた（表6－4）。「ねらい」「内容」については、3歳以上の子どもの保育について記載する際は教育が上欄に、2歳児以下の子どもの保育について記載する場合は養護が上欄になる。2歳以下については個人差が大きいため、個々の育ちの記録となるように計画していく。

(2) **短期の指導計画**

　短期の指導計画の作成は、長期の指導計画をもとに子どもの個々の発達課題や興味・関心などの実態をふまえて、クラス担任が責任をもって行う。その際、各クラスの保育を週単位で立案する「週案」、日々の保育の計画である「日案」、研究保育などで作成する時間枠の「部分案」などがある。これらの立案においては、保育者が1日の生活を見通して、一人一人の子どもの様子を把握して、生活のリズムに配慮しつつ、園生活の流れのなかで必要な体験が得られる生活を具体化できるように配慮する。

①週案

　月案の「ねらい」や「内容」をふまえ、また、天候や気温などをあらかじめ予測して、1週間を子どもの基本的な生活単位として立案する。子どもの遊びと生活の連続性が保たれていることが大切である。たとえば、
「子どもと保育者でつくる活動（協働する活動）」
「子どもが見つける活動（自分たちがやりたい遊び・活動）」
「保育者が働きかける活動（保育者が意図的に計画する活動）」
の三つについて活動の予測を立てる。保育の実施後、保育の実際を記録し、評価することで「なぜこのような行動をとったのか」、「何が育ちつつあるか」などについて保育を振り返り、気になる箇所は改善して、次週の週案に生かしてしていく（表6－5）。

②日案

　日案は週案をふまえて、その日1日の保育でねらいとしたいことを明確にし、保育の展開をさらに具体的にするために立案されるものである。立案直近の子どもの興味・関心、生活や遊びの流れなどから子どもの実態をとらえて、その日の保育の「ねらい」や「内容」を設定し、「環境構成」「予想される子どもの活動」「保育者の援助」について具体的に立案していく（表6－6）。

③部分案

表6-7は、研究保育などの際に立案される部分案である。週案や日案の流れをふまえて、本日の保育の活動を①②③に挙げ、子どもの好きな遊びややりたい遊びができるように配慮して立案する。

④認定こども園の一日の生活の流れ（短時間部と長時間部）

認定こども園は、「幼稚園と同じ4時間程度の教育」と、「保育所と同じ8時間程度の保育」の両方の機能を併せもち、さらに地域における子育て支援を計画的に実施する施設である。そのため、園で生活する子どもの滞在時間の長さに違いがあり、認定こども園は「短時間部（＝幼稚園部）」と「長時間部（＝保育園部）」に分かれている。指導計画を作成する際には、一人一人の子どもの保育時間などの状況に配慮して立案することが特に大切である（表6-8）。

表6-8 認定こども園の一日の流れ（例）

0・1歳児	2歳児	時間	3・4・5歳児	
長時間部（3号認定）				
早朝保育 順次登園 健康観察	早朝保育 順次登園 健康観察	7：00 8：00 8：30	早朝保育 順次登園 健康観察 総合的な遊び	短時間部に早朝保育はありません
個々のリズムに合せて授乳・睡眠・遊び	遊び （室内・戸外）	9：00	・健康 ・人間関係 ・環境 ・言葉 ・表現	
おやつ 遊び （室内・戸外） 排泄・沐浴・着替え	排泄・手洗い おやつ 遊び （室内・戸外）	10：00		
昼食	昼食	11：00	昼食	
午睡	午睡	12：00		
		13：00	長時間部 （2号認定）	短時間部 （1号認定）
		14：00	午睡	※3歳児13時降園
排泄・手洗い おやつ	排泄・手洗い おやつ	15：00	おやつ	
個々のリズムに合せて（授乳・遊び） 順次降園	遊び 順次降園	16：00	遊び 順次降園	※緊急な場合の一時預かり保育も行います （有料）
延長保育 （有料）	延長保育 （有料）	18：00 19：00	延長保育 （有料）	

出典：広報みき「三木市幼保一体型計画案」2015年
　　　http://www.city.miki.lg.jp/（検索日2015年8月）

表6-4　月間指導計画の例　5歳児 10月（H市認定こども園）

子どもの姿	○運動会の余韻を味わい、友だちと誘い合ってリレーやダンスをして、競い合ったりリズムに乗って表現したりして楽しんでいる。 ○秋の虫や草花など身近な自然物に興味をもち、園庭で見つけたり家から持ってきたりして、友だちと見せ合っている。また、図鑑で調べたり観察しながら、触れて遊んでいる。 ○友だちと一緒に会話を楽しみながら、自由画帳や紙に絵を描き、落ち着いて表現することを楽しんでいる。 ○汗の始末や水分補給など自分で気づいて行っている。	ねらい・内容	教育	○友だちと考えを出し合い、を味わう。 ・友だちと相談し、ルールをて遊びを進める。 ・友だちとイメージを出し合んだり、工夫して描いたり ・自分の思いや考えを相手に相手の気持ちに気づいて受 ・リズムに合わせて、異年齢ことを楽しむ。 ○秋の自然に親しみ、見たり入れる。 ・秋の自然物を使って試した楽しむ。 ・自然物の形や色、数量など ・土を掘る感触を楽しみなが
			養護	○季節の変化に応じた健康管できるようにする。 ・気温や活動に応じて、自分がとれるようにし、快適に

◇環境構成	予想される子ども
◇いろいろな運動遊びに興味をもち、やりたい時に繰り返し取り組めるように、子どもの目につきやすい場所に用意しておく。 ◇思いっきり体を動かして遊べるように、園庭の場の取り方や動線に配慮したり、遊具の安全を点検したりする。 ◇遊びのイメージを広げたり、友だちと共通のイメージをもって遊べるよう必要な素材や用具を準備したり、子ども達と一緒に探したりする。 ◇遊びを通して相手の思いに気付くように、子ども同士が話し合う場を大切にする。 ◇遠足のルートや目的地を事前に下見し、トイレや手洗いの場所の確認をする。気付かせたい秋の草木や木の実が拾える場所などを調べておく。 ◇木の実や種などを集めたものを子ども達と分類し、使って遊んだり調べたりできるようにする。また、自然物を遊びに生かせるような材料類を用意する。 ◇イモ掘りやイモ畑、その周辺など、身近な自然にじっくりとかかわる時間をつくり、さまざまな発見や気付きができるようにする。	○体を動かす遊びを楽しむ。 ・自分なりの目標に向かって繰り返し鉄棒、縄跳び、フープ　など） ・ルールのある遊びをする。（リレー、ンなど） ○イメージや考えを出し合って遊ぶ。 ・ごっこ遊びをする。（絵本屋さん、お ・いろいろな表現を楽しむ。（製作、ど） ・人の話を聞き、自分の考えや思いを ○秋の自然に関心を深め、遊びに取り ・園外保育に行く。（散歩、遠足） ・木々や空の様子を見たり、風の心地 ・野菜を収穫したり、畑を整理したりなど） ・虫とりをしたり、自然物を集めたり（コオロギ、バッタ、カマキリ、など） ・図鑑を見たり調べたりする。 ・自然物を使って遊ぶ。(比べる、数え

行事	1日（火）衣替え、秋の遠足 6日（月）就学時視力・聴力検査 7日（火）発育測定 8日（水）ストーリーテリング 9日（木）避難訓練 10日（木）園外保育 15日（水）いもほり 22日（水）防火教室 23日（木）焼いも誕生会 27日（月）就学時健康診断	家庭・地域・小学校との連携	○気温差のある季節なので、知らせると共に　家庭でも節をするなど、自分から気ていく。 ○園での自然物を使った遊び然物を知らせる。親子で自るきっかけを作り、自然にきるようにする。 ○就学時健診を機会に、早寝・慣や挨拶、返事、話を聞くけてもらうように呼びかけいて参加できるよう、活動

第6章　保育の計画と保育の質の向上

所長		担任

遊びや生活を進める楽しさ 考えたり力を合わせたりし い、素材や用具を選んで遊 作ったりする。 わかるように伝えようとし、 け入れる。 児で歌ったり踊ったりする 触れたりして、遊びに取り り、いろいろな物を作って に関心をもつ。 ら、収穫する喜びを味わう。	言葉の育ち	○経験したり、感じたり、考えたことを友だちや先生に 　わかるように話す。 ○友だちのアドバイスや励ましを聞き入れる。
	食育	○サツマイモを掘り味わうことで、収穫の喜びを感じ、 　食べものへの興味・関心を高める。 ○体を思いきり動かして遊んだ後の空腹感を感じ、おい 　しく食事をとる機会を大事にする。
理に気をつけ、快適に生活 で衣服の調節をしたり休息 過ごせるようにする。	安全	○遠足に参加し、バスの乗り降りの仕方、交通ルールに 　ついて再確認する。 ○巧技台や鉄棒など移動遊具や固定遊具の安全点検を行 　い、扱い方の確認をし、安全に扱えるようにする。
の活動	☆保育者の援助	
挑戦する。(竹馬、登り棒、 鬼ごっこ、ドン・ジャンケ 店屋さん　など) 絵本作り、紙芝居作り　な 話す。 入れる。 よさを感じる。 する。(サツマイモ、小豆 する。 種、ドングリ、じゅずの実 る、製作　など)	☆自分なりに目当てをもって取り組んでいる姿を認め、"もっ 　とやってみよう""やってみたらできた"という気持ちが 　もてるようにする。また、クラス全体に知らせる場をもっ 　たり、互いに見合ったりして友だち同士で刺激し合えるよ 　うにする。 ☆自分の考えを友だちに伝えたり、友だちの考えを聞いて答 　えたりするなど、友だちといっしょに力を合わせ 　気持ちを合わせる体験をていねいに見守っていく。 ☆木の実の大きさや形、重さ、色などの違いを発見したうれ 　しさに共感したり、集めたものを子どもと分類し、使って 　遊んだり調べたりできるようにする。 ☆必要に応じて材料を補ったり、子どもが試したり考えたり 　してイメージしたものが実現して遊ぶことが楽しめるよう 　にする。 ☆風の心地良さや青空・雲のようす、木の葉の色の変化など、 　子ども達や保育者が気付いたことを話題に取り上げる。	
健康管理に留意するように 自分で汗を拭く、衣服の調 付いて行えるように連携し のようすや近隣の公園の自 然物に興味を持ち、出かけ ふれて遊ぶ楽しさを経験で 早起きなどの基本的生活習 姿勢など、家庭でも気をつ 姿勢など。また、健診日は落ち着 時間や内容に配慮する。	保育資料	・絵本、紙芝居 　　おいもをどうぞ、くすのきだんちは10かいだて、 　　どんぐりむらのぼうしやさん、ねずみのいもほり、14ひ 　　きのあきまつり、おおきなおおきなおいも ・歌、手遊び 　　どんぐりこども、そらにらくがきかきたいな、むし 　　のこえ、やきいもグーチーパー、ちいさい秋みつけた ・集団、ゲーム遊び 　　やきいもジャンケン、ロックトレイン、おおきなく 　　りのきのしたで、おいもごろごろ

表6-5　週の指導計画の例　5歳児（6月29日～7月3日）　つばめ組（T市幼稚園）

前週の子どもの姿	○「レストランを開こう」では、ケーキに泡を乗せようと、石鹸や水の量を調節して何度も試している（T）。ケーキがそのままでは食べられないことに気付き、お皿を出したりケーキを切ろうとしたりしている（M）。友だちが「とってもおいしい！」と話すのを聞いて喜び、食べてほしい思いが一層高まっている。「メロンフロートがいい！」という声を聞いたジュース屋さん（M）が、レストランの友だち（I、E）と協力してつくる姿が見られ始める。 ○かもめ組のドッジボールの方法（当たると外野に出る）を聞いて「やってみたい！」と試し始める。決着がつきやすくなり、勝ってうれしい気持ちや負けて悔しい気持ちを味わっている。友だちが投げる時に応援したり、投げていない友だちにボールを譲ったりと、チームのことを考えるような姿も見られる（N、O、H）。休憩中にはレストランに行き、他の遊びの友だちとのかかわりもでてきている。 ○初めて3歳児と触れ合い、すぐに遊びだせる子どもや戸惑う子どももいる。相手の気持ちを考えながらかかわる姿も見られる。		
	29日（月）	30日（火）	1日
	弁当 夏の遠足	保健指導 製作：天の川	弁当　プール遊 筏づくり
遊びの流れ	**レストランを開こう** ・ケーキやカレー、スープをつくる　・クリームやアイスをつくる　・友だちと ・とろとろのクリームにする　・ジュース屋さんと一緒につくる　・友だちに食 ・ジュースに氷を入れる　・ゼリーを作る　・友だちに飲んでもらう **ドッジボールをしよう** ・チームで作戦を考える　・チームの友だちと声を掛け合いながら遊ぶ　・点数 **土山工事をしよう** ・滝から船を流す方法を考える　・木の板をつなげる　・本流と繋げるトンネル **しっぽ取りをしよう** 　　　　　　　　　　　・チーム　　　　　　・チームに分かれる　　・しっぽを取っ **ウォーターランドへ行く** ────→ **プール遊びをしよう** 　　　　　　　　　　　　　　　　　　　・水の中を歩く　・走る　・顔に水をつける 　　　　　　　　　　　　　　　　　　　**筏をつくる** 　　　　　　　　　　　　　　　　　　　・グループでつなげる・役割を決める・乗っ		
☆保育者の援助	☆お菓子などを協力してつくる姿を広めたり、友だちと声を掛け合ったりしながらフワフワのクリームやアイスをつくったりすることを楽しむ子どもの思いに共感する。 ☆注文を聞いてつくり、食べてもらうことのうれしさを受け止める。また、ジュース屋の友だちと役割分担をしながら一緒につくろうとする気持ちを認める。 ☆同じチームの友だちと勝つ方法を考え合い、自分の思いや友だちの考えを受け入れながら遊ぶ姿を認めると共に、勝ったうれしさや負けた悔しさを受け止める。 ☆自分の思いを通そうとする子どもに対して意見を言っている子どもの思いを認め、広める。思いを伝えにくそうにしている子どもを励まし、全員が楽しんで参加できるようにする。 ☆プール遊びでは、約束事を自分たちで考えながら遊べるように確認し合い、常に安全に過ごせているか確かめながら活動をする。 ☆筏づくりでは昨年の経験から思いを広げ、自分たちもつくってみたいという気持ちを受け止め、友だちと考えたり乗ったりしながら協力して進められるようにする。		
学級活動	・チャレンジタイムをする　・竹馬をする　・ボール遊びをする　・朝の掃除をするづくよ」 製作：七夕飾り（野菜・天の川）　　　律動：ギャロップ、スキップ　　　表現：ザリガニ		

第6章　保育の計画と保育の質の向上

ねらいと内容	○友だちと同じめあてに向かって、考えたり工夫したりしながら一緒に遊びをつくりあげていくことを楽しむ。 　・泡をつくってクリームに見立てたり、飾り付けをしたりしてつくったケーキを友だちに食べてもらう。 　・チームの友だちのことを考えたり、相手の思いを受け入れたりしながら、試合を進める。 ○水の感触を感じて、友だちと一緒に水遊びを楽しむ。 　・水の冷たさや心地よさを感じたり、安全について自分で考えたりしながら、プール遊びをする。 ○3歳児の友だちとのかかわり方を考えながら、一緒に触れ合って遊ぶことを楽しむ。 　・ペアの友だちと手遊びや電車ごっこをしたり、相手の気持ちを考えて、優しくかかわったり声を掛けたりする。

（水）	2日（木）	3日（金）
び① 製作：野菜 園庭開放	コアラ教室④（園内研） 筏づくり	キラキラ夜空の会

役割分担をしてつくる　・お客さんへの出し方を考える　・実や草花で飾り付けをする
べてもらう　・美味しいジュースをつくる　・クリームやアイスをのせる

をつける　・休憩時間にレストランに行く

を掘る　・友だちと流す　・川筋を深くする

たり、取られないように逃げたりする　・本数を数える
　　　　　　　　　　　　　　　　・休憩中にジュースを飲みに行く

　　　・フープの中をくぐる　・ボールで遊ぶ

てみる・つなげる方法を考える・クラスで繋げる

★クラス活動での援助	★ウォーターランドでは、安全や周りの人たちのことを考えて行き帰りをしようとする子どもを認めて周りに広める。水遊びでは、水の冷たさや心地よさを感じながら楽しむ気持ちに共感すると共に、安全に気を付けて遊ぼうとする子どもを十分に褒めて認める。 ★七夕の製作をしたり、歌を歌ったり、短冊の願い事を聞いたりしながら、七夕への期待感がもてるようにする。 ★コアラ教室との交流では、未就園児と一緒に遊ぶことが楽しい気持ちに共感したり、相手の気持ちを考えながら過ごしたりしようとする姿を認めたりする。かかわることに戸惑いを感じている子どもには、教師が声を掛けたり一緒に遊んだりして気持ちを支え、見守る。 ★キラキラ夜空の会では、夜の保育への期待を受け止めつつ、十分な安全を確保しながら花火をする。星の話を聞いたり、実際に空を見上げて星を見付けたりしながら、星への興味や不思議さに思いを寄せる子どもの思いを受け止め、広める。

・筏をつくる　　歌：「たなばたさま」「世界中のこどもたちが」「ホ・ホ・ホ！」「せんろはつ

　絵本：「たなばたプールびらき」「およぐ」「ひまわりばたけ」

＜子どもと保育者でつくる活動　　子どもが見つける活動　　保育者が働き掛ける活動

表6-6　日案の例　好きな遊び・やりたい遊び（T市幼稚園）

　　　　　　　　　　　　　　　　　　　年少児　　もも組担任　　ゆり組　担任
　　　　　　　　　　　　　　　　　　　年長児　　すみれ組担任　さくら組担任
　　　　　　　　　　　　　　　　　　　　　　　　特別支援加配

1．ねらい・内容
○（年少児）自分なりのイメージをもって、友だちや保育者と力いっぱい体を動かして遊ぶことを楽しむ。
・夏の虫との出会いを喜んだり、実際に触れて遊ぶことを楽しんだりする。
・さまざまな素材を使って遊ぼうとする。
・力いっぱい走ったり、細い道を進んだりして挑戦する。

○（年長児）友だちと一緒に考え合ったことを試したり確かめたりして遊ぶことを楽しむ。
・つくったチョコレートを流す台をつなげて、みんなで協力してチョコレートをつくる。
・チームの友だちと思いや考えを出し合い、さまざまな方法で試して遊ぶ。
・年少児に遊びのことを伝えたり、受け入れたりして遊ぶ。

2．展開（◇予想される子どもの活動　△環境構成　　◎保育者の援助）

①　虫と遊ぼう
◇友だちと一緒に石垣にいるカタツムリや、花壇の後ろや芝生広場、倉庫横の草むらなどにいるバッタやカマキリ、木や葉にあるセミの抜け殻を探す。
◇バッタやカマキリの赤ちゃんを見つけ、茶色や緑のバッタを見付けたり、カマキリがカマをもっていることに気づいたりして興味をもつ。
◇セミの抜け殻を見つけて、背中の割れている部分から中を覗いたり、足の本数を数えたりする。
△カタツムリの飼育ケースには、水入れ、葉、枝、苗ポット、野菜などを用意し、バッタの飼育ケースには、土、枝、石、エノコロ草など虫の好きな環境を用意しておく。
△倉庫裏の環境を確認し、安全に虫探しを楽しめるようにしておく。
△セミの抜け殻を集めるカゴを用意し、持ち歩きしながら楽しく集めることができるようにする。
◎新しいことを見付けたうれしさに共感し、季節感を味わったり、いろいろな虫に触れる楽しさを感じたりすることができるように声を掛ける。また、気づいたことや感じたことを表現しようとしている姿を受け止め、周りの子どもにも広めて思いを共有できるようにする。

②土山で『チョコレート工場』をつくって遊ぼう
◇チョコレートを流す台をつくり組み合わせて、よりダイナミックに流して遊べるように考えたり、試したりする。プヨプヨチョコレートになるように、手で感触を確かめながら、思いっきり混ぜ合わせる。
◇声を掛け合い役割を分担して、協力してつくろうとする。
◇年少児に自分たちの考えを伝え、つくろうとする。
◎ダイナミックに運んだり、流したり、混ぜたりして遊ぶ楽しさに共感し、広める。
◎自分の役割を果たし、力を合わせてつくる楽しさが味わえるように、考えを出し合って一緒につくっている思いや姿を認めたり、つないだりしていく。
◎年長児の考えを年少児に伝えて遊べるように見守り、必要な時には橋渡しをする。

うさぎ小屋

土山

総合遊具

表6-7　部分案の例　ひまわり組保育指導案　4歳児30名（男児16名・女児14名）（T市幼稚園）

時間	環境の構成	予想される子どもの活動	保育者の援助
9:50	◎子ども全員の顔が見渡せる位置に座り、話が聞ける雰囲気になっているか確認する。 ◎遊びに必要な道具を子どもと共に準備する。 ◎ご飯が食べられるように机を準備する。 ◎すごろくや絵合わせカードを広い場所に置き、落ち着いて遊べるようにする。 ◎思い切り体を動かして遊べるように、広い場を確保する。 ◎身体全体を使って、鍛えられるように、運動棒や巧技台を準備する。	◎　好きな遊び ①お母さんぶたになって遊ぶ。 ・ご飯をつくる。 ・洗濯をする。 ・こぶたと一緒にご飯をつくる。 ・ご飯のつくり方を教える。 ・森へ食べ物を探しに行く。 ②3びきのこぶたになって遊ぶ。 ・お母さんの手伝いをする。 ・お母さんとご飯をつくる。 ・ご飯を食べる。 ・お母さんからご飯のつくり方を教えてもらう。 ・こぶたの兄弟と一緒に遊ぶ。 ・すごろく、絵合わせカードをする。 ③オオカミになって遊ぶ。 ・体を鍛える。 ・爪をみがく。 ・森の中を走る。 ・重いものを持ち上げる。 ・ジャンプをする。 ・こぶたの様子を見に行く。 ・こぶたを食べようとする。 ◎片付けをする。	☆子どもが目的をもって遊び始められるように声を掛ける。 ☆こぶたの世話をしている子どもを認め、その思いを受け止める。 ☆こぶたにご飯のつくり方を教えたり、一緒につくったりしている子どもを認め、周りに知らせる。 ☆お母さんぶたと一緒にご飯をつくれる楽しい気持ちに共感し、ご飯ができたうれしさを受け止める。 ☆お母さんぶたにご飯のつくり方などを教えてもらっている子どもを取り上げ、周りに知らせる。 ☆こぶたの兄弟で一緒に遊んでいる姿を認め、楽しい気持ちに共感する。 ☆強いオオカミになろうと、体を鍛えようとしている子どもを認め、周りに広める。 ☆こぶたが何をしているか様子を見ているオオカミを見守りながら、こぶたを食べたいという思いを受け止める。
10:00 10:25	◎話をしたり、きいたりできる雰囲気になっているか確認する。	◎学級活動 ○強くて、怖いオオカミになる。 ・怖い表情をする。 ・爪をみがく。 ・体を鍛える。 ・大きな音を立てて歩く。 ・友だちのオオカミの表現を見て、思ったことや感じたことを話す。	☆自分なりに考えて、強くて怖いオオカミになっている子どもを認め、周りに広める。 ☆オオカミの表現を見て、怖いと思っているこぶたの気持ちに共感する。 ☆強くなったことを認め合い、共に喜ぶ。 ☆友だちの表現を受け止め、がんばっているところを話している子どもを認める。

3.――指導計画の作成と展開における留意事項

(1) 指導計画の作成における留意事項

　指導計画は、あくまでも教育課程・全体的な計画にもとづいた具体的な「計画案」であり、指導計画は具体的な「ねらい」と「内容」、「環境構成」や「予想される活動」、「保育者の援助や配慮」「家庭との連携」などで構成されている。保育者は、子どもの興味・関心の広がり、生活や遊びへの取り組み方や友だち・保育者との関わり方の変容、天気や寒暖といった自然の変化などに注意し、計画の修正や変更を随時、柔軟に行っていくことも重要である。計画にこだわって、子どもの実態とかけ離れた保育にならないように気をつけなければならない。

　指導計画の作成においては、以下の点に留意することが求められる。

①一人一人の子どもの発達過程の理解

　子どもの発達理解には、次の点を手がかりにするとよい。

　1）どのような発達の情況（段階）にあるか。
　2）何に興味や関心をもっているか。
　3）生活や遊びへの取り組み方はどうか。
　4）保育者や友だちとは、どのような関わり方をしているか。

　理解に至る道筋の一つに、発達心理学などの学問的見地から標準的な子どもの姿を学び、その知見にもとづいて、生活をともにし、対象の子どもを理解を深めていく方法がある。

②集団における子どもの発達理解

　クラス全体での生活という大きな流れのなかで、発達の姿を個別的にとらえ、そこでの生活の仕方を理解していく。

③「ねらい」と「内容」の明確化

　「ねらい」は、保育の期間を通して子どもが身につけることが期待される「心情・意欲・態度」を示したものである。「内容」は、その「ねらい」を達成するために指導する事項である。子どもの実態に即して具体的な「ねらい」及び「内容」を設定するが、具体的な活動はもちろんのこと、活動を通して体験される達成感や満足感などといった内面的なものも含まれる。

④環境の構成と保育者の援助

　保育を進める際に構成される環境には、「十分に養護の行き届いた環境」「子どもの生活リズムを大切にし、健康、安全で情緒の安定した生活できる環境」「自己を十分に発揮できる環境」「自発的、意欲的に関われるような環境」[*5]

[*5] 保育所保育指針の記述（本書のp.81）も参照のこと。

第6章　保育の計画と保育の質の向上

等があり、人的環境として、さらにそれを超える存在である保育者がどのような存在となり、さらに環境を構成していくのかが重要となる。子どもは、身の回りにある環境との相互作用のなかで、生活を展開し、成長・発達していく。保育者は適切に環境を組み合わせて、子どもへの具体的な関わりや子どもが自分から関わっていきたくなるような環境を計画的に構成していく。

　また、特に留意する事項としては、「障害のある子どもの保育」「幼保小の連携」「事故や災害、園の不審者進入等の安全についての理解」などがある。

(2) 指導計画の展開における留意事項
①全職員が協力体制をつくり、適切な役割分担を明確にする
　保育所や認定こども園においては、「3歳児未満児」と「3歳以上児」の保育内容への配慮、長時間保育における保育方法や教職員の協力体制などを指導計画に位置づけることも必要である。また、障害のある子どもについても、指導計画のなかにおり込むことが求められる。

②子どもの活動の変化に柔軟に対応する
　子どもの活動や生活が、成長や発達にとって望ましい方向に向かうように配慮する。また、園の特徴を生かして、さまざまな行事が指導計画におり込まれるが、行事が子どもの負担にならないように教育的価値を十分に検討し精選する。

③子どもが主体的に活動できるように援助する
　子どもの毎日は、「先生、みて、みて」と発見と驚きの連続である。そうした一人一人の子どもの生活を保障し、仲間と一緒に遊びを主体的に楽しむことができるように、保育者は環境構成や多様な関わりなどにより援助していく。

④保育実践記録と省察
　保育者が自己の保育実践を振り返り、定期的に、必要に応じて、「保育カンファレンス」*6 を実施することによって保育実践記録の解釈を深め、さらに実践に還元できるよう評価、反省を行う。

＊6　カンファレンスとは、会議や協議を意味する言葉である。保育カンファレンスは、保育現場の関係者のみで行うもの、他分野の専門家と行うものなどがある。内容としては、意見交換や協議、研修などが行われる。

「せんせい、みて、みて」

第5節　保育の質を高めるために

1.──保育の循環をつくる

　計画にもとづいて保育実践を行うが、実践は計画した通りにできることもあれば、できないこともある。いずれにしても、やりっぱなしでは自分の保育がどうだったのかはわからないし、同じ失敗を繰り返してしまうかもしれない。

　そこで、まずは「記録」を取ることである。主なものに保育日誌があり、自分以外の人が見ても、その日の子どもたちの様子や出来事がわかるように記録しておく。記録を取ることは、保育の「振り返り」につながる。計画の際の子ども理解は的確であったか、「ねらい」の設定や「活動」の選択、「環境設定」は適切であったかを検討してみる。また、今日の子どもたちの様子はどうだったか、子どもへの援助は適切であったかを振り返ってみる。頭のなかにある思いや気づきを明確に文章化にすることで、情報や課題が整理されていく。そうすることで、一つ一つの事柄に自分なりの解釈がもてるようになる。これが「評価」のタネとなり、保育を見る目が的確になり、目の前にいる子どもをより深く理解することにつながる。その結果、より良い計画が立てられるようになり、「保育の質」が改善され、専門性が高まっていく。

　マネジメントの代表的な手法に、「PDCAサイクル」がある。「Plan（計画）→Do（実行）→Check（評価）→Action（改善）」という四つのサイクルを繰り返すことで、継続的に保育の改善が期待できる。PDCAサイクルに保育の過程を重ねたものを図6−3に示す。

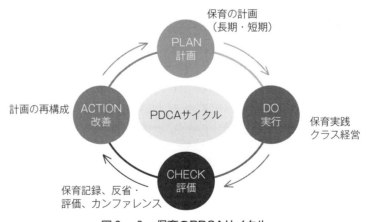

図6−3　保育のPDCAサイクル

出典：筆者作成

2. 保育の記録

保育所保育指針の第1章 総則には、「保育士等は、保育の計画や保育の記録を通して、自らの保育実践を振り返り、自己評価することを通して、その専門性の向上や保育実践の改善に努めなければならない。」と示されている。幼稚園教育要領では、「幼児にふさわしい生活の展開」「一人一人の発達の特性に応じた指導」「遊びを通しての総合的指導」をするための記録の必要性が示されており、保育者が記録を通して保育を振り返り、自己評価を行い、指導計画や保育実践に生かしていくことが求められている。

(1) 記録の種類

記録の種類には、大きく分けて、「保育の管理上の記録」と「保育の実践上の記録」がある（表6-9）。

表6-9 保育の記録の種類

保育の管理上の記録	保育の実践上の記録
・幼稚園幼児指導要録（幼稚園） ・保育所児童保育要録（保育所） ・幼保連携型認定こども園園児指導要録 　（幼保連携型認定こども園） ・出席簿 ・事務日誌 ・避難訓練関係記録簿 ・事故等発生記録簿 ・身体測定記録・健康診断記録・発達に関する記録 ・施設安全チェック票など。	・全体的な計画（保育所） ・教育課程（幼稚園） ・全体的な計画（認定こども園） ・行事の記録 ・家庭連絡帳 ・園だより ・保健だより ・このほか、指導上の記録や個人の把握のために必要な記録として、指導計画、保育日誌、個人記録など。これらは、書式や様式に規定がなく公立は自治体ごとに、私立は各園ごとに作成されている。

出典：筆者作成

(2) 記録を生かすために

記録を指導計画に生かしていくためには、保育のなかで保育者が書き留めておかなければならないと感じた出来事や子どもの様子を逃さないことである。保育者が心揺さぶられたことについて、「誰が」「いつ」「どのような場面で」「何を」に関して、具体的な記述を残していくことが大切である。たとえば、「年長組に進級してから、口を閉ざして話をしなくなったA児が、昨日あたりから友だちが近づくと口元が緩み、笑顔がみられるようになってきた。緊張がとれてきて、友だちへの関心が出てきたのだろう」。さらに「笑顔が出てくるようになると、お弁当の時間に机を拭いてくれるようになり、クラス全体のことに目を向けて行動する姿が多くみられるようになってき

た」といった具合である。

　このように、保育者自身の問題意識を子どもの具体的な姿から導き出す。記録は、記録者自身が直観的に必要であると考える情報を選択し、判断したことが書き残されていく。観たことを文章化していく作業により、今日一日の保育のねらいから結果が明らかになり、また子どもの姿から保育の評価に迫ることができる。

　また、保育者にとっては、援助の過程を吟味しながら考察を深めることができ、自己を客観的に評価する第一歩になるため、保育者自身の資質が磨かれていく。つまり、保育者の資質の成長は「保育を記録する」ことから始まる。医師は患者とのやり取りのなかで、これまでに蓄積された患者の情報から治療方法を考えていく。このような点から、「保育の記録」は「カルテ」ともいえる。

(3) 記録の方法

　何を記録するか、何を目的に、何を記録するかによって、記録の方法は異なってくる。たとえば明らかにしたい内容にしたがって、表6－10の①～④を用い、形式を工夫して記録を重ねていくことで、自分の保育を反省し、指導につなげていくことができる。

表6－10　主な記録の形式

①環境図記録	紙面の中央に環境図を配置し、そこで展開される遊びの様子を書き込んでいく形式。
②保育マップ記録	園の環境図のなかに子どもたちの遊ぶ様子をイラストで描き入れ、そこに吹き出しをつけて具体的な様子を書き表し、1枚の地図にしていく。
③事例・エピソード記録	子どもを中心として、その行為や心の動きをおもに文章として描き出し、保育者自身がどう感じ、どう分析したかを記録することで子ども理解や日々の保育実践を深める。
④くもの巣（ウェブ）型記録	子どもの経験や活動の内容を構造的にとらえ、それらのつながりを図式化する。

出典：瀧川光治「指導計画づくりに活かすための保育記録のあり方　(1)先行文献の整理を中心に」『教育総合研究叢書』第4巻　2011年をもとに筆者作成

3.──保育の評価とは

　保育の評価について、保育所保育指針、幼稚園教育要領には次のように示されている。

第6章　保育の計画と保育の質の向上

> **保育所保育指針　第1章　3　保育の計画及び評価　(4)保育内容等の評価**
> （ア）保育所は、保育の質の向上を図るため、保育の計画の展開や保育士等の自己評価を踏まえ、当該保育所の保育の内容等について、自ら評価を行い、その結果を公表するように努めなければならない。

> **幼稚園教育要領　第1章　総則　第4　指導計画の作成と幼児理解に基づいた評価**
> 評価の妥当性や信頼性が高められるよう創意工夫を行い、組織的かつ計画的な取組を推進するとともに、次年度又は小学校等にその内容が適切に引き継がれるようにすること。

　保育の評価には、主に「自己評価」「学校関係評価」「第三者評価」の三つの局面があり、以下に(1)～(3)について示す。

(1) 自己評価

　自己評価には、保育者が個々に行うものと、園全体で行うものとがある。一人一人が行う自己評価は、自らの保育実践と子どもの育ちとをつなぎ合わせて振り返り、保育の改善を図ることである。自己評価は、評価の根本になるものである。園全体で行う自己評価は、個々の保育者の自己評価をもとに、職員全体が組織的に課題を共有し、計画や運営について評価を行うことである。これらの評価の結果は、園だよりやホームページなどを通して、保護者や地域に向けて公表されることが求められている。

(2) 学校関係者評価

　学校関係者評価とは、幼稚園や幼保連携型認定こども園を含む学校で行われる評価のことである。「幼稚園設置基準」や「幼稚園における学校評価ガイドライン」などが基準となり、保護者や地域住民などの学校関係者が、園や個人による自己評価の結果について評価を行う。これにより、学校と家庭と地域が連携し、協力することを促進していく効果もある。

(3) 第三者評価

　第三者評価とは、当事者である園以外の第三者からの客観的な評価のことである[*7]。保育所をはじめとする社会福祉事業で行われる第三者評価は、社会福祉法第78条「福祉サービスの質の向上を図るための措置等」をもとに行われる。第三者評価の第一の意義は、第三者評価を受ける事前の自己評価に職員一人一人が主体的に参画することで、職員の意識改革と協働性を高めることにつながることである。第二の意義は、第三者評価結果を利用者（保護

*7　詳しくは第12章（p.226)を参照。

者）へ報告し、利用者との協働体制を構築することにある。

このように、適切な時期に、保育の評価→点検→改善を行い、保育の状況を職員で共有し、計画を編成し直していく努力が、子どもにとって意味のある保育を提供していくために重要となる。組織的な評価の取り組みを行っていくことで、保育の質の向上や園の機能の充実、また、地域や保護者との協力関係の構築につながっていく。

❋ **学習の確認** ❋

1．演習問題
　① さまざまな園の教育課程や、全体的な計画を集め、園の教育・保育理念や地域の特徴によって、どのような違いがあるのかを調べてみよう。
　② さまざまな園の指導計画を集め、各園の子ども観、保育観、保育内容や進め方の関連性について考えてみよう。
　③ 保育の評価の方法についてまとめてみよう。

2．キーワードのおさらい
　□ カリキュラム・マネジメント
　□ 保育の質の向上
　□ 教育課程・全体的な計画
　□ 長期指導計画と短期指導計画
　□ 記録と振り返りと評価

【引用・参考文献】
1）待井和江・高橋紀代香監、佐賀私立保育研究会編『私たちの指導計画の生かし方』佐賀私立保育園会　2002年
2）兵庫教育大学附属幼稚園『教育課程・指導計画』　2008年
3）林秀雄編『豊かな保育をめざす教育課程・保育課程』みらい　2008年
4）厚生労働省『保育所保育指針』フレーベル館　2017年
5）厚生労働省編『保育所保育指針解説書』フレーベル館　2017年
6）喜多明人・他『子どもの人権大辞典』エムティ出版　1997年
7）柴崎正行・戸田雅美編『教育課程・保育計画総論』ミネルヴァ書房　2001年
8）待井和江編『保育原理第6版』ミネルヴァ書房　2005年
9）無藤隆・柴崎正行・秋田喜代美『幼稚園教育要領の基本と解説』フレーベル館　2008年
10）無藤隆・民秋言『ここがかわった！NEW幼稚園教育要領・保育所保育指針ガイドブック』フレーベル館　2008年
11）文部科学省『幼稚園教育要領』フレーベル館　2017年
12）文部科学省『幼稚園教育要領解説書』フレーベル館　2017年
13）田中亨胤・佐藤哲也編『教育課程・保育計画総論』ミネルヴァ書房　2007年
14）瀧川光治「指導計画づくりに活かすための保育記録のあり方(1)―先行文献の整理を中心に―」『教育総合研究叢書』第4巻　2011年

第6章　保育の計画と保育の質の向上

15）広報みき「三木市幼保一体型計画案」
　www2.city.miki.lg.jp（検索日2015年8月）
16）田中亨胤・三宅茂夫編『子どものいまとみらいを考える　教育課程・保育課程論』
　みらい　2014年

● 子ども観が変わると接し方も変わる　―場面緘黙(かんもく)のNくん―

　緘黙児とは、心理的な原因によって口を聞かない子どものことを指します。多くの場合、家庭では話しているのに学校や人前では話さないというように、場面によって違いがあることから場面緘黙と呼ばれます。
　Nくんは年長児で、毎日幼稚園に登園して来ます。しかし、話さず、笑わず、歌わず、自分から遊ぼうとしません。常に無表情で、保育室で1日中立ったまま過ごしていることもあります。そんなNくんに保育者は「なんとか話をしてほしい、友だちと遊ぶ楽しさを知ってほしい」と、いろいろ試してみましたが、一向に効果はあらわれませんでした。
　そこで、クラスの子どもたちとNくんの「いいところ探しごっこ」をすることにしました。子どもたちがNくんのいいところを保育者に伝え、それを保育者は降園時に保護者にこまめに手紙にして渡すようにしてみました。
　すると、これまでNくんを「よい子に育てよう」とする思いが強過ぎ、そのことでかえってNくんをネガティブにとらえていたことに気づいた保護者は、手紙のやり取りを通して、ポジティブにNくんを受け入れることができるように変容していきました。次第にNくんは保護者に愛され、ありのままを受け入れられ、認められることで、安心してNくんらしく生きることを日々重ねていくことができるようになっていきました。
　その後、Nくんはみずから片づけを手伝い、お弁当を食べるのが遅い友だちには、肩をたたきながら励ましてあげる姿もみられるようになりました。Nくんの「できること」をみつけて大切にしていくことで、成長を支えていくことができたといえます。また、Nくんの育ちの実態と保育者の育ちへの願いが相互に絡み合い、そうしたことが保護者を変えていったといえます。まさに保育のあるべき姿をあらためて気づかせてくれた事例といえるでしょう。

第7章 子どもの健康と安全への配慮を考える

学びのポイント

❶子どもの健康や安全への配慮について理解する。
❷子どもの発育・発達を促し、健康を保持増進するためには、適切に栄養を摂取し、望ましい食生活が必要であることを学ぶ。
❸子どもの事故防止の必要性について学習する。

健康と安全の大切さをしっかり学ぼう

第1節　子どもの健康と運動遊び

1.──健康とは

　子どもの生活の多くは、遊びが占めるといわれる。そのため、子どもがのびのびと、意欲的に環境にかかわり満足感をもって生活するためには、健康であることが必須条件といえる。健康の定義については、世界保健機関憲章の前文[*1]（日本WHO協会仮訳）がよく用いられる。

> **世界保健機関憲章　前文**
> 　健康とは、病気ではないとか、弱っていないということではなく、肉体的にも、精神的にも、そして社会的にも、すべてが満たされた状態にあることをいいます。人種、宗教、政治信条や経済的・社会的条件によって差別されることなく、最高水準の健康に恵まれることは、あらゆる人々にとっての基本的人権のひとつです。

　つまり、子どもの健康づくりの取り組みには、彼らにしたいことができる体力がある、生理的機能がスムーズに働く、安定した精神状態である、自分の周囲の人と楽しく過ごすことができる人間関係をもてる、などの環境を整え、彼らの人格を尊重した、保育者のきめの細かい支援が必要となる。

＊1　世界保健機関 WHO（World Health Organization）は1948年に設置された国連の専門機関の一つである。WHOは、保健衛生の分野における問題に対し、広範な政策的支援や技術協力の実施、必要な援助等を行う。

2.――子どもの健康と生活リズム

(1) 子どもの健康と保育所保育指針

　保育における子どもの健康や安全について考えるには、それらと関連の深い領域「健康」のねらいや内容について理解しておく必要がある。

　保育所保育指針における領域「健康」のねらいは、「第1章 総則　1 保育所保育に関する基本原則　(2)保育の目標」の「(イ)健康、安全など生活に必要な基本的な習慣や態度を養い、心身の健康の基礎を培うこと」を具現化したものである。「第2章 保育の内容」のねらいと内容は、乳児保育、1歳以上3歳未満児の保育、3歳以上児の保育に分かれている。また、それは子どもが保育所において、安定した生活を送り、充実した活動ができるように、保育を通じて育みたい資質・能力を子どもの生活する姿からとらえたものである（図7－1）。

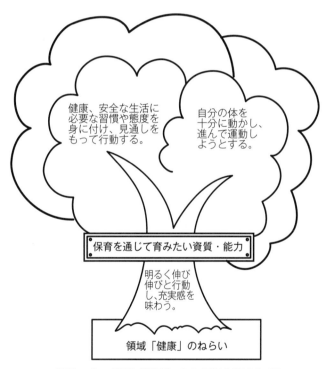

図7－1　領域「健康」の3歳以上児のねらい

(2) 生活リズムの大切さ

　乳幼児（0～6歳）を対象に、平日と休日における起床・就寝時刻の調査結果を図7－2に示した。それによると、起床時刻が「午前6時台」は平日

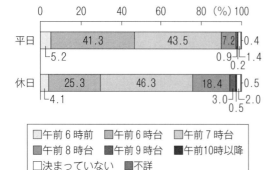
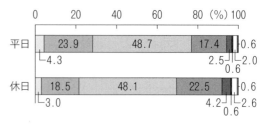

(注) 調査対象は、全国の平成27年5月31日時点で6歳4カ月未満の子どものいる世帯2,992世帯及び、その子ども3,936人。調査時期は平成27年9月、調査員が訪問の上保護者が回答した調査票を回収。年齢不詳等を除いた0～6歳児の保護者3,871人が回答。平成27年9月豪雨の影響により、茨城県内3地区は除く。

図7－2　乳幼児（0～6歳）の起床時刻と就寝時刻（平成27年度）

出典　厚生労働省雇用均等・児童家庭局母子保健課「平成27年度乳幼児栄養調査結果の概要」2016年

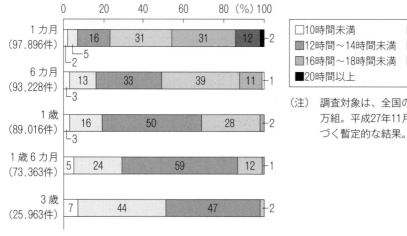

図7－3　乳幼児（0～3歳）の睡眠時間（平成27年）

出典　環境省「子どもの健康と環境に関する全国調査（エコチル調査）」2016年

*2　生体リズムとは、約1日を周期とする生物のもつ体内リズム（サーカディアンリズム）のことである。このリズムは本来25時間を周期としているが、生後に明暗などの環境要因により、われわれの生活時間、つまり24時間のリズムに同調していく。

で41.3％、休日が25.3％、「午前8時台」は平日が7.2％で、休日は18.4％であった。また、就寝時刻は「午後8時台」は平日が23.9％で、休日は18.5％、「午後10時台」は平日が17.4％で、休日は22.5％であった。生体リズム[*2]から理想的と考えられる休日の就寝時刻「午後8時台」は約19％にすぎなかった。つまり、乳幼児の休日の起床・就寝時刻は、平日に比べると遅寝遅起きであった。

乳幼児（0～3歳）の睡眠時間の調査結果（図7－3）は、1歳6か月の「12時間未満」の睡眠時間の子が約3割で睡眠不足であった。一般に1歳6か月の子は1日の全睡眠時間は13時間弱の睡眠が必要とされている。

第7章　子どもの健康と安全への配慮を考える

睡眠時間は月齢や個人差によってちがい、一人一人の欲求に応じて保障し、目覚めてから十分に遊び、食べ、排泄し、眠るという生体リズムを体で覚えることが必要である。そのためには、平日と休日の起床・就寝時刻を一定にして、毎日の積み重ねによって生活リズムを身につけることが大切となる。

文部科学省は「早寝、早起き、朝ごはん」をスローガンとして掲げている。起床後14時間を経過したころから睡眠ホルモンであるメラトニン[*3]が分泌され、そのピークが2時間後であることや、脳は24時間働き続けエネルギーを消費していることなどから考えると、「早寝、早起き、朝ごはん」運動の全国的な高まりは当然のことといえる。しかし、子どもの睡眠習慣の確立のためには、最近の社会経済情勢の著しい変化のなかで、働き盛りの親をどのように支援し、子どもだけでなく、おとなの健全な生活リズムをいかに取り戻していくかも課題である。

[*3] メラトニンとは、脳の松果体から分泌されるホルモンのことである。メラトニンの血液中濃度は昼に低く、夜に高くなりサーカディアンリズムを生み出す。メラトニンは、軽い睡眠作用と体温低下作用、体内時計の調節作用をもたらす。

3.──子どもの運動遊び

今日の子どもの遊びは、一人一人の子どもの発達に対して、必要かつ十分条件を満たしていない。子どもの走・跳・投の運動能力は低下傾向が続いている。さらに、運動機能を支える運動器官である趾（足の指）やあし（足・脚）の正常な発達や形成もきわめて悪化している。今日の子どもの運動遊びにおいて「群れ遊び」の機会が減少したことから、他の子どもやものによる不意な動きにより生じる、急に走る、急に止まる、急に方向を変える、踏ん張るなどの活動が少なくなり、趾が使われなくなっていることが指摘されている（原田，2002）。そのため、運動への興味や関心の薄い子には、動機を高め、運動遊びを誘発し、次第に群れて遊ぶことのできるような周囲の働きかけが必要となる。子どもの運動遊びは、子ども自らが積極的に事物や他者、自然環境、社会事象など周囲の環境との関わりをもたらし、心と体を十分に働かせて生活することによって心身の調和的な発達を促すから、欠くことのできないものである。

子どもの遊びには、図7－4のように四つの種類がある。なかでも、子どもの育ちには④の運動遊びが必要である。3歳までの子どもは、①や②のような遊びで運動能力点[*4]が伸びるが、4歳児以降になると長い階段登りやマラソンなどの「自分の体を自分で動かす遊び①②③」では、運動能力点が向上しないだけでなく、年齢を追うにしたがって運動能力点は低下していく。したがって、4歳児以降では「他の子どもによって動かされる遊び④」が多くならないと、子どもの発達は保障されない（図7－5）。

[*4] 運動能力点とは、走・跳・投の運動能力の実測値と月齢、身長とを同時に考慮した重回帰評価点のこと。

①手や足を使用する運動遊び

②固定遊具などで変形姿勢で巧みに体を動かす遊び

③音楽や物の動きに合わせて動く遊び

④他の子によって動かされる遊び
（鬼ごっこ、ドッジボール、相撲、押しくらなど）

図7－4　子どもの遊びの四つの種類
出典：原田碩三『健康』エデュケーション　1994年

近年の子どもの連続的な体力の低下から、子ども一人一人の成長や発達の特性、変化を見分けて、おとなの価値観の押しつけではなく、共通の興味をもつ仲間と積極的に考え、行動する子どもに育っていくための支援をすることが大切となる。

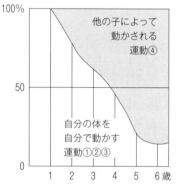

図7－5　子どもに必要かつ十分な運動遊び
出典：図7－4と同じ

第2節　子どもの食育

1.──子どもの食生活の現状

　今日の家庭では、いわゆるさまざまな「コ食」（孤食、個食、子食、かため食いの固食、小食、噛まなくてもよい粉食、味が濃すぎる濃食など）が増加傾向にある。「コ食」の食卓では、少ない料理数や栄養面の劣り、偏り、早食い、食欲不振などが生じやすい。それらに対しては、食事時刻を一定にす

第7章 子どもの健康と安全への配慮を考える

る、油脂類を少なくする、糖質に偏らない、間食は時間帯を考慮して食べるなどの改善が求められる。さらに、保育においては何でも食べる子どもをほめるなど、「なかま」を活用した集団保育の特性を生かしていくことである。ただし、アレルギー疾患児の食事には、専門医やかかりつけ医、管理栄養士などからの指導・指示を受け、除去食を提供するなどの配慮が必要である。

乳児の栄養状況や食生活においては、ベビーフードの使用が増加している。ベビーフードをよく使用している親は、その理由について、「離乳食をつくるのが面倒・苦痛」、「子どもが食べてくれる食べ物の種類が偏っている」などをあげている。調理に不慣れな保護者には支援が必要であり、手軽につくることのできる離乳食を紹介するなどの具体的なサポートが必要である。

今日、われわれの食生活は以前に比べて、米を主食とし、魚介類や野菜類、豆などの多様な食品を組み合わせ、良質のたんぱく質や糖質、食物繊維の多いバランスの摂れた発酵食品の多い和食が減少している。特に、子どもの好きな食べ物は、「オカアサンヤスメ」(オムライス、カレーライス、アイスクリーム、サンドイッチ、ヤキソバ、スパゲティ、メダマヤキ)といわれる洋風料理が中心で、これらは動物性脂肪の摂り過ぎによる肥満の原因になりやすい。子どもの好きな食べ物ばかりに偏らず、乳幼児期の発達に好ましい食べ物である「マゴハヤサシイ」(マ=マメ類、ゴ=ゴマ、ワ=ワカメなどの海藻類、ヤ=野菜、サ=魚介類、シ=シイタケなどきのこ類、イ=イモ類)の和風料理を工夫して摂取させることが大切である。

また、成人ではメタボリックシンドローム（内臓脂肪症候群）*5の人が増え、この症状をもつ多くの人は高脂血症や高血圧、糖尿病、肥満症、便秘症などが重なって、生活習慣病*6に移行する危険度が高い傾向にある。この症状は、いずれも食生活との関係が深く、成人期における生活習慣病の予防として、乳幼児期に健康的な食習慣の基礎を培うことが重要とされる。

2.──食育基本法と食育推進基本計画

(1) 食育基本法

近年、子どもの食生活をめぐる環境の変化における多様な問題が台頭してきた。「食」に関する考え方を改善するために、「食育」*7を総合的・計画的に推進し、現在および将来にわたる健康的で文化的な国民の豊かで活力のある社会を実現するために、食育基本法が2005（平成17）年に施行された。この法律では、食育を国や地方公共団体、国民をあげて家庭や学校、保育所、地域などを中心に、国民的運動として推進することとされている。

*5 メタボリックシンドロームとは、内臓脂肪の蓄積によりインスリンの働きの低下が起こり、糖尿病や高中性脂肪血症、高血圧などの動脈硬化の危険が、一個人に集積している状態で、近年、世界的に注目されている。

*6 1996（平成8）年に厚生省は「生活習慣病」という新しい疾病概念を提唱した。食習慣、運動習慣、休養、喫煙、飲酒などの生活習慣がその発症・進行に関与する症候群と定義される。

*7 食育の語源は明治期の「食物養成法」（石塚左玄、1898）である。この食育の定義は、「乳幼児からの健康づくりと食育の推進・啓発事業報告書」（厚生労働省、1999）に示されている。

この法律の前文において、子どもたちが豊かな人間性を育み、生きる力を身につけていくためには、何よりも「食」が重要であることを示している。また、食育は「生きる上での基本であって、知育、徳育及び体育の基礎となるべきもの」と位置づけられている。さらに、さまざまな経験を通じて、「食」に関する知識と「食」を選択する力を習得し、健全な食生活を実践することができる人間を育てることを推進することが求められている。特に、子どもに対する食育は、「心身の成長及び人格形成に大きな影響を及ぼし、生涯にわたって健全な心と身体を培い豊かな人間性をはぐくんでいく基礎となるものである」と記されている。以上のことから、子どもの食育が極めて重要視されていることがわかる。

(2) 食育推進基本計画

2006（平成18）年、食育基本法に基づく食育推進基本計画が策定された。この推進計画は、2006～2010（同18～22）年度までの5年間にわたり食育を推進してきた。この推進計画の結果を踏まえ、食育に関する施策を総合的かつ計画的に推進するために、2011～2015（同23～27）年度までの5年間について第2次食育推進基本計画が策定された。

しかし、特に若い世代では、朝食欠食の割合が高く、栄養バランスに配慮した食生活を送っている人が少なくない。また、ひとり親世帯、貧困の状況にある子どもに対する支援が重要な課題となっている。

これまでの食育推進の成果と食をめぐる状況や諸課題を踏まえつつ、2016～2020（同28～32）年度までの5年間について第3次食育推進基本計画が施策された。

食育の推進に関する施策の基本的な方針の重点課題の一つとして、家庭における「共食」を通じた子どもへの食育の推進を示している。家族が食卓を囲んで食事をとりながらコミュニケーションを図る共食は、食育の原点であり、子どもへの食育を推進していく時間と場である。家族との共食は、子どもに食卓を囲む家族の団欒（だんらん）による食の楽しさを実感させるとともに、食事のマナーやあいさつ、習慣等の食や生活に関する基礎の習得を促している。

この推進計画に示されている「食育の推進の目標に関する事項」は、次の通りである。

①食育に関心を持つ、②朝食又は夕食を家族と一緒に食べる（共食）、③地域等で共食したいと思う人が共食する割合を増やす、④朝食を欠食する国民を減らす、⑤中学校における学校給食の実施率を上げる、⑥学校給食における地場産物等を使用する割合を増やす、⑦栄養バランスに配慮した食生活を実践する国民を増やす、⑧生活習慣

病の予防や改善のためにふだんから適正体重の維持や減塩等に気をつけた食生活を実践する国民を増やす、⑨ゆっくりよく噛んで食べる国民を増やす、⑩食育の推進に関わるボランティアの数を増やす、⑪農林漁業体験を経験した国民を増やす、⑫食品ロス削減のために何らかの行動をしている国民を増やす、⑬地域や家庭で受け継がれてきた伝統的な料理や作法等を継承し、伝えている国民を増やす、⑭食の安全性について基礎的な知識を持ち、自ら判断する国民を増やす、⑮推進計画を作成・実施している市町村を増やす。

　食育については、家庭や学校、保育所、事業者、地域（保健所、医療機関、農林水産の生産、食品の製造・加工・流通現場）などだけでなく、あらゆる機会と場所を利用して、その推進に関する施策や活動に協力するように努めることが大切である。

3. 保育所における食育

　就労する母親の増加に伴い、以前に比べて低年齢時から保育所で過ごす子どもが増加している。今日の子どもの食生活には、夜型生活の習慣化による生活リズムの乱れと朝食の欠食、不規則な間食摂取、夜食摂取の習慣化、偏食、食事体験の貧弱化などのさまざまな問題が指摘されている。特に、生活の大半を保育所で過ごす子どもには、提供される食事やおやつの質、摂取量が配慮されなければならない。

　「保育所における食育に関する指針」（2004年）は、1999（平成11）年の保育所保育指針に準拠し、保育所での具体的な食育の内容を検討して取りまとめられたものである。この総則において、「食事は空腹を満たすだけでなく、人間的な信頼関係の基礎をつくる営みでもある。子どもは身近な大人からの援助を受けながら、他の子どもとの関わりを通して、豊かな食の体験を積み重ねることができる。楽しく食べる体験を通して、子どもの食への関心を育み、『食を営む力』の基礎を培う『食育』を実践していくことが重要である」と明記されている。

　さらに、食育は保育所保育指針を基本とし、「食を営む力」の基礎を培うことを目標として実施されている。食育の実施は、家庭や地域社会と連携を図り、保護者の協力のもと、保育士や調理員、栄養士、看護師などの全職員が、その有する専門性を活かしながら、ともに進めることが重視される。また、保育所は地域の子育て支援の役割も担うことから、在宅の子育て家庭の子どもの「食」

ままごと遊びも食育につながる

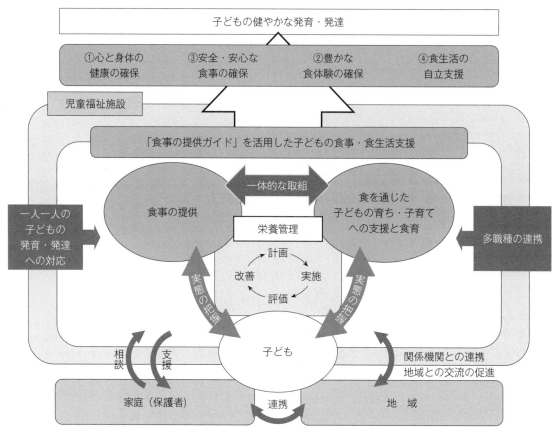

図7-6　子どもの健やかな発育・発達を目指した食事・食生活支援
出典：厚生労働省雇用均等・児童家庭局母子保健課「児童福祉施設における食事の提供ガイド」2010年

に関する相談・助言を行うよう努めることも記されている。

　2010（同22）年に厚生労働省雇用均等・児童家庭局母子保健課により「児童福祉施設における食事の提供ガイド－児童福祉施設における食事の提供及び栄養管理に関する研究会報告書－」が取りまとめられた。

　児童福祉施設における食事の提供及び栄養管理は、子どもの健やかな発育・発達をめざし、子どもの食事や食生活を支援していくという視点で、食事提供と食育を一体として取り組み、栄養管理を行なっていくことが大切である。

　図7-6に示した「子どもの健やかな発育・発達をめざした食事・食生活支援」の概念図のように、保育所は「①心と体の健康の確保」「②安全・安心な食事の確保」「③豊かな食生活の確保」「④食生活の自立支援」をめざした子どもの食事・食生活の支援を行ない、子どもの健やかな発育・発達に資することが重要である。この実施に際しては、実態把握の結果をふまえ、PDCAサイクル「計画（Plan）－実施（Do）－評価（Check）－改善（Action）」

に基づき実施されることが重要である。

第3節　子どもの安全教育と事故防止

1.──安全教育と事故の発生

　入園当初の子どもは、おとなの予期できない行動をとる場合もあり、子どもに危険な場所や遊び方などを知らせ、あらかじめ保育者がさまざまな情況を予測して、安全の確保に配慮する必要がある。また、保育者とともに行動しながら、遊びのなかで子どもなりに安全について考え、気をつけて行動することができるように指導する。さらに、保育者による交通安全指導や避難訓練[*8]などは、日常的に指導を積み重ねることによって、子どもが安全な行動の仕方について理解していくことをめざしていく。

　子どもの事故の発生場所は、保育所・幼稚園ともに園外では少なく、ほとんどが園内での保育中に発生している。また、その場所は、園舎内が半数以上を占めており、内訳では保育所・幼稚園ともに保育室が最も多く、遊戯室、廊下などと続く。園舎外では遊戯施設が最も多い。

　近年、5歳以上の子どもの死亡原因の第1位は、「悪性新生物」である（表7-1）。「不慮の事故」とは自動車による交通事故、落下・転落による事故、熱（火）傷、窒息などによるもののことである。

*8　避難訓練を実施する際には、地震のほかに、火災、台風、水害、大気汚染などの災害発生当初の1次的な避難場所について決定しておくことが必要である。さらに、安全な2次的な避難場所などを定め、そこへの避難方法を検討し、保護者や医療機関との連絡方法をあらかじめ定めておくことも重要である。

表7-1　わが国の子どもの死因順位（0〜9歳）

	0歳	1〜4歳	5〜9歳
第1位	先天奇形等	先天奇形等	悪性新生物
第2位	呼吸障害等	不慮の事故	不慮の事故
第3位	乳幼児突然死症候群	悪性新生物	先天奇形等
第4位	出血性障害等	肺炎	心疾患
第5位	不慮の事故	心疾患	肺炎

出典：厚生労働省大臣官房統計情報部「人口動態統計」2015年

表7-2　不慮の事故の死因別死亡数の推移

（人、％）

年齢	交通事故	転倒・転落	煙、火及び火災への曝露	溺死及び溺水	窒息
0	3（3.7）	1（1.2）	1（1.2）	4（4.9）	69（85.2）
1〜4	37（33.9）	10（9.2）	3（2.8）	27（24.8）	29（26.6）
5〜9	37（42.5）	7（8.0）	4（4.6）	29（33.3）	7（8.0）

出典：厚生労働省大臣官房統計情報部「人口動態統計」2015年

表7-3 潜在危険の区分と例

潜在危険	環境	突き出ている、へこんでいる、高すぎる、低すぎる、浅すぎる、深すぎる、大きすぎる、小さすぎる、見えにくい、錯視しやすい、なめらかすぎる、凹凸がある、透明である、不透明、目立たない、障害物がある　など
	服装	肌を露出しすぎる、くるみすぎる、長すぎる、短すぎる、履き物が脱げやすい、脱ぎにくい、履き物の底が薄すぎる・高すぎる、素足、両手に荷物をもつ、両手をポケットに入れて、鋭い尖ったアクセサリーなど
	行動	粗暴、無知と機能未発達による、無知と好奇心による悪戯の、規則違反の、正常な手順を踏まない自己流の、無知と誤解による、誤認や錯覚による　など
	心身の状態	一事に熱中する、注意散漫、異常な興奮、眠気、物思い、悩み、不安、恐怖、心身の疲労困憊　など

出典：『保育所における事故防止・安全保育』社会福祉法人日本保育協会　2003年

　子どもの事故原因の内訳は、表7-2で示したように、0歳児では窒息が最も多く、交通事故、溺死および溺水等の順であった。1〜4歳では交通事故、窒息、溺死および溺水、5〜9歳児では交通事故、溺死および溺水が多かった。

　負傷の箇所は、顔部、上腕部、頭部と上半身が多いが、これは乳幼児の体型が原因である。身長に対して頭の割合が大きいことで重心が高くなり、足の指の力を強化する土踏まずの形成が未発達のため転倒しやすいのである。

　事故は、子どもの置かれた周囲の環境によって発生する。事故の原因について、表7-3のように、潜在危険の区分を「環境」「服装」「行動」「心身の状態」の四つに大別する見方がある。潜在危険とは、事故が発生するまで当事者（乳幼児にとっては保護者や保育者を含む）に気づかれずに隠れ潜んでいて、事故にあって初めて顕在化する（気づかれる）事故の発生原因のことを指す。

2. 保育所における健康と安全

(1) 健康及び安全に支えられた生活

　保育所保育指針の「第3章　健康及び安全」では、「子どもの健康及び安全の確保は、子どもの生命の保持と健やかな生活の基本であり、一人一人の子どもの健康の保持及び増進並びに安全の確保とともに、保育所全体における健康及び安全の確保に努めることが重要となる」と示されている。

　保育は、「健康と安全」を欠いては成立しないこと、「生命の保持」と「情緒の安定」の養護的機能を十分に果たしていくことが求められている。そのためには、施設長の責務のもとに、全職員が共通した認識をもつことが必要である。

今日では、子どものけがに関する苦情が多いため、事故の起こりやすい滑り台を廃止したり、日常の遊びもけがに結びつきやすい鬼ごっこやドッジボール、相撲などを規制したりするなど、室内の活動を多くすることで、園内の事故を未然に予防しようとしている保育所もある。しかし、安全な生活をさせるための過保護や、危険から遠ざけたり叱責したりするだけでは、子どもの危険を克服する能力は育たない。

(2) 安全教育と事故防止

子どもの遊びを規制して事故を防ごうとするのではなく、子ども自らが健康と安全に関する知識と技術を身につけていくためには、きめ細かな保育者などの支援が求められる。

保育所保育指針の「第3章 健康及び安全 3 環境及び衛生管理並びに安全管理 (2)事故防止及び安全対策」として、次の三項目があげられている。

保育所保育指針

第3章
ア　保育中の事故防止のために、子どもの心身の状態等を踏まえつつ、施設内外の安全点検に努め、安全対策のために全職員の共通理解や体制づくりを図るとともに、家庭や地域の関係機関の協力の下に安全指導を行うこと。
イ　事故防止の取組を行う際には、特に、睡眠中、プール活動・水遊び中、食事中等の場面では重大事故が発生しやすいことを踏まえ、子どもの主体的な活動を大切にしつつ、施設内外の環境の配慮や指導の工夫を行うなど、必要な対策を講じること。
ウ　保育中の事故の発生に備え、施設内外の危険箇所の点検や訓練を実施するとともに、外部からの不審者等の侵入防止のための措置や訓練など不測の事態に備えて必要な対応を行うこと。また、子どもの精神保健面における対応に留意すること。

安全教育を実践するには、子ども一人一人の月齢や発達過程、体格や運動能力、あるいは依存性や注意力、判断力などといった、心身の発達に個人差があることに考慮しなければならない。

たとえば、遊び場の危険を判断する、予測する、回避する能力は、0歳児には獲得されていない。また保育のなかで、絵本や物語、紙芝居、ペープサート、パネルシアター、人形などを用いた話、警察署や消防署の協力・指導による交通安全や災害時の避難訓練等に関する説明が理解できるようになるには、言語の発達や実際の生活体験の積み重ねが必要となる。このように、乳児や低年齢の幼児には、言葉による援助や指導が理解されにくいので、保育者が危険な物を取り除き、おとながモデルとなって身をもって危険について教えることも必要である。2歳ごろになると、言語や社会性などの発達、さまざまな体験に伴って、しだいに保育者の言葉による安全教育も可能となる。

さらに保育者の語りかけだけでなく、子ども同士の話し合いや遊びを通して、安全な生活態度を培っていくことも大きな意味をもつ。

(3) 家庭との連携

特に4、5歳以降に交通事故に遭うことが増加することから、保育所での生活安全や交通安全については、安全に関する保育の目標や内容等において、保護者の理解や協力を得ながら進めることが必要となる。というのは、保護者の子どもの事故防止に対する認識、安全に行動できるための習慣や態度の形成にかかわる養育態度、日々の通園時における交通安全への配慮などが関係しており、家庭との協力や連携が不可欠となる。

また、災害についても、自然災害（地震、津波、暴風雨、豪雨、豪雪、火山活動など）や非常災害（火災など）が発生したときに、危険を避けることや避難の仕方について理解し、安全に行動できるように、災害に備えた訓練にかかわる家庭の協力や地域の連携が大切なものとなる。防災備蓄としては、水、食料、卓上コンロ、ガスボンベ、ラジオ、懐中電灯、紙おむつ、乾電池などを取り出しやすい場所に保管し、季節や子どもの成長に合わせて定期的なチェックをし、備えることが重要である。

(4) 危機管理

予測できない災害に対しては、日頃から有効な危機管理がなされていることが重要である。万が一災害が生じた場合に、職員がどのようにそれらに対応するかなどのマニュアルやシステムづくりをするなども必要となる。災害の発生時の行動のポイントは、自分と子どもの身を守る、出口の確保、火の始末、正しい情報などを挙げて、防災に取り組んでいかなければならない。それらに基づいて、定期的に周囲の関係者や関係機関とも連携して訓練を重ねることも肝要である。

また、子どもたちが緊急事態（不審者の侵入や火災、地震、津波、重人事態など）に遭遇した場合には、強い恐怖感や不安感を抱き、情緒的不安定（心的外傷後ストレス障害[9]：Post Traumatic Stress Disorder：PTSD）になることもありうる。そうした際には、必要に応じて小児精神科医や臨床心理士等によるケアを受けるなど、子どもと家族に対する精神保健面への配慮をすることも必要となる。

外部からの不審者等の侵入防止などについては、必要に応じて防護柵や防犯カメラの設置など、日ごろからの備えが不可欠である。ほかにも、誘拐などを防止するために、日々の子どもの送迎を必ず保護者が行うことを原則と

---

[9] 心的外傷後ストレス障害（PTSD）とは、阪神・淡路大震災を体験した人の間に、震災が起きた時刻になると急に不安症状が繰り返しおそってくるなどの症例から、わが国でも有名になった神経症の一種である。

第7章 子どもの健康と安全への配慮を考える

し、都合によりその他の家族などが行う場合には、保護者が事前に保育所に直接連絡するなどの、保護者の理解と連携が求められる。

✣ 学習の確認 ✣

1．演習問題
① 子どもの発達にふさわしい運動遊びを大きく四つに分けて説明してみよう。
② 乳幼児の発達に好ましい食べ物について、話し合ってみよう。
③ 食育のねらいについて、整理してみよう。
④ 安全教育を実践するときに考慮する点について、考えてみよう。

2．キーワードのおさらい
□ 「健康」の定義
□ 生活リズム
□ 運動遊び
□ 食育
□ 安全教育と事故防止

【引用・参考文献】
1）今村榮一・巷野悟郎編『新・小児保健』診断と治療社　2002年
2）厚生労働省『保育所保育指針解説書』2008年
3）社会福祉法人日本保育協会『保育所における事故防止・安全保育』2003年
4）全国保育連絡会・保育研究所『保育白書』ひとなる書房　2011年
5）高野陽・中原俊隆『乳幼児保健活動マニュアル』文光堂　2007年
6）恩賜財団母子愛育会愛育研究所『日本こども資料年鑑2017』KTC中央出版　2017年
7）厚生労働省雇用均等・児童家庭局母子保健課「児童福祉施設における食事の提供ガイド」2010年
8）原田碩三『子ども健康学』みらい　2004年
9）厚生労働省大臣官房統計情報部「平成25年人口動態統計」2013年
10）内閣府「第2次食育推進基本計画」2011年
11）厚生労働省「第3次食育推進基本計画」2016年
12）無藤隆・汐見稔幸・砂上史子『ここがポイント！ 3法令ガイドブック－新しい「幼稚園教育要領」「保育所保育指針」「幼保連携型認定こども園教育・保育要領」の理解のために－』フレーベル館　2017年

●「群れ遊び」のススメ

　われわれヒトの発達は、上から下へ、中心から末端へという法則があり、退歩はこの反対の順序をたどるとされます。健全な発達にとって、運動遊びは欠かすことのできないものです。

　近年問題となっている子どもの運動能力の低下や体のゆがみは、骨を支えて動かす筋力の低下に起因していると考えられます。足の趾力や脚力、指力、握力、背筋力、肺機能など、すべての器官の力が弱くなっており、走・跳・投の全身的な運動能力も低下がみられます。さまざまな原因が考えられますが、一つには"遊びの変化"があります。子どもたちは戸外で活発な群れ遊びをしなくなり、静的な活動の時間が多くなりました。これは子どものせいではありません。群れ遊びには、仲間・空間（場所）・時間・間（ゆとり）の「四間」が必要であるため、それを支える環境が失われているためです。

　園において発達を保障するためには、保育者が群れ遊びへと誘導していくことが特に大切です。活発な群れ遊びは、筋力や神経機能、心肺機能を高めます。食欲を増進し、排便を促進し、寝つきを良くし就寝を適正な時間へと導きます。さらに、ストレスを発散し、子ども同士の信頼関係が深まり、結果として遊びが継続し、発展していくようになります。群れ遊びは、人間としての基礎的な能力と、人間らしい基礎を培ってくれるのです。ぜひ群れ遊びを推奨していただきたいと願っています。

第8章 多様化する保育ニーズを理解する

学びのポイント

❶女性の子育てと仕事の両立を支えるものは何かを考えよう。
❷子どもの立場、保護者の立場、保育所の立場を考えてみよう。
❸今、保育の現場に求められていることは何かを把握しよう。

子どもの保護者や家庭にも目を向けてみよう

第1節　多様化する保育ニーズ

　女性の社会進出は目覚ましく、現代の社会にとって働き手としての女性は各職場において、なくてはならない存在となっている。結婚し、子どもを生んで、子育てをしながら仕事をすることは、現在ごく普通のこととなっている。1980（昭和55）年以降、共働き世帯は増え続けており、1997（平成9）年以降は、共働き世帯が仕事をもっていない主婦のいる世帯を上回った（図8－1）。しかし、現在若い保護者が、子育てをしていくためにはさまざまな問題点がある。表8－1はその一例である。

　このような状況のなかで、働く保護者にとっては、子どもを信頼して預けることのできる人が身近にいないことが多く、保育所が大切な子育て支援の場となっている。

　保護者のニーズに応えるため、国は1994（同6）年に子育てと仕事の両立等のための「エンゼルプラン」を示し、その後も「新エンゼルプラン」「子ども・子育て応援プラン」「子ども・子育てビジョン」等の少子化対策を出し、2015（同27）年からは「子ども・子育て支援新制度」を発足して対策に取り組んでいる[*1]。なかでも、保育所にはこのような家庭を支援するための大きな役割が課せられている。

　働く保護者を支援するためには、低年齢児からの保育が必要であり、乳児

*1　第9章の図9－1（p.180）を参照。

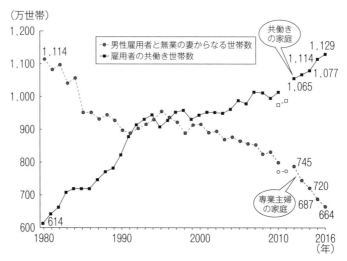

（備考）1．1980年から2001年までは総務省「労働力調査特別調査」（各年2月。ただし、1980年から1982年は各年3月）、2002年以降は総務省「労働力調査（詳細集計）」（年平均）より作成。「労働力調査特別調査」と「労働力調査（詳細集計）」とでは、調査方法、調査月等が相違することから、時系列比較には注意を要する。
2．「男性雇用者と無業の妻からなる世帯」とは、夫が非農林業雇用者で、妻が非就業者（非労働力人口及び完全失業者）の世帯。
3．「雇用者の共働き世帯」とは、夫婦共に非農林業雇用者の世帯。
4．2010年及び2011年の数値（白抜き表示）は、岩手県、宮城県及び福島県を除く全国の結果。

図8－1　共働き等世帯数の推移

出典：内閣府「平成29年版男女共同参画白書」2017年（一部改変）

表8－1　子育てに関するさまざまな問題点

少子化	子ども同士で育ち合う・助け合う機会が少ない。
核家族化	両親と子どものみの家族構成となり、祖父母等の子育ての知恵が伝承されにくい。困ったときに子どもを預ける身近な人が近くにいない。
住宅の高層化・密閉化	隣近所とのかかわりが薄く、困ったときに知恵を借りたり、援助を受けたりしにくい。
地域の教育力の低下	少子化を含め、子ども会等が成立しにくくなっている。したがって、子どもが地域で異年齢の子どもたちと育ち合う機会が非常に少ない。同時に保護者は、地域の子育て経験者の支援が受けにくい。

出典：筆者作成

　保育の一層の充実が求められるところである。さらに、障害児をもつ保護者への支援も求められている。保育所には、そのような保護者のニーズに応え、子育て支援を含め多様な保育を展開させていくことへの社会的要請がある（表8－2）。

　本章では延長保育や一時預かり（預かり保育）、休日保育、病児保育などの多様な保育サービスについて、また、保育所における障害児への配慮や保護者への対応について述べる。さらに、乳児保育とともに待機児童についても考えていくことにする。

第8章 多様化する保育ニーズを理解する

表8-2 子育てに当たって利用したい制度

(%)

	産前・産後休業制度（通常の有給休暇とは別に、新たに生まれた子（養子を含む）の養育を目的として一定期間仕事を休業する制度）	育児休業制度	父親休暇制度（父親のみに対して、一定期間与えられた休暇制度）	短時間勤務制度（1日の勤務時間を所定労働時間よりも短くして働くことができる制度）	テレワーク・在宅勤務（情報通信技術を活用した、場所や時間にとらわれない働き方・自宅を就業場所とする働き方）	子供の看護のための休暇制度	保育所（認可以外の保育所・保育園等を含む）	保育ママ・ベビーシッター
日本	3	1	3	2			5	
2015年（448人）	27.0	32.8	27.0	29.2	9.6	21.7	24.3	4.5
フランス	1	5					4	3
2015年（426人）	41.1	29.6	22.1	24.6	10.1	24.6	30.8	31.0
スウェーデン		1				3	2	
2015年（366人）	56.8	88.0	60.4	51.9	38.3	73.2	78.1	15.0
イギリス	1		4	4			3	
2015年（470人）	43.8	17.7	30.0	30.0	9.4	4.3	30.6	23.8

	企業が従業員のために作った託児所	幼稚園	放課後児童クラブ	地域における子育て支援サービス（ファミリーサポート、つどいの広場など）	その他	特にない	わからない	回答計
日本								
2015年（448人）	10.9	15.4	13.6	12.5	−	12.5	0.9	242.0
フランス		2						
2015年（426人）	9.9	35.7	28.6	5.2	0.2	9.9	0.9	304.2
スウェーデン		5	4					
2015年（366人）	4.4	65.3	67.5	41.5	1.1	1.1	−	642.6
イギリス		2						
2015年（470人）	5.7	38.3	27.0	4.7	0.4	12.3	1.1	279.1

出典：内閣府子ども・子育て本部「平成27年度少子化社会に関する国際意識調査報告書」2016年

第2節 多様化する保育の形態と地域子ども・子育て支援事業

　保育所の子育て支援には二つの役割がある。一つは、もちろん入所している子どもとその保護者への支援である。もう一つは、専門家集団としての、子育ての理論とその機能を利用した地域の未就園児とその保護者に対する支援である。その両方を実践するために、保育所では、さまざまな取り組みが展開されている。
　これらの取り組みは、子ども・子育て支援新制度では「地域子ども・子育

表8－3　地域子ども・子育て支援事業の概要

事業名	内容
①利用者支援事業	子どもや保護者の身近な場所で、教育・保育施設や地域の子育て支援事業等の利用について情報収集を行うとともに、それらの利用に当たっての相談に応じ、必要な助言を行い、関係機関等との連絡調整等を実施する事業
②地域子育て支援拠点事業	家庭や地域における子育て機能の低下や、子育て中の親の孤独感や負担感の増大等に対応するため、地域の子育て中の親子の交流促進や育児相談等を行う事業
③妊婦健康診査	妊婦の健康の保持及び増進を図るため、妊婦に対する健康診査として、①健康状態の把握、②検査計測、③保健指導を実施するとともに、妊娠期間中の適時に必要に応じた医学的検査を実施する事業
④乳児家庭全戸訪問事業	生後4か月までの乳児のいるすべての家庭を訪問し、子育て支援に関する情報提供や養育環境等の把握を行う事業
⑤ ・養育支援訪問事業	乳児家庭全戸訪問事業などにより把握した、保護者の養育を支援することが特に必要と判断される家庭に対して、保健師・助産師・保育士等が居宅を訪問し、養育に関する相談支援や育児・家事援助などを行う事業
・子どもを守る地域ネットワーク機能強化事業(その他要保護児童等の支援に資する事業)	要保護児童対策地域協議会（子どもを守る地域ネットワーク）の機能強化を図るため、調整機関職員やネットワーク構成員（関係機関）の専門性強化と、ネットワーク機関間の連携強化を図る取組を実施する事業
⑥子育て短期支援事業	母子家庭等が安心して子育てしながら働くことができる環境を整備するため、一定の事由により児童の養育が一時的に困難となった場合に、児童を児童養護施設等で預かる短期入所生活援助（ショートステイ）事業、夜間養護等（トワイライトステイ）事業
⑦子育て援助活動支援事業（ファミリー・サポート・センター事業）	乳幼児や小学生等の児童を有する子育て中の労働者や主婦等を会員として、児童の預かり等の援助を受けることを希望する者と当該援助を行うことを希望する者との相互援助活動に関する連絡、調整を行う事業
⑧一時預かり事業	家庭において一時的に保育を受けることが困難になった乳幼児について、保育所、幼稚園その他の場所で一時的に預かり、必要な保護を行う事業
⑨延長保育事業	保育認定を受けた子どもについて、通常の利用日及び利用時間以外の日及び時間において、保育所等で引き続き保育を実施する事業
⑩病児保育事業	病気の児童について、病院・保育所等に付設された専用スペース等において、看護師等が一時的に保育等を行う事業
⑪放課後児童健全育成事業（放課後児童クラブ）	保護者が労働等により昼間家庭にいない小学校に就学している児童に対し、授業の終了後等に小学校の余裕教室や児童館等において適切な遊び及び生活の場を与えて、その健全な育成を図る事業
⑫実費徴収に係る補足給付を行う事業	保護者の世帯所得の状況等を勘案して、特定教育・保育施設等に対して保護者が支払うべき日用品、文房具その他の教育・保育に必要な物品の購入に要する費用又は行事への参加に要する費用等を助成する事業
⑬多様な主体が本制度に参入することを促進するための事業	新規参入事業者に対する相談・助言等巡回支援や、私学助成（幼稚園特別支援教育経費）や障害児保育事業の対象とならない特別な支援が必要な子どもを認定こども園で受け入れるための職員の加配を促進するための事業

出典：内閣府「地域子ども・子育て支援事業について」2015年

第8章　多様化する保育ニーズを理解する

て支援事業」として取りまとめられた（表8－3）。以下、「地域子ども・子育て支援事業」をはじめ、主だった取り組みをみていく。

1.──延長保育

　延長保育とは、保育所が通常の保育時間を超えて保育することである。
　「児童福祉施設の設備及び運営に関する基準第34条」に「保育所における保育時間は、1日につき8時間を原則とし、その地方における幼児の保護者の労働時間その他家庭の状況等を考慮して、保育所の長がこれを定める」とされている。しかし、現在の男女共同参画社会のなかでは、女性も男性と同様の就労が求められ、一般的に勤務時間は8時間前後であることから、通勤時間を含めるとこの保育時間では実態にそぐわないことになる。その後、厚生省（当時）は保護者の要求に応える形で、1981（昭和56）年の通達で「通常の開所時間は午前7時から概ね午後6時頃まで」とした。さらに、この時間帯以上に保育時間を伸ばすことを延長保育という。
　保育所保育指針の「第1章　総則　3　保育の計画及び評価」には「長時間にわたる保育」の説明があり、「長時間にわたる保育については、子どもの発達過程、生活のリズム及び心身の状態に十分配慮して、保育の内容や方法、職員の協力体制、家庭との連携などを指導計画に位置付けること」とある。つまり、保育所では延長保育を受ける子どもの気持ちを考慮して、保育に対して工夫や配慮を凝らす必要があることが示されている。
　子ども・子育て支援新制度においては、延長保育の方法として次の二つが示されている（表8－4）。

表8－4　延長保育の種類

一般型	保育所、認定こども園、小規模保育事業所、家庭的保育事業所、事業所内保育事業所、駅前等の利便性の高い場所、公共的施設の空き部屋など適切に事業ができる施設で実施。
訪問型（新規）	居宅訪問型保育事業利用児童や障害児等への対応を充実させるため、当該児童の居宅で実施。

出典：筆者作成

(1)　だんらんとゆとりをもった保育を

　延長保育を受ける子どもは、保育所で半日あまりを過ごすこととなる。保育時間が長くなればなるほど、通常の保育時間内でも子どもの心身にゆとりをもたせることが必要になるが、なおさら延長保育では、ゆったりと家庭的雰囲気で過ごすことが基本となる。疲れがたまると事故につながりかねない

ため、余裕をもった計画のなかで、午睡を
しっかりさせたり、のんびりと過ごす時間
を十分とったりすることが求められる。

　延長保育に入った時間帯では、特に１日
の疲れも考慮に入れて、配慮の行き届いた
対応が求められる。また、次第に子どもた
ちが家路につきはじめ、人数も少なくなっ

のんびり過ごせるよう配慮が必要

ていくときの残った子どもの気持ちを考慮し、保育士が一人一人により温か
く関わるなどの配慮が必要になる。

(2)　職員の協力体制

　保育標準時間は11時間（保育短時間で８時間である）で、それ以後の延長
保育を受けることになれば、当然子どもを受け入れる朝の保育士と帰りに送
り出す保育士は異なってくる。担当する保育士は、途中で引き継ぎをするこ
とになるが、子どもに不安を与えるようなマイナスの影響がないように配慮
する必要がある。その日の子どもの体調や成長・発達の様子、遊びや生活の
様子について記録等をしっかりとり、それらをもとに引き継ぎをし、保育士
が入れ替わることで子どもの心や生活に好ましくない変化が起きないように
することが大切である。仮に、子どもの心に何か変化があれば、それを見逃
さず適切に対応することが求められる。

(3)　家庭との連携

　子どもを預けている保護者は、安心しているとはいえ心のどこかで子ども
のことを絶えず気にかけているものである。延長保育となると、さらに気に
なるものである。保護者が子どもの状況を把握し、安心して仕事に従事でき、
気持ちよく子どもを迎えに来ることができるようにするためには、密接な連
携が大切となる。朝は保護者からの連絡をゆとりをもって受け、帰りには保
育中の子どもの生活や心身の状態を記録をもとに、きちんと保護者に伝える
ことが基本である。また、家庭から保育所、保育所から家庭への移動が、子
どもの気持ちに負担にならないようにすることも大切である。以上のような
配慮を細やかに行うことが、長時間保育所で過ごす一人一人の子どもの健や
かな成長や温かな心を育むことになる。

　家庭との連携を構築していくためには、保育所や保育士は、まず保護者の
信頼を得ることが大切で、普段から保護者と互いに心を開いてコミュニケー
ションのとれる状態をつくっておくことである。

2. ── 一時預かり事業

　入所はしていないが、家庭において保育を受けることが一時的に困難になった乳幼児を、保育所、幼稚園、認定こども園で、一時的に預かる事業である（幼稚園の「預かり保育」についてはp.167で解説する）。

　2015（平成27）年に今までの事業を見直し、次のような仕組みに再編された（表8－5）。保育所と幼稚園が実施してきた従来の一時預かり、預かり保育を拡充したもので、利用方法において大きな変化はないが、新しく「訪問型」が創設された。訪問型は、家庭でゆとりをもった時間のなかで保育者との1対1の対応になる。

表8－5　一時預かり事業の類型

一般型	保育所や地域子育ての拠点となる施設において、主に在園していない乳幼児を一時的に預かる事業。安全性の問題も含め、資格をもった保育者が従事することになるが、補助的には一定の研修を受けた者も従事することができる。
余裕活用型	保育所等において利用児童数が定員に達していない場合に、定員の範囲内で一時預かりを実施する事業。
幼稚園型	幼稚園、認定こども園で保育後に在園児を主な対象として一時預かりを実施する事業。
訪問型	児童の居宅において一時預かりを実施。過疎地域や障害児等に対応できる体制として充実をめざす。

出典：内閣府・文部科学省・厚生労働省「子ども・子育て支援新制度ハンドブック　施設・事業者向け」2014年をもとに筆者作成

3. ── 休日保育

　女性を含めた人々の働き方は多様化している。24時間営業のコンビニエンスストアをはじめ、サービス業やレジャー産業などを含め、日曜・祝日に忙しい職種も多い。もちろん、そこで働く保護者も少なくなく、そこで必要になるのが休日保育である。

　2011（平成23）年3月、東北地方を未曾有の地震と津波が襲った。東日本大震災である。このとき福島の原子力発電所が大きく破壊され、各地が電力不足に陥った。暑い夏場に入り、冷房をはじめ電力が一時的に多量に消費されることが見込まれたため、電力会社からの節電要請に応えて自動車産業を筆頭に多くの企業が、7～9月を中心に土・日曜稼動、木・金曜休業を行った。このとき問題になったのが「子どもたちをどうするか」ということであった。経済団体から厚生労働省に休日保育や延長保育の実施が要請され、各自治体が休日保育等の拡充をして対応したという実績がある。

(1) 利用方法

　休日保育とは、保護者の勤務等により保育を必要とする場合を対象に、通常保育所が休みとなる日曜、祝日に実施される保育のことで、年末年始に開所しているところもある。その自治体等の管轄する認可保育所に入所していることを条件としている場合が多く、対象年齢や保育時間は、おおむね通常の保育と同じで、事前に予約申し込みを必要とする。

　ある市では、開所している保育所に毎回電話で予約申し込みをすることとなっており、定員を上回る申し込みがあるという。しかし、当日のキャンセルもあり、実質は8割ぐらいの利用率ということである。

(2) 職員の配置

　上記の市のある保育所では、1日の休日保育の定員は10人で、正規職員1人と臨時職員2人の計3人の保育士が保育にあたっている。園内のことを熟知していることや責任の所在という点から、休日以外にも勤務をしている正規職員である保育士が、必ず1人交代で休日保育にあたることになっている。このような変則的な交代勤務から、休日保育を担当する保育士の勤務実態は非常に複雑なものになる。また、続けて利用する子どももいるため、毎回違う保育士ばかりでは子どもを不安定にしてしまうという配慮から、休日保育専任の臨時職員はいつも同じ保育士を任用しているとのことである。

(3) 保育の内容

　休日以外の通常の日の保育に引き続いて利用する子どももいるため、通常の保育よりもゆったりと過ごせるように配慮する必要がある。保護者は日曜日以外に休日をとっている場合もあるが、子どもは状況によっては休日なしで来所している場合も想定される。園庭等でのんびり遊んだり、眠いときには自由に午睡をしたり、一人一人の体調にあわせ、家庭で日曜日を過ごすような雰囲気の保育を心がける必要がある。なかには、昼食を子どもとともにつくりながら、より家庭的雰囲気を大切にしているところもある。

　休日保育を実施している保育所は、まだ限られているため、その周辺の地域からの申し込みを受け付けている場合もある。そのため、普段は別の保育所に通っている子どもも含まれている。そこで、休日保育は普段から実施園に通っている子どももいれば、週1回休日だけに通ってくる子どもも混在することもある。また、その日1日だけの利用という子どもやさまざまな年齢の子どもたちがおり、こうした子どもたちが一緒になって生活することが休日保育の特徴でもある。

初めて来る子どもは、保護者と離れたがらない場合もある。休日保育の特徴をふまえ、子どもの気持ちと安全を最優先に配慮した保育を考えることが必要である。

4.──病児保育事業

保育所に通っている子どもが病気をした際、病気回復期であるがまだ集団保育が困難な場合がある。特に、感染症にかかった場合は、完全に回復するまで集団保育は無理である。基本的には、保護者の下で十分療養することが最適と思われるが、仕事で休暇の取得が困難な場合も少なくない。そこで、保護者の子育てと就労を支援するために、一時的に子どもを預かるのがこの事業である。保育所に通う子どもをもつ多くの保護者が切望しており、内閣府が2008（平成20）年に行った「少子化社会対策に関する子育て女性の意識調査」では、待機児童解消の次に要望が多かった事業である。

病児保育として、1960年代から施設や市町村の事業として行われてきたものが、1998（同10）年に「乳幼児健康支援一時預かり事業」として制度化された。2008（同20）年度からは「病児・病後児保育事業（自園型）」となり、さらに2015（同27）年度からは「病児保育事業」として再編された（表8－6）。

(1) 利用方法と施設

病院・保育所等に事前に「利用登録」をしておき、予約をして利用するこ

表8－6 病児保育事業の類型

	病児対応型・病後児対応型	体調不良児対応型	非施設型（訪問型）
事業内容	地域の病児・病後児について、病院・保育所等に付設された専用スペース等において看護師等が一時的に保育する事業	保育中の体調不良児を一時的に預かるほか、保育所入所児に対する保健的な対応や地域の子育て家庭や妊産婦等に対する相談支援を実施する事業	地域の病児・病後児について、看護師等が保護者の自宅へ訪問し、一時的に保育する事業
対象児童	当面症状の急変は認められないが、病気の回復期に至っていないことから（病後児の場合は、病気の回復期であり）、集団保育が困難であり、かつ保護者の勤務等の都合により家庭で保育を行うことが困難な児童であって、市町村が必要と認めた乳幼児又は小学校に就学している児童	事業実施保育所に通所しており、保育中に微熱を出すなど体調不良となった児童であって、保護者が迎えに来るまでの間、緊急的な対応を必要とする児童	病児及び病後児

出典：内閣府・文部科学省・厚生労働省「子ども・子育て支援新制度ハンドブック　施設・事業者向け」2014年

とが多い。「病児対応型・病後児対応型」の対象は、保育サービス（認可外保育施設を含む）を利用中の子どもである。「体調不良対応型」では、当該保育所に通っている子どもだけでなく、子育て家庭や妊産婦等に対する相談支援も実施することになっている。「非施設型（訪問型）」は一般的に、施設を利用していない病児・病後児の自宅に看護師等が訪問して保育する事業である。

各施設においては、看護師等の配置が義務づけられている。十分に病気が治っていない子どももいるため、急変に備えて医療機関と連携を密にしておくことが重要である。

(2) 利用の問題点

保護者の強い要望があることから、「病児対応型・病後児対応型」は、小学校に就学している児童も対象に含まれている。病児保育を推進するにあたり、さまざまな問題点もある。たとえば、次のようなことがあげられる。

① 恒常的に一定の利用者がいるわけではない（1人もいないこともある）。
② 病気の種類・症状によっては、1対1の保育が必要である。
③ 利用日数が施設によって違うが、回復すれば通常の保育に戻るため、子どもが慣れたころに終了となる。
④ 体調が不完全な子どももいるため、環境や保育士に慣れるのに時間がかかる。
⑤ 保育士にある程度病気や看護に関する知識が必要である。

病気のときはおとなでも心細いものである。子どものことをよくわかっている温かい雰囲気をもつベテランの保育士や看護師が受け入れてくれるとはいえ、なじみのない場所でなじみのない人と1日を過ごすことは、心に負担が生じる。ある園長は「せっかく病気になったのだから、保護者の下で十分療養させたい。保護者と過ごせないのはストレスが大きい。将来的には、子どもの病気の時ぐらいは保護者がゆっくり休めるようになるのが望ましい」と言っていた。

「体調不良対応型」は児童が保育中に微熱を出すなど体調不良となったが、保護者が勤務等の都合で直ちに迎えにこられない場合において、保育所において保護者が迎えに来るまでの間預かる、当日の緊急対策等を行う事業である。つまり、今までは保育中に体調を崩した場合、保育所は保護者に直ちに迎えに来てくれるよう要請していたが、この事業では登録した児童を保育室とは別の、安静が確保されている場所で、様子を見守ることになる。

今までも、すぐには迎えに来ることのできない保護者のために、保育所は

努力をしてきているので、これを実施するうえでの経済的・人的措置があるのはよいことである。

5.──夜間保育

　長時間保育の一環として夜間保育がある。これは、保護者の夜間就労等により、保育を必要とする子どもを対象に実施される保育のことである。安心して子どもを預けられる場を確保するために設けられた保育サービスである。開所時間は地域の要望にもよると思われるが、保育所によってさまざまで、なかには朝7時から夜中まで開所しているところもある。
　開設のためには、仮眠のための施設や調理室、浴室等の設置、人員の配置等が困難なこともあり、設置には難しい問題を含んでいる。
　実施保育所では子どもの気持ちや健康を考え、ゆったりと安心して過ごせるための配慮をしている。保護者と緊密に連絡をとり、信頼関係を築いていくことが大切になる。なかには、夜ならではの保育に工夫を凝らしている保育所もある。

6.──駅型保育

　駅ビルや駅に隣接するビル等で行われている保育サービスのことである。通勤に便利な駅前で実施されていることから「駅前保育」とも称され、園庭等が「児童福祉施設の設備及び運営に関する基準」を満たしていないため、無認可の保育所として実施されている。低年齢児の受け入れや延長保育、休日保育等を実施しているところもあり、仕事と子育ての両立のために今後利用する保護者が増加すると考えられる。

7.──預かり保育

　「預かり保育」とは、幼稚園において通常の保育終了後に行う保育サービスのことである。1998（平成10）年に改訂された幼稚園教育要領に「地域の実態や保護者の要請により、教育課程に係る教育時間の終了後に希望する者を対象に行う教育活動については、適切な指導体制を整えるとともに、第1章に示す幼稚園教育の基本及び目標を踏まえ、また、教育課程に基づく活動との関連、幼児の心身の負担、家庭との緊密な連携などに配慮して実施すること」とある。これを一般的に「預かり保育」と称して実施している。

表8－7　預かり保育の実施幼稚園数

区分	2014年6月1日現在	2012年6月1日現在	2010年5月1日現在	2008年5月1日現在	2006年6月1日現在	1997年8月1日現在
公立	2,724(60.9%)	2,769(59.7%)	2,681(52.5%)	2,493(47.0%)	2,415(44.6%)	330 (5.5%)
私立	7,369(95.0%)	7,454(94.2%)	7,377(89.6%)	7,353(88.8%)	7,248(87.6%)	3,867(46.0%)
合計	10,093(82.5%)	10,223(81.4%)	10,058(75.4%)	9,846(72.5%)	9,663(70.6%)	4,197(29.2%)

（注）　実施率は、幼稚園（2012年度・2014年度学校基本調査）に占める預かり保育を行っている割合。
出典：表8－7、図8－2、8－3ともに文部科学省幼児教育課調べ（2014年6月1日現在）

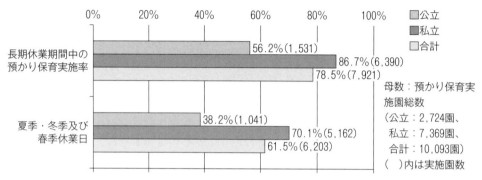

図8－2　長期休業期間中の実施状況について

　就業しているが幼稚園に通わせたいと思っている保護者の要望から、実際はそれ以前にも実施されていた幼稚園もあったが、この幼稚園教育要領においてその存在や役割が明確に示された。

　預かり保育は、子どもの通園可能な範囲に幼稚園しかないような場合、また、保育終了後に園児の兄弟の学校行事や親の介護等がある場合など、引き続き預かってほしいという保護者の要望がある場合に、その日の教育時間の前後や長期休業期間中に、在園する子どもを対象に行われている。実施園数は年々増え続けており、2014（同26）年度には82.5％と需要の高さがうかがえる（表8－7）。また、季節によって違うが、長期休業中に実施しているところが実施園の半数前後ある（図8－2）。

(1) 実施状況

　実施されている日数は、幼稚園の通常の業務が行われている日数と同じ週5日の園が半数以上を占めているが、土曜・日曜に実施している園もある。また、地域や保護者の実態に応じて、月に数回実施しているだけの幼稚園もある。
　「預かり保育」を利用するための条件は特にないが、利用する理由をみると、やはり「保護者の就労」が一番多い（図8－3）。継続的に参加する子

第8章 多様化する保育ニーズを理解する

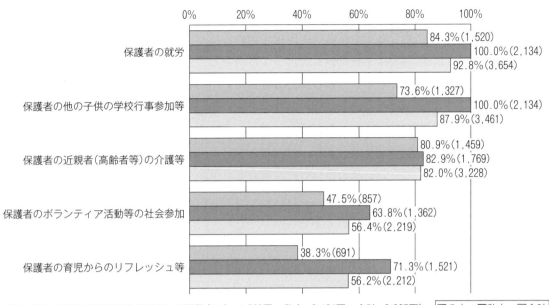

図8-3 預かり保育を行う条件（複数回答）

どもが多いが、「保護者の他の子どもの学校行事参加等」のように、その日の保護者の事情により参加している子どももいる。

実施時間は、保育終了後から4時～6時までがほとんどであるが、なかには7時を超える園や、朝の教育時間前に実施している園もある。

(2) 保育の内容

「預かり保育」専用の保育室で実施されることが望ましいが、通常の保育が行われる施設で行われる場合は、家庭的な雰囲気のある、ゆとりをもった空間が必要になる。

その日に利用する子どもの人数にもよるが、ほとんどの幼稚園では全員を一緒に保育する異年齢保育となっている。地域で異年齢の子どもと遊ぶ機会の少ない現在の子どもたちにとっては、よい学びの機会ともなっている。

通常の保育が終了すると、子どもの気持ちに緩みが生じることがあり、事故につながることもあるため、安全への配慮が必要である。また、降園した子どもも多いことから、保育内容は家庭的な雰囲気のなかで、子どもの心身の負担に配慮したものにすることが必要である。おやつを食べたり、午睡をしたりして、ゆったりと心を解放して思い思いの遊びをしている園が多い。

幼稚園としては、子どもの気持ちと安全面に配慮した、一人一人が無理なく過ごせる場所や保育への配慮が求められる。

担当者は、特定の人が担当する場合と交代で担当する場合があるが、いずれにしても必要に応じて通常保育の担任からの引き継ぎを受け、子どもや保護者が戸惑うことのないようにすることが大切である。日ごろから保育者同士がお互いに打ち合わせをしたり、研修をしたりして、緊密な連携を図ることも欠かせない。また、保護者とも日ごろから良好な関係を築き、できるだけ子どもの心身の負担を取り除いて、預かり保育が効果的なものになるようにしたい。

第3節　特別なニーズのある子どもへの保育

子どものなかには、特別なニーズのある子どももいる。障害のある子どもや未熟児、多胎児、病弱児などである。ここでは、障害児保育について解説する。障害児保育とは、障害をもった子どもを保育することをいう。保育所において障害児のみを保育することはないが、「統合保育」（インテグレーション）といわれ、ひとつのクラスに障害児と健常児が一緒に保育を受けることになる。

障害児といっても、その障害の種類・程度はさまざまであり、さらに障害児として受け入れられていない子どものなかにも、周辺の特徴をもった気になる子どもがいる場合もある。近年「落ち着きがない、集中時間が極端に短い、集団に馴染めない」等、気になる子どもが増加している。各保育所においては、障害児と健常児が一緒に生活し、ともに育ち合う取り組みが行われている。

1.──障害児の受け入れ

保育所が障害児を受け入れるにあたっては、次のような条件が定められている。
- 保育を必要とすること
- 集団保育が可能で、日々通所できること
- 特別児童扶養手当（障害をもつ子どもの親に支給される手当）の支給対象児童であること

以上のような障害児について、保育所は医療機関や障害に関連する専門機

第8章　多様化する保育ニーズを理解する

関等と連携をとりながら、子どもの発達支援・保護者の就労支援を目的に受け入れている。現在、保育所に入所している障害児は、心身障害、知的障害、聴覚障害、自閉症スペクトラム障害[*2]などである。

　人数については、その保育所において、健常児とともに集団保育が適切に実施される範囲とされている。また、障害児用のトイレや遊具・器具等の設置などの配慮も必要とされる。

　保育士にとって大切なことは、障害児を保育するのみならず、障害児を育てながら就業をしている保護者の気持ちを受け入れ、悩みを聞いたり、相談に乗ったりすることである。また、専門機関との橋渡しをすることも必要になり、一人一人の保護者の思いに配慮しながら、個別に支援をすることに努める必要がある。

*2　アメリカ精神医学会の「精神障害の診断と統計マニュアル」（DSM）の改訂第5版（DSM－5）により、広汎性発達障害やアスペルガー症候群は自閉症スペクトラム障害（または自閉スペクトラム症）としてまとめられた。当面は旧診断名を併記するなどの対応が図られていることと、わが国では発達障害者支援法において発達障害という名称が使われているため、診断名をめぐる動向には注意が必要である。

2.──気になる子ども

　障害がはっきりしており、特別児童扶養手当を支給されている場合は、関係機関との連携も含め、適切な対応をとることができるが、そういった子ども以外にも障害を疑う「気になる子ども」がいる。低年齢の時は保護者が気づかず、保育所で障害を指摘される場合もある。また、集団生活の様子から気づくことのある障害もある。障害の早期発見・早期療育の点からも、保健所等の検診とともに、保育所での観察・視診を十分に行っていくことが大切である。

3.──統合保育とインクルージョン

　保育所で障害児を受け入れるということは、障害児が集団のなかで生きていく力を身につけることを支援していくことである。それとともに、健常児も障害児と関わるなかで成長し、多くの恩恵を得る。統合保育（インテグレーション）は障害児と健常児が、両義的にともに育ち合うことを念頭に行われなければならない。

　具体的には、障害児が同年代の子どもたちとともに生活することにより、健常児の遊びや行動から影響を受け、自分なりに真似をしたり、心に留めたりしながら、自立に向けて育っていくことができる。また、障害児の存在を通して、健常児にもよい影響を与えることができる。健常児においては障害児の存在を通して、同年代の子どものなかにもいろいろな特徴をもった子どもがいることを知るとともに、受け入れ、多様な人とのさまざまな関わりの

方法を学ぶことができる。そうしたなかで、それぞれの子どもの存在や思いを尊重しながら、自分よりも配慮を必要とする友だちとの関わりのなかで、仲間として助け合う気持ちや思いやりの心、やさしい心などを育んでいくことが期待される。

　統合保育を実施するにあたっては、障害児や健常児の特徴をふまえ、両者をつなぎあわせ、それぞれの成長を促す要となる保育者の存在が不可欠となる。その場合、園長や主任、担当する保育者だけでなく、遊びや生活を通して行われる保育のなかで、職員全員が障害児を理解し、保育の方向性を共通理解することが必要となる。そのためには、保育所全体での研修や打ち合わせ、カンファレンスなどが大切になる。

　さらに、障害児の保護者支援だけでなく、いろいろな機会を通して健常児の保護者に対しても、障害児についての正しい理解が進むよう啓発することも求められる。

　障害児保育を考えるうえで、統合保育とともに、「インクルージョン」の意味を理解しておきたい。インクルージョンは「包含」を意味し、1994（平成6）年の「サラマンカ宣言」や2014（同26）年に日本が批准した「障害者の権利に関する条約」にもとづく考え方である[*3]。具体的には、教育や保育の場で障害のある子どもをはじめ、さまざまなニーズをもつ子どもたちが、それぞれ必要な支援を受けながらともに教育や保育を受けることをさす。統合保育は、障害の有無により子どもを二分したうえで両者を統合しようとするものだが、インクルージョンは障害にかかわらず教育や保育の場にさまざまな子どもがいるのは当然だとする考え方が前提となっている。インクルージョンにおいては、障害児だけでなく、増加している外国からの子どもや宗教や性別の違いなどに対しても同様に考える必要がある。

＊3　すべての障害者のあらゆる人権と基本的自由を守るための国際条約。2015年8月現在で世界157か国が批准している。「第24条教育」において、締結国はあらゆる段階の教育について障害者を包含する教育制度（インクルーシブ教育）を確保することが義務づけられている。

第4節　求められる乳児における保育とその対応

　本章では、保護者の要望に応える多様な保育サービスについて述べてきた。すべての子どもが希望通りの保育を受けられるわけではない。働く女性の増加により、少子化で子どもの数が減少しているにもかかわらず、保育所に入所を希望する子どもは増加している。特に、低年齢児においては、要望に対応できない状況が続いている。

1. ——要望の多い乳児保育

園児数が減少しつつある幼稚園を含め、3歳以上児は比較的保育を受けやすくなっているが、3歳未満児においては保護者の希望通りの保育所に入所できない子どもも多い。

「低年齢児の保育所入所伸び率」（図8－4）をみると0～2歳児の伸びが非常に高くなっている。国は、1994（平成6）年に「エンゼルプラン」において低年齢児保育促進事業を打ち出して以来、さまざまな対策を打ち出してはいるが、未だ解消できていないのが現状である。

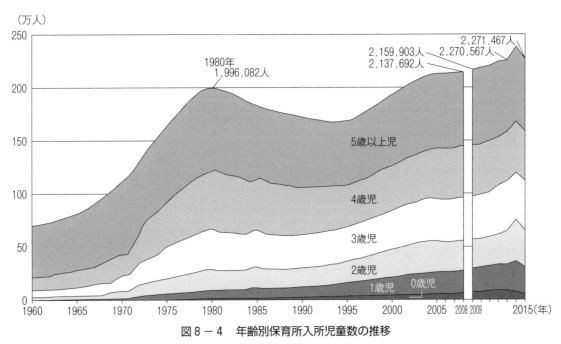

図8－4　年齢別保育所入所児童数の推移

資料：厚生労働省「社会福祉施設等調査報告」各年10月1日現在（1971年以前は12月31日現在）。なお、2009年版以降の同調査は、政府の市場化テスト方針のもと作業が民間委託され、回収率が下がり全数調査といえなくなった。そのため経年比較ができなくなったが、各年齢ごとの数値は同調査しかないので、2009年以降は同調査から各年齢ごとの割合を算出し、「福祉行政報告例」（10月1日現在）の入所児童数の総計をもとに年齢別の概数をだした。
出典：全国保育団体連絡会・保育研究所『保育白書2017年版』ひとなる書房　2017年　p.79

2. ——待機児童

(1) 待機児童数の状況

図8－5は待機児童数の推移をまとめたものである。待機児童は都市部に多く、特に首都圏・近畿圏で多くなっている。これは人口の多さもあるが、働く場所・共働きの世帯が多いということでもある（表8－8）。

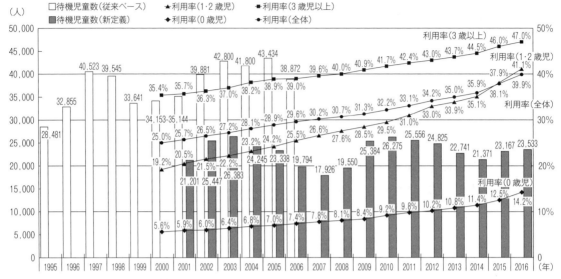

(注1) 各年4月1日現在（以下、各年にかかる数値は、特段の表示がない限り、すべて4月1日現在）
(注2) 2001〜2006年度については、保育所入所待機児童の定義の変更をうけて、従来のベースのものと、新定義に基づく数値を2つ図示した。2007年より新定義のみが公表されるようになった。なお、新定義は、①他に入所可能な保育所があるにもかかわらず、特定の保育所を希望している場合、②認可保育所へ入所希望していても、自治体の単独施策（いわゆる保育室等の認可外施設や保育ママ等）によって対応している場合は、待機児童数から除くとしている。
(注3) 利用率は、当該年齢の保育所等利用児童数÷当該年齢の就学前児童数で算出
(注4) 2015年より子ども・子育て支援新制度が施行されたことを受け、保育所ほか、子ども・子育て支援新制度において新たに位置付けられた認定こども園（幼保連携型、幼稚園型、地方裁量型）、特定地域型保育事業（小規模保育事業、家庭的保育事業、事業所内保育事業、居宅訪問型事業）の数値が含まれるようになった。そのため、2015年からは、認定こども園と特定地域型保育事業も含めた「保育所等利用児童数」での数値となる。
資料：厚生労働省「保育所等関連状況取りまとめ」「保育所の状況」「保育サービスの需給・待機の状況」等、各年資料より作成（年度によって名称変更あり）

図8−5　保育所等待機児童数及び保育所等利用率の推移
出典：全国保育団体連絡会・保育研究所編『保育白書2017年版』ひとなる書房　p.96

　幼稚園において一時預かり（預かり保育）の実施が増え、なかには「満3歳児保育」を実施しているところもある。保護者の働き方によっては、幼稚園に子どもを預けて就業をすることが可能な場合もあるが、3歳未満児では保育所への入所となる。そのため、入所を希望する子どもの数に応じて、保育所の整備が求められるべきであるが、地域によっては追いつかない状況である。

第8章　多様化する保育ニーズを理解する

表8-8　都市部とそれ以外の地域の待機児童数（2016年4月）

	利用児童数（%）	待機児童数（%）
7都府県・指定都市・中核市	1,390,726人　（56.6%）	17,501人　（74.3%）
その他の道県	1,067,881人　（43.4%）	6,052人　（25.7%）
全　　国　　計	2,458,607人（100.0%）	23,553人（100.0%）

★都市部の待機児童の状況
　都市部の待機児童として、首都圏（埼玉・千葉・東京・神奈川）、近畿圏（京都・大阪・兵庫）の7都府県（政令指定都市・中核市含む）とその他の政令指定都市・中核市の合計は17,501人（前年より418人増）で、全待機児童の74.3%（前年から0.6ポイント増）を占める。
出典：厚生労働省「保育所等関連状況取りまとめ（平成28年4月1日）」2016年

(2) 国の対応

　働く女性を応援するために、国は2001（平成13）年に「待機児童ゼロ作戦」を決定した。それは「保育所、保育ママ、自治体単独施策、幼稚園預かり保育等を活用し、2002（同14）年度中に5万人、さらに2004（同16）年度までに10万人、計15万人の受け入れ児童数の増加を図り、待機児童の減少をめざす取り組み」であった。その後も、国は「新待機児童ゼロ作戦」（2008年）や「待機児童解消加速化プラン」（2013年）を出し、目標を掲げて取り組んできた。

　このような状況のなかで保育所の増設が進むようになったが、まだまだ十分とは言えない。子ども・子育て支援新制度では、待機児童を解消するために「地域型保育」を新設し、3歳未満児の保育サービスを増やした（第2章のp.54を参照）。また、地域の子育て支援の新たな担い手として、2015（同27）年度に「子育て支援員」が創設された。子育て経験のある主婦などが、一定の研修を受けると小規模保育や家庭的保育等で保育者の補助として従事できるようになる制度である。今後も一層、子育て支援の充実が期待されるところである。

　少子高齢化により社会に働き手が減るなかで、女性の活躍が期待されている。その一方で、生計のために働かざるを得ない母親もいる。こうしたことから、共働きをしながら子育てをする家庭は、今後も増えていくものと思われる。本来、子育ては保護者にとって生きがいとなるはずのものである。「自分で育てたい」と願っても、さまざまな事情によりそれができない母親らの思いもあることも忘れないでほしい。

　女性の就業と育児の両立に希望がもてるように、国はさまざまな施策を整備してきた。新しい制度を生かしつつ、質の高い保育を提供するために、保育者の力量が問われるところである。

> ❈ 学習の確認 ❈
>
> 1．演習問題
>   ① 女性の就業と子どもの保育の実態に目を向け、問題点とその解決方法について話し合ってみよう。
>   ② 自分の生活している近隣の子どもに目を向け、その子どもの保育の実態を調べてみよう。
>   ③ この章で学んだことを振り返り、「自分が子育てをするなら」という観点で話し合ってみよう。
>
> 2．キーワードのおさらい
>   □ 地域子ども・子育て支援事業
>   □ 多様な保育サービス
>   □ 待機児童
>   □ 仕事と子育ての両立
>   □ インクルージョン

【参考文献】
1）全国保育団体連絡会保育研究所編『保育白書2017年版』ひとなる書房　2017年
2）全国保育協議会編『保育年報2015』全国社会福祉協議会
3）内閣府『平成29年版男女共同参画白書』2017年
4）内閣府子ども・子育て本部「平成27年度少子化社会に関する国際意識調査報告書」2016年

第8章 多様化する保育ニーズを理解する

● 手遊びひとつをとっても

　最初の実習に行く前に、授業のなかで、学生が得意な手遊びを一人一人に発表してもらうことにしています。1人の学生が先生役になり、子どもに見立てた学生たちの前で演習を行うのです。

　自分の番になった学生は「さあ、お友だち、みんなこちらを向いて、手を出して……」と先生になりきってはじめます。1人の学生が「キャベツのなかから青虫出たよ。ピッピッ。お父さん青虫……チョウチョになりました」と「青虫」をしました。

　終わった後に、「上手にできました。さて、この青虫はどんなチョウチョになったでしょう」と問いかけたところ、ほとんどの学生が不思議そうに顔を見合わせて「えっ、そんなことがわかるの？」と言っています。小学校で覚えたことをみんな忘れているようです。「わかりますよ。どんなチョウチョになったんでしょう？」と重ねて問いかけると、先程から言いたそうにうずうずしていた1人の学生が「もう言ってもいいですか？」というように目で訴えかけてきます。「はい、○○さん」とその学生に声をかけると、待ってましたとばかりに「モンシロチョウ」と答えて、続けて「キャベツを食べるのはモンシロチョウの幼虫、アゲハチョウの幼虫はみかんのような柑橘類の葉っぱを食べます」と的確に答えました。「その通りですね。幼虫の好きな葉っぱは決まっているんですね」と答えた学生を認めながら確認をしました。

　単純なようにみえても、手遊びはリズム感や言葉のやりとり、集中力、そして、この例のように内容についての理解も含め、みんなで楽しく遊ぶなかで多くのことを学ぶことができる教材です。つまり、よく考えてみれば総合的な学びの教材なのです。「そのことが少しでも理解できたかな」と期待をした授業の一場面でした。

第9章 保育者に求められる子育て支援

学びのポイント

❶「子育て支援」の概念と必要性を理解する。
❷保育者による子育て支援の実際について学ぶ。
❸「子育て支援」の今後の課題について考えを深める。

子育て支援はとても大切なテーマになっている

第1節　保育者に求められる子育て支援の概念と必要性

　第8章では、多様化する保育ニーズの現状について学んだが、今日では保育ニーズのみならず、子育て家庭、すなわち保護者への支援も大きな課題の一つとして位置づけられている。さまざまな要因で、保護者が子どもとともに過ごす時間が減ってきている一方で、「子どもとどのように関わってよいかわからない」という保護者が増加傾向にある今日、子育て支援を保育者に求める声が多くあがっている。そこで、本章では子育て支援の概念と必要性を明確化し、同時に事例を交えながら子育て支援の現状を知り、課題について考えを深めていく。

1.──「子育て支援」の必要性

　「子育て支援」とは、子どもの最善の利益を考慮し、子どもが健康・安全で情緒の安定した生活のなかで、心身ともに健全に育っていけるようにするために、子育てを行っている保護者を社会全体で支援していくことである。
　近年、日本における子どもや子育て家庭を取り巻く状況には多くの問題点がある。たとえば、核家族化や少子化に加えて、都市化により地域社会との関係が希薄化したことによって、近隣に親戚も友だちもいない保護者が増加

している。また、1人で育児の問題を抱えている保護者もおり、育児の孤独化や密室化が問題となっている。さらに、このような状況に加えて、このところの不景気により、職場の経費削減による人手不足化や多忙化に拍車がかかり、家庭生活にも影を落としている。つまり不景気による経済的ストレスと多忙な生活による過労によって、時間的・精神的・身体的に余裕のない保護者が増えているのである。また子育てにかかわる知識や経験の不足から、育児困難に陥る親や育児ノイローゼに陥る保護者もいるだろう。これらのストレスが原因で、子どもへの虐待が起こることもある。したがって、社会全体で、子どもを産み・育てやすい環境づくりをしていくことが必要とされるのである。

このような状況のなかで、子育て家庭への支援の必要性が高まり、国は2001（同13）年に児童福祉法の一部改正を行った。その改正により、「保護者への保育に関する指導」が保育士の業務として新たに追加され、地域の子育て支援の中核を担う専門職である保育士の質の向上が求められている。さらなる保育所の特性を活かした子育て支援のための取り組みを積極的に行うことが求められている。

2. ── どのような子育て支援が求められているのか

子育て家庭における問題を解決していくために、国は次世代育成支援対策推進法の制定や児童福祉法の一部改正、子ども・子育て関連3法[*1]の制定などによって、子育て支援体制の強化を図ってきた（図9-1）。2015（平成27）年には、子ども・子育て関連3法に基づき、日本の子ども・子育てをめぐるさまざまな課題を解決するために、幼児期の教育や保育、地域の子育て支援の量の拡充や質の向上を進めていく「子ども・子育て支援新制度」（図9-2）がスタートした。そして、「地域子育て支援拠点事業」（図9-3）では、子育てサークル等において地域の子育て中の親子の交流促進を図り、育児相談等も実施し、子育ての孤立感、負担感の解消を図り、すべての子育て家庭を地域で支える取り組みとしてその拡充を図ってきた。地域子育て支援拠点事業によって築かれた地域社会における子育てネットワークが、密室育児を減少させ、育児の悩みや不安を緩和するために有効に機能しつつある。

以上のように、地域における子育て支援活動は活発になり、多様な子育て支援サービス（図9-3）を含む保育や子育て支援の体制が改善されつつある。そうした状況のなかで、子育て家庭を支える地域の担い手としての保育所や認定こども園などに対する期待は一層高まっており、今後さらなる地域

*1　第2章のp.42を参照。

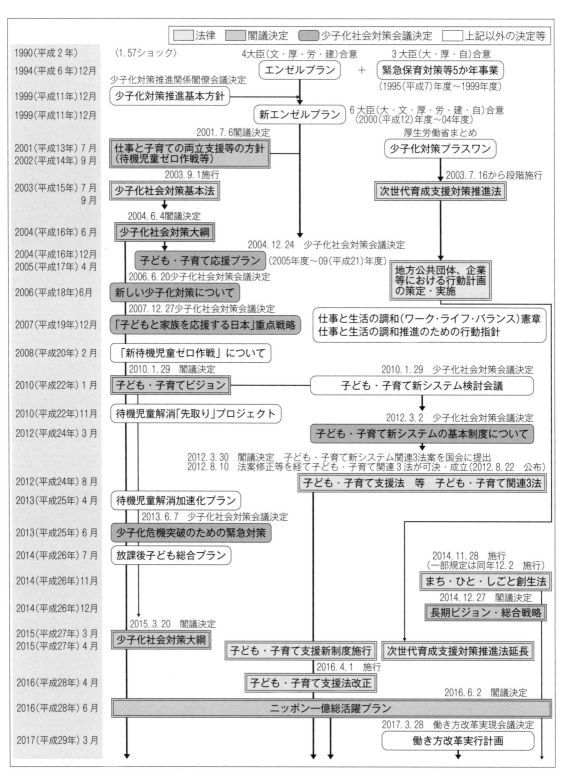

図9-1　これまでの少子化対策の取り組み

出典：内閣府『平成29年版　少子化社会対策白書』2017年　p.47

第9章 保育者に求められる子育て支援

市町村主体		国主体（新設）
認定こども園・幼稚園・保育所・小規模保育など 共通の財政支援	地域の実情に応じた 子育て支援	仕事と子育ての 両立支援

施設型給付

認定こども園 0〜5歳
- 幼保連携型
- 幼稚園型　保育所型　地方裁量型

幼稚園 3〜5歳　　保育所 0〜5歳

地域型保育給付

小規模保育、家庭的保育、居宅訪問型保育、事業所内保育

地域子ども・子育て支援事業
- 利用者支援事業
- 地域子育て支援拠点事業
- 一時預かり事業
- 乳児家庭全戸訪問事業
- 養育支援訪問事業等
- 子育て短期支援事業
- 子育て援助活動支援事業（ファミリー・サポート・センター事業）
- 延長保育事業
- 病児保育事業（整備費、事業費）
  ⇒ 施設・設備整備費の支援
  ・体調不良児等を保育所等から拠点施設に送迎して病児保育する事業の支援
- 放課後児童クラブ
- 妊婦健診
- 実費徴収に係る補足給付を行う事業
- 多様な事業者の参入促進・能力活用事業

仕事・子育て両立支援事業
- 企業主導型保育事業
  ⇒ 事業所内保育を主軸とした企業主導型の多様な就労形態に対応した保育サービスの拡大を支援（整備費、運営費の助成）
- ベビーシッター等利用者支援事業
  ⇒ 残業や夜勤等の多様な働き方をしている労働者等が、低廉な価格でベビーシッター派遣サービスを利用できるよう支援

図9-2　子ども・子育て支援新制度の体系

出典：内閣府「平成28年版少子化社会対策白書」2016年

地域子育て支援拠点事業

背景
- 3歳未満児の約7〜8割は家庭で子育て
- 核家族化、地域のつながりの希薄化
- 男性の子育てへの関わりが少ない
- 児童数の減少

課題
- 子育てが孤立化し、子育ての不安感、負担感
- 子どもの多様な大人・子どもとの関わりの減

地域子育て支援拠点の設置
子育て中の親子が気軽に集い、相互交流や子育ての不安・悩みを相談できる場を提供

地域子育て支援拠点

○公共施設や保育所、児童館等の地域の身近な場所で、乳幼児のいる子育て中の親子の交流や育児相談、情報提供等を実施

○NPOなど多様な主体の参画による地域の支え合い、子育て中の当事者による支え合いにより、地域の子育て力を向上

事業内容
① 子育て親子の交流の場の提供と交流の促進
② 子育て等に関する相談、援助の実施
③ 地域の子育て関連情報の提供
④ 子育て及び子育て支援に関する講習等の実施

平成27年度
実施か所数
（交付決定ベース）
6,818か所

解消
育児不安

地域で子育てを支える

図9-3　地域子育て支援拠点事業

出典：厚生労働省「地域子育て支援拠点事業とは（概要）」2016年

子育て支援拠点事業の対象業務の増加と充実、質の向上が期待される。

　2008（平成20）年に告示された保育所保育指針では、「第6章　保護者に対する支援」という章が新しく独立した章として加えられた。そして、2017（同29）年に告示された保育所保育指針では、「第4章　子育て支援」という章になった。新旧どちらもの保育所保育指針において「保育所は、入所する子どもを保育するとともに、家庭や地域のさまざまな社会資源との連携を図りながら、入所する子どもの保護者に対する支援及び地域の子育て家庭に対する支援等を行う役割を担うものである。」と明示されている。そして「第4章　子育て支援」には、地域のすべての子育て家庭に対する支援の必要性をさらに詳しく述べられている。そこでは、保育所の特性を生かした子育て支援、保護者の状況に配慮した個別の支援、不適切な養育等が疑われる家庭の支援などについて具体的に述べられている。また、地域に開かれた子育て支援ができるように努め、地域の関係機関等との連携も積極的に行うように書かれている。

第2節　保育者による子育て支援の実際

1.──子育て支援のさまざまな取り組み

　以下は、2017（平成29）年に告示された保育所保育指針における「第4章　子育て支援」である。

保育所保育指針

第4章　子育て支援
　保育所における保護者に対する子育て支援は、全ての子どもの健やかな育ちを実現することができるよう、第1章及び第2章等の関連する事項を踏まえ、子どもの育ちを家庭と連携して支援していくとともに、保護者及び地域が有する子育てを自ら実践する力の向上に資するよう、次の事項に留意するものとする。

1　保育所における子育て支援に関する基本的事項
(1)　保育所の特性を生かした子育て支援
ア　保護者に対する子育て支援を行う際には、各地域や家庭の実態等を踏まえるとともに、保護者の気持ちを受け止め、相互の信頼関係を基本に、保護者の自己決定を尊重すること。
イ　保育及び子育てに関する知識や技術など、保育士等の専門性や、子どもが常に存在する環境など、保育所の特性を生かし、保護者が子どもの成長に気付き子育ての喜びを感じられるように努めること。
(2)　子育て支援に関して留意すべき事項

第9章　保育者に求められる子育て支援

> ア　保護者に対する子育て支援における地域の関係機関等との連携及び協働を図り、保育所全体の体制構築に努めること。
> イ　子どもの利益に反しない限りにおいて、保護者や子どものプライバシーを保護し、知り得た事柄の秘密を保持すること。
>
> 2　保育所を利用している保護者に対する子育て支援
> (1) 保護者との相互理解
> ア　日常の保育に関連した様々な機会を活用し子どもの日々の様子の伝達や収集、保育所保育の意図の説明などを通じて、保護者との相互理解を図るよう努めること。
> イ　保育の活動に対する保護者の積極的な参加は、保護者の子育てを自ら実践する力の向上に寄与することから、これを促すこと。
> (2) 保護者の状況に配慮した個別の支援
> ア　保護者の就労と子育ての両立等を支援するため、保護者の多様化した保育の需要に応じ、病児保育事業など多様な事業を実施する場合には、保護者の状況に配慮するとともに、子どもの福祉が尊重されるよう努め、子どもの生活の連続性を考慮すること。
> イ　子どもに障害や発達上の課題が見られる場合には、市町村や関係機関と連携及び協力を図りつつ、保護者に対する個別の支援を行うよう努めること。
> ウ　外国籍家庭など、特別な配慮を必要とする家庭の場合には、状況等に応じて個別の支援を行うよう努めること。
> (3) 不適切な養育等が疑われる家庭への支援
> ア　保護者に育児不安等が見られる場合には、保護者の希望に応じて個別の支援を行うよう努めること。
> イ　保護者に不適切な養育等が疑われる場合には、市町村や関係機関と連携し、要保護児童対策地域協議会で検討するなど適切な対応を図ること。また、虐待が疑われる場合には、速やかに市町村又は児童相談所に通告し、適切な対応を図ること。
>
> 3　地域の保護者等に対する子育て支援
> (1) 地域に開かれた子育て支援
> ア　保育所は、児童福祉法第48条の4の規定に基づき、その行う保育に支障がない限りにおいて、地域の実情や当該保育所の体制等を踏まえ、地域の保護者等に対して、保育所保育の専門性を生かした子育て支援を積極的に行うよう努めること。
> イ　地域の子どもに対する一時預かり事業などの活動を行う際には、一人一人の子どもの心身の状態などを考慮するとともに、日常の保育との関連に配慮するなど、柔軟に活動を展開できるようにすること。
> (2) 地域の関係機関等との連携
> ア　市町村の支援を得て、地域の関係機関等との積極的な連携及び協働を図るとともに、子育て支援に関する地域の人材と積極的に連携を図るよう努めること。
> イ　地域の要保護児童への対応など、地域の子どもを巡る諸課題に対し、要保護児童対策地域協議会など関係機関等と連携及び協力して取り組むよう努めること。

　実際に保育所で行われている子育て家庭支援の内容の例をあげると、地域の子育て家庭の人なら誰でも利用できる子育て相談、一時保育、園庭開放、親子教室、母親教室、父親教室、子育て講座・子育てフォーラムの開催などがある。また、地域の人々なら誰でも参加できる夏祭りなどのイベントも行い、地域の人々との交流を深めるなど、子育て家庭を支援すべくさまざまな

地域に向けた子育て支援にかかわる情報を張りだす保育所の掲示板の例

取り組みがなされている。さらに、このような子育て家庭支援につながる保育サービスやイベントに加えて、保育所では、地域の人々の目につく道路側に設置した掲示板や役所の掲示版、ホームページ、地域の情報誌、回覧板などを用いて、子育てに役立つあらゆる情報の提供を地域の住民に行うよう努めている。

　たとえば、写真の左上の「子育てフォーラム」では、専門家によって子育てにかかわる諸問題の解決方法などについて、多様な事例を通してわかりやすく楽しく講演されている。こうした場で親同士は語り合う機会をもち、同じ悩みをもった子育て仲間と出会うこともできる。そこで得た情報や出会いが子育ての悩みや不安の軽減につながっていくことも多い。また、写真右上の「親子教室」は、保護者が子どもと一緒に楽しい時を過ごすなかで、子どもとうまく関わる方法を学べるプログラムになっている。こういったイベントは、地域の子育て家庭の人なら誰でも参加できるため、地域全体における子育てに対する意識の活性化にも役立っている。

　核家族化や少子化により子育ての経験の少ない親たちは、子育ての密室化・孤立化のなかで相談相手にも乏しく、近年の情報過多の世の中において翻弄されがちである。そのため、適切な子育てに関する知識と技術をもった保育士による「専門性を生かした子育て支援」の必要性は、ますます高まっている。

　たとえば、子育てに何か不安を抱いたときに、その問題について1人でインターネットや雑誌で調べようとすると、調べれば調べるほどに、そして考えれば考えるほどに、一層不安に陥ることもある。また、インターネット上の情報には、間違った情報や不十分な見解で書かれた情報も多々みられ、情報の適切な取捨選択が難しい。さらに、雑誌のＱ＆Ａ欄などで調べようとし

ても、個々の状況にまさに適合しているような事例はみつけにくい。それに、過度に心配無用の方向で書かれているものや過度に不安を煽るような方向で書かれているものもあり、かえって適切な情報を得にくいこともある。

2. 虐待防止の観点からみた子育て支援

(1) 虐待をめぐる状況

近年、日本における子育てにかかわる問題、とりわけ虐待の増加を背景にして、保育所と関係機関との連携による地域での心理的ケアの重要性が高まっている。児童虐待は家庭における保護者のストレスの高い状況によって生じることが多い。また、児童虐待のなかには、子どもについて正しく理解できていたならば防ぐことのできたであろうケースもある。このような虐待を未然に防ぐためにも、子育てに関する知識と技術、そして豊富な経験のある保育者に子育てのことで気軽に相談できる環境が身近にあることが望ましい。さらに、保育所と地域の保健所や児童相談所、病院、小学校などとの子育て支援のための連携体制を一層充実させることが必要である。

児童虐待への対応については、「児童虐待の防止等に関する法律」が2000（平成12）年に施行されてから広く社会に理解されるようになり、2004（同16）年の児童福祉法の改正により、虐待を受けた児童などに対する市町村の体制強化が図られた。そして、地域における関係機関が連携を図り、児童虐待等への対応を行う「要保護児童対策地域協議会（子どもを守る地域ネットワーク）」[*2]が、2015（同27）年には約99.4％の市町村に設置された。

2015（同27）年度の児童相談所における虐待相談対応件数は、10万件を超えて過去最多となった。児童虐待による死亡事例数は、2005（同17）年度の70例［合計86人死亡／内訳：心中以外の事例51例（56人）、心中事例19例（30人）］が、さらに2007（同19）年度には115例［合計142人死亡／内訳：心中以外の事例73例（78人）、心中事例42例（64人）］と増えたが、2015（平成27）年度には72例（合計84人死亡）となっている。2015年度の児童虐待による死亡事例をみると、心中以外の虐待で、0歳児が57.7％を占めており、80.8％が3歳以下と年齢の低い段階で発生している傾向がみられた。また、保育所などの保育機関に所属していない子どもの事例が多かったため、専門機関による低年齢児の虐待の早期発見および早期対応の強化が重要と考えられる。

*2 要保護児童について、児童相談所などの関係者が情報交換し、支援に関する協議を行う。2008（平成20）年より市区町村に設置の努力義務が課せられている。

(2) 虐待の要因

　児童虐待による死亡事例発生の背景にある家庭状況の多くで、地域社会との接触がほとんどなかったことや、実母の「育児不安」「養育能力の低さ」「うつ状態」等の問題があった（社会保障審議会児童部会・児童虐待等要保護事例の検証に関する専門委員会，2015）。このように、保護者が地域社会との接触をほとんどもたない場合には、周囲からの支援も受けられず、一層の「育児不安」や「養育能力の低さ」等の深刻化につながるばかりでなく、結果的に養育者の心理的・精神的問題を関係機関が把握することも困難になる。生後4か月までの子どもの家庭を訪問する乳児家庭全戸訪問事業の活用や子育て支援事業の充実等を通じて、地域で母親を孤立させないような支援を図ることが必要である。

　このような状況のなかで、保育所や幼保連携型認定こども園は地域に最も密着した児童福祉施設であり、育児に関することを気軽に相談できる場として期待されている。また、幼稚園教育要領にも「子育ての支援のために保護者や地域の人々に機能や施設を開放して、（中略）地域における幼児期の教育のセンターとしての役割を果たすよう努める」ことが示されている。このように、幼稚園も地域の子育て支援の中心的な役割を果たすように一層期待されているが、子育て支援を実施するための人材確保や場の確保など難しい課題も多くある。深刻な悩みをもった養育者が他人の目や耳を気にせず、安心して気軽に相談できる場を確保しておくことは大切なことであるが、実際には相談室もない保育所が多いのが現状である（高岡他，2004）。物理的・心理的な安全や安心が確保できない場で、深刻な家庭内での育児に関する悩みなどを相談することは難しいであろう。

3. ──障害のある子どもをもつ保護者への支援

　障害のある子どもをもつ保護者の場合、困難な育児で心身に余裕のない状態に陥っていることもあり、心理的なケアがいっそう必要となることもある。自閉症スペクトラム障害では、乳児期にはわからなかった諸問題が成長するにしたがって顕在化する場合もある。生まれつきの脳機能障害に起因するにもかかわらず、保護者は自分の子育ての仕方に何か問題があったのではと悩み、育児不安を高め、躾（しつけ）と称して不適切な対応をとってしまうことがある。周囲の不理解や不適切な対応によっては、生得的な問題以上に深刻な二次障害を子どもにもたらしてしまうこともある。保護者や周囲の人たちに障害についての正しい理解を促し、適切な対応が可能になるように保育者は配慮し

なければならない。

　ある保育所では、専門家による自閉症スペクトラム障害についての勉強会を保護者を対象に行い、正しい知識をもてるようにしていく試みを進めている。このような試みは、子どものための効果的な環境づくりにつながり、保護者と保育者との連携を強化するために有効である。そして、保健所や保健センター、児童相談所、小学校、自閉症スペクトラム障害にかかわる専門家などと連携して、「一人一人の子どもの発達過程や障害の状態を把握し、適切な環境のもとで、障害のある子どもが他の子どもとの生活を通して共に成長できるよう」（保育所保育指針）に支援をしていきたいものである。さらに保育所保育指針には、「子どもに障害や発達上の課題が見られる場合には、市町村や関係機関との連携及び協力を図りつつ、保護者に対する個別の支援を行うように努めること」と書かれている。

4.──乳児保育への支援において配慮すべきこと

　地域の子育て家庭にとって有効な子育て支援を行うためには、保育所や認定こども園だけでなく幼稚園や小学校、保健所や保健センター、児童相談所、福祉事務所、医療機関、警察等との連携が重要である。先にp.182〜183で示したように、保育所保育指針（第4章）においても「市町村の支援を得て、地域の関係機関等との積極的な連携及び協働を図るとともに、子育て支援に関する地域の人材と積極的に連携を図るよう努めること」と書かれている。

　また、保育所保育指針の「第2章　保育の内容　1乳児保育に関わるねらい及び内容」における「(3)保育の実施に関わる配慮事項」には、「エ　保護者との信頼関係を築きながら保育を進めるとともに、保護者からの相談に応じ、保護者への支援に努めていくこと」と記されている。乳児の場合、乳児自身では自己の欲求や経験を自ら言語化して伝えにくいため、特に初めて乳児を保育所に預ける保護者は、たとえ評判のよい保育所に預けていても子どものことが心配でたまらないものである。また、初めて育児をする保護者は戸惑うことも多く、自分の育児について不安に思っており、このような不安感を抱いたままで育児をすることは、保護者のみならず子どもの精神衛生上においてもよくない。そのような状況のなかで、保護者と保育者の間に築かれる信頼関係は、子

子育て家庭支援は、保育者同士でしっかり話し合いながら連携して行う

ども自身の安心感にもつながるのである。よりよい関係づくりのために、子どもたちの登所時と降所時の保護者に会える時間に、保育者にとって忙しい時間帯ではあるが、なるべく保護者とのコミュニケーションをとるように努めることが重要である。また、連絡帳に書かれる保護者の悩みや質問には温かく返答し、信頼できる子育てのパートナーであることを伝えることが必要である。このように、保護者に会える時間や連絡帳を有効に利用して、コツコツと信頼関係を築いていくことが、その後の保育をより円滑にし、結果として保護者の心の安定や子どもの安心感や情緒の安定につながっていく。つまり、子どもの最善の利益を考慮し、子どもの福祉を重視して保護者支援を進めるために、保護者と密接に連携をとりあいながら保育を行っていくことが不可欠なのである。

　「児童福祉施設の設備及び運営に関する基準」の第36条には、保育所の長は、常に入所している乳幼児の保護者と密接な連絡をとり、保育の内容等につき、その保護者の理解及び協力を得るよう努めなければならないと定められている。ある保育所では、所長が忙しいなかでも子どもたちの登所時にはできるかぎり玄関に立ち、それぞれの子どもの名前を呼びながら爽やかに笑顔で挨拶し、子どもと保護者に温かい言葉をかけ、降所時も、それぞれの子どもと保護者に配慮し、園での子どもの様子を伝え、時には保護者の子育てに関する相談にも乗るように努めている。この保育所は、入所定員約150名の比較的規模の大きい施設であるが、保育士全員がほぼ全員の子どもの名前を覚え、自分の組の子どもや保護者だけでなく、すべての子どもたちに温かく名前を呼んで言葉がけを十分にするように努めている。このような所長や保育士と子どもや保護者との日々の温かい関わりの積み重ねによって深い信頼関係が築かれ、築かれた深い信頼関係によって子どもの最善の利益を重視した望ましい保育のための連携を円滑に行うことが可能になるのである。

第3節　子育て支援のこれから

1.──日本の保育が抱える課題

　第2節で述べた「虐待による死亡事例」がなくなるように、地域全体で子育て家庭支援体制を充実させていく必要がある。そのためには、保育所がもっと気軽に助けを求められるような環境を提供できるように努力しなければならない。しかし、保育所の実態調査（高岡, 2004）によれば、多くの保育所

第9章　保育者に求められる子育て支援

では予算措置が不十分であったり、人手不足であったり、子育て相談室や子育て支援室が不備であったりと、課題が多いことがわかる。その後、国をあげて子ども・子育てビジョンや子ども・子育て支援新制度などで状況を改善していくように努力されてきた。しかし実際には、財

子育ては社会全体の問題である

政的に苦しい自治体が増えており、保育所に要請される仕事内容は増える一方であるにもかかわらず、それらを無理なく可能にするための資金は不十分なままであり、保育者の十分な確保も難しいままである。このような問題の原因の一つに、「児童福祉施設の設備及び運営に関する基準」の内容が、現代の保育の実状にあっていないという点も指摘されている。

　保育所は「児童福祉施設の設備及び運営に関する基準」を満たして運営されなければならないが、この基準は1948（昭和23）年に「児童福祉施設最低基準」として定められて以来、見直しを要求する声が多々あるにもかかわらず、保育所における保育士の数については見直しされず、低い水準のままである。たとえば、日本の場合、保育所においては「保育士の数は、乳児おおむね3人につき1人以上（略）、満1歳以上満3歳に満たない幼児おおむね6人につき1人以上、満3歳以上満4歳に満たない幼児おおむね20人につき1人以上（略）、満4歳以上の幼児おおむね30人につき1人以上とする。（児童福祉施設の設備及び運営に関する基準　第33条の2）」とされる。これに対して、たとえばイギリスでは2歳未満児で約3対1、2歳児が約4対1、3歳、4歳児が約8対1である。アメリカのニューヨーク州では3か月児から1歳4か月は約3対1、1歳5か月児から2歳5か月児までは約4対1、2歳4か月から3歳半まででは約5対1、3歳半以上から5歳までは約8対1である。また、スウェーデンでは3歳未満児は約5対2、3歳から6歳児が約5対1であり、EU委員会保育ネットワーク（European Commission Network on Childcare）においても、3歳から6歳未満児で15対1にすべきであることを明示している（泉ほか，2004）。これらと比較しても、日本の基準がいかに貧しく低い状態のままであるかは明らかである。

　「児童福祉施設の設備及び運営に関する基準」には「満1歳以上満3歳に満たない幼児おおむね6人につき1人以上」とあるため、時には満1歳を超えたばかりで、まだハイハイをしている子ども6人を1人の保育士で保育しなければならないということを想像すれば、その状況がどれだけ深刻なものであるかがわかる。また、「満3歳以上満4歳に満たない幼児おおむね20人

につき1人以上」とあるが、この時期においては子ども同士で頻繁に起こるトラブルを子ども同士ではまだ解決できないことも多いうえに、第一反抗期にあたる年齢のため、親からの相談も多いことから、20人の3歳児を1人の保育士で担当することは難しいであろう。

　このような問題について多くの声があがり、認知されることになり、ようやく2015（平成27）年に施行された子ども・子育て支援新制度では私立幼稚園、保育所、認定こども園等における3歳児の職員配置を「3歳児15人につき保育者1人」に改善することとなった。しかし、1歳児の職員配置についても「1歳児5人につき保育者1人」に改善する案が出ていたが改善には至らなかった（「平成29年版少子化社会対策白書」より）。このように少しずつであるが、改善する方向で進んでいることは大いに期待できることである。今後も現場で感じるあらゆる問題を皆で共有していくことが必要であろう。

　上述したような改善もあったが、多くの保育所では、子どもたちへの安全で充実した保育を保障するために、保育士の加配などについては自助努力によって対応しているのが現状である。保育所の所長などが管理運営をする際に、限られた予算のなかで多様な雇用形態の保育士によって日々の保育をやりくりし、非常に困難な管理運営を行っているのが現状である。また、近年の待機児童問題を解決するための「保育所入所定員の弾力化」によって、これまでの厳しい基準以上に多くの子どもを、予算的な措置もないまま受け入れるように要求されている場合もある。21世紀の日本にふさわしい「児童福祉施設の設備及び運営に関する基準」の抜本改正が必要なのであるが、国の福祉にかかわる予算の削減や地方分権化の流れなどから、改善への道のりは長い。このままでは、質の高い保育の提供および地域の子育て支援の充実を速やかに図っていくことは難しい。

2.——子どもを産み育てやすい社会にするには

　少子化問題を解決していくためには、地域全体で子育て支援体制を充実させていかねばならない。その一方で、子育て家庭のおかれた状況にも多くの問題がある。たとえば、日本では諸外国に遅れて「育児休業、介護休業等育児又は家族介護を行う労働者の福祉に関する法律」が1991（平成3）年にやっと制定され、育児休業や子どもの看護、介護のために休暇をとる権利が定められた。しかし、日本における育児休業取得率は先進諸外国に比べて低く、特に男性の育児休暇取得率は2016年度に3.16％といまだに低い。女性の育児休業取得率は2016年度に81.8％となったが、十分な期間にわたり育児休業を

取得できている女性は少ない。

　ある地域では、育児休業中の母親が職場に復帰するために子どもの保育所に入所申し込みをしたが認められなかったという。つまり、その地域では、職場復帰した後では子どもを保育所に入所させられるが、復帰前では入所の申し込みすらできないのである。それでは、仕事に復帰してからの入所申し込みとなると、申し込みをしてから入所できるまでの期間をどのようにすればよいのだろうか。認可保育所の一時保育は時間的に不十分であり、無認可の保育所は近くになかったり、経済的に多くの負担を強いられる場合もある。何より、あちらこちらに預けられることになる子どものことを考えると、認可保育所への入所を断られたままの母親の仕事復帰は、現実的には非常に困難なものとなる。このように、企業側で育児休業制度を整えても、地域での保育を支える体制が不十分であれば、結局のところ育児休業制度はうまく機能しないことになってしまう。

　また、子どもの看護休暇制度により、小学校就学前の子を養育する労働者は、子の看護のために1年に5日まで休暇を取得することができるが、保育所に入所してから間もない子どもは慣れない集団生活のなかで頻繁に熱を出すことが多く、1年に5日までの短い看護休暇だけでは到底足らず、年休等を使いながらやりくりしているのが現状である。さらに、先にも述べたように、職場の経費削減による人手不足や多忙により、権利として定められている育児休業や子どもの看護休暇であっても、実際には仕事を休みにくい状況にある。やむを得ないときにだけ非常に肩身の狭い思いをして、詫びながら休みをとるという場合も多い。このような肩身の狭い経験を第一子ですると、第二子までつくって育てていくことは到底不可能であると感じてしまう保護者もいると思われる。政府による数々の少子化対策は、予算不十分のなかで苦慮しながらも改善が図られた結果であり評価できるが、まだまだ不十分であるという認識を忘れてはならない。子育て支援体制の不十分さに対する日本の社会全体における根本的な意識の甘さが問題なのである。今後、社会全体で一層子どもを産み、育てやすい環境になるように世論を高め、支援が充実されるように努めていく必要がある。

> ❋ 学習の確認 ❋
>
> 1．演習問題
>   ① さまざまな形で実施されている子育て家庭支援について調べてみよう。
>   ② 子育て支援の今後の課題について考えてみよう。
>
> 2．キーワードのおさらい
>   □ 子育て支援
>   □ 子ども・子育て支援新制度
>   □ 地域子育て支援拠点事業
>   □ 児童福祉施設の設備及び運営に関する基準
>   □ 児童虐待

【引用・参考文献】

1）内閣府『少子化社会白書』日経印刷　各年版
2）厚生労働省「社会連帯による次世代育成支援に向けて、次世代育成支援施策の在り方に関する研究会報告書」2003年
3）内閣府『子ども・子育て支援新制度における「量的拡充」と「質の改善」について』2014年
　http://www8.cao.go.jp/shoushi/shinseido/meeting/kodomo_kosodate/k_14/pdf/s1.pdf
4）内閣府『平成29年版　少子化社会対策白書』2017年
　http://www8.cao.go.jp/shoushi/shoushika/whitepaper/measures/w-2017/29webhonpen/html/b1_s2-2-1.html
5）内閣府『平成28年版　少子化社会対策白書』2016年
　http://www8.cao.go.jp/shoushi/shoushika/whitepaper/measures/w-2016/28webhonpen/html/b1_s2-3-1.html
6）厚生労働省「地域子育て支援拠点事業とは（概要）」2016年
　http://www.mhlw.go.jp/file/06-Seisakujouhou-11900000-Koyoukintoujidoukateikyoku/kyoten26_4.pdf
7）厚生労働省『子ども虐待による死亡事例等の検証結果等について社会保障審議会児童部会児童虐待等要保護事例の検証に関する専門委員会第13次報告』2017年
　http://www.mhlw.go.jp/file/06-Seisakujouhou-11900000-Koyoukintoujidoukateikyoku/0000174732.pdf
8）高岡昌子・前迫ゆり・智原江美・石田慎二・中田奈月・福田公教「保育所と関係機関との連携による地域での心理的ケアについて―奈良県の保育所におけるアンケート調査をふまえて―」『奈良佐保短期大学研究紀要』第12号　2004年　pp.63−67
9）パメラ・オーバーヒューマ＆ミハエラ・ウーリッチ（泉千勢監修 編訳・OMEP日本委員会訳）『ヨーロッパの保育と保育者養成』大阪公立大学共同出版会　2004年
10）内閣府・文部科学省・厚生労働省「幼保連携型認定こども園教育・保育要領」2017年
11）厚生労働省「保育所保育指針」2017年

第9章　保育者に求められる子育て支援

● 子育て支援が切実に求められている

　ある妊婦が、出産後に子どもを保育所に入所させられるかどうかを地域の児童福祉課に相談に行った時のことです。児童福祉課では「この地域には"待機児童"が多いので入所できる見通しはつきません。この地域から引っ越すことも検討されてはどうでしょうか」と言われてしまいました。ショックを受けた彼女は、仕事を辞めるか、無認可の保育所を探すか……などと悩みましたが、その地域では無認可の保育所もみつからず、最終的に引っ越すことにしました。周辺の地域の児童福祉課に問い合わせ、自分の氏名や連絡先、状況、予定などの詳細を伝えて相談し、"待機児童"はゼロ」という地域をみつけました。
　出産を終え、やっとの思いで引っ越した彼女は、再び保育所入所の手続きのために児童福祉課へ赴きました。ところが、なんと連絡先や予定まで伝えて詳細な相談をしていたにもかかわらず、出産前後の数か月間のうちに定員が埋まってしまい、入所できなくなっていたのです。そのうえ、児童福祉課で彼女は『今年度内に退所児が出るのを待つ枠』で申し込みをするか、それとも『来年度4月入所希望枠』で申し込みをするかの選択を求められました。「『今年度内に退所児が出るのを待つ枠』では、順番が回ってきたらすぐに入所できるのですが、来年度まで順番が回ってこなければ、来年度4月になっても入所できない可能性があります。一方、『来年度4月入所希望枠』ですと、来年度4月からは確実に入所できます」と言われました。また、その児童福祉課では"待機児童"とは『年度内に退所児が出るのを待つ枠』の児童のことをいい、たとえ入所を"来年度まで待たなければいけない"ことになっても『来年度4月入所希望枠』の児童は"待機児童"とは呼ばれないことも伝えられショックを受けました。
　悩んだ末に仕方なく、彼女は確実に入所できる『来年度4月入所希望枠』を選びました。そのため、4月になるまでは、1時間半以上も離れた無認可の保育所に子どもを無理して預けて乗り切ることになったのです。
　このように、待機児童をたくさん抱える地域では多くの親が苦労しています。無理をしなければ子どもを産み育てることができない社会、それが日本社会の実態です。子育て支援の体制が不十分であるために、子どもを産むことをあきらめる人も少なくありません。政府は子育てに対する支援を推進してきましたが、依然として不十分な感は否めません。今後の子育て支援一層の充実に期待したいところです。

第10章 育ちや学びの連続性を考える

学びのポイント

❶子どもの育ちの連続性と非連続性について理解しよう。
❷発達や学びの連続性の課題について考えよう。
❸幼少連携するためにどのようなことが行われているか知ろう。

小学校とのつながりがこれからのポイント

第1節 子どもの育ちの連続性と非連続性

1.──育ちの連続性

2歳くらいまでの赤ちゃん時代が人生のなかで最もよく脳が発達するとか身体的にも成長が著しいとか言われるが、人間は生まれてから死ぬまで生涯にわたってさまざまなことを学び、自分を発達させ自己を変革し続ける存在である。学びや教育は、小学校から始まるのではなく、生まれた時から始まるというのが最近の考え方である[*1]。つまり、学び方や経験の種類は異なっていても、周囲の世界に働きかけ人格として成長し続ける姿は、乳児であっても幼児であっても、小中学生であっても変わらない。乳幼児期に身につけたことは学童期の土台となり、学童期に学んだことは将来の自分の成長につながっている。

このように、人間の発達の連続性は絶つことができないのであり、今日の育ちの姿は明日の育ちの姿につながり、現在の生活や生き方は未来の幸せや人生につながっている。このように生まれてから生涯続いていく発達の姿を育ちの連続性という。

＊1　OECDやEU諸国の最近の研究成果では、生涯学習の基礎となる乳幼児期からの学びが注目され、質の高い保育と教育を提供することが子どもの将来の幸せと社会の発展に寄与するとして、生まれた時からの学びを連続でとらえようとしている（星三和子他訳『OECD保育白書　人生の始まりこそ力強く』明石書店　2011年）

2. ──育ちの非連続性

　育ちには、連続性があると同時に「非連続性」という現象も合わせもっている。私たちが育っていく時、その環境や場は大きく変わる。家庭から保育・幼児教育施設へ、保育・幼児教育施設から小学校へ、小学校から中学校へ移行する時など、子どもが受ける保育や教育のシステムによって、育ちに「非連続性」という現象が現れる。とりわけ、遊びや日常生活をベースとして営まれる保育所や幼稚園などの就学前施設と義務教育機関である小学校以降の生活環境や教育システムには大きな違いがある。子ども自身は5歳と6歳または7歳で生活や成長に断絶があるわけではないが、保育所や幼稚園等では思い切り遊ぶことが尊重され、小学校では勉強が重要視されるというように学びの環境や評価が変わってくる。この生活環境や学びの環境の変化に、子どもはすんなりと適応できるわけではない。そのために育ちや学びの非連続性という現象が生じる。とりわけ、幼児期の教育と小学校での教育の間には子どもにとって大きな段差があり、その段差を乗りこえていくためには、保育者や教師にとっては二つの教育環境や学びの方法を子どもの立場に立って、なめらかにつなげていくという課題が生じる。

第2節　発達や学びの連続性という課題

1. ──幼児期からの一貫した人格形成という課題

　子どもの保育や教育は、子どもの最善の利益を尊重し子どもの権利を保障するという立場に立って日々実践されることが重要である。わが国の教育は「教育基本法」(2006年改正) に基づき、人格の形成と個人としての理想の姿を追求することを目的としている。幼児期の教育では、「生涯にわたる人格形成の基礎を培う」とされ、児童期の教育では「各人の有する能力を伸ばしつつ」「社会において自立的に生きる基礎を培う」という文言で表されている。

　このような人格形成の目的を実現していくためには、実際に保育や教育を担う保育施設や学校、そこで働く保育者や教師が基本的な課題を共有し、それぞれの機関の垣根を超えてともに協力や連携をすることによって、子どもの成長を支えていくことが重要な課題となる。

2.——「幼児期の終わりまでに育ってほしい姿」と「育みたい資質・能力」

2017（平成29）年改訂の幼稚園教育要領、幼保連携型認定こども園教育・保育要領、保育所保育指針には、新しく「幼児期の終わりまでに育ってほしい姿」が示され、就学前施設は共通して「幼児教育を行う施設」として法的に位置づけられた。つまり、どこの施設に通っても「育ってほしい姿」が掲げられ、小学校以降の学校教育においても同じ視点・目標でもって子どもの育ちと学びを実現していくこととなった。わが国では、5歳児の就園率が100％に近いこと[*2]を考えると、すべての子どもに幼児教育が共通の視点・目標のもとで行われ、それを小学校教育へつなげていくことは意義がある。

その要点である「幼児期の終わりまでに育ってほしい姿」とは、3歳（あるいは0歳、1歳）からの長い育ちを通して5歳児後半に特に伸びていくものとして示されている。具体的には次のような10項目を掲げて、年長児から小学校にかけて（さらにその後の）子どもの成長していく姿が示されている。

> **幼児期の終わりまでに育ってほしい姿**
> ①健康な心と体　②自立心　③協同性　④道徳性・規範意識の芽生え
> ⑤社会生活との関わり　⑥思考力の芽生え　⑦自然との関わり・生命尊重
> ⑧数量や図形、標識や文字などへの関心・感覚　⑨言葉による伝え合い
> ⑩豊かな感性と表現

また、幼児教育を通して子どもが身につけていくべき中核的なものが、「育みたい資質・能力」として示された。これは、幼・小・中・高を通して伸びていくもので、その基礎を培うことが幼児教育の課題であるとされている。

> **幼児期に育みたい資質・能力**
> (1) 知識及び技能の基礎
> (2) 思考力、判断力、表現力等の基礎
> (3) 学びに向かう力、人間性等

> **小学校以上の資質・能力**
> (1) 知識及び技能
> (2) 思考力、判断力、表現力等
> (3) 学びに向かう力、人間性等

3.——小学校との連携や接続の課題

就学前施設と小学校との連携や接続の課題は、これまでの指針や要領にも示されてきたが、このたびの改訂によってさらに重要度が増している。三つの施設の指針・要領に記載された事項は、次のとおりである（幼稚園教育要領と幼保連携型認定こども園教育・保育要領は同じ内容なので一括した）。

---

*2　5歳児の就園率について2013（平成25）年度の場合、幼稚園55.1％、保育所43.4％で合計98.5％である（厚生労働省「保育をめぐる現状－資料2より」）

保育所保育指針　第2章

(2) 小学校との連携

ア　保育所においては、保育所保育が、小学校以降の生活や学習の基盤の育成につながることに配慮し、幼児期にふさわしい生活を通じて、創造的な思考や主体的な生活態度などの基礎を培うようにすること。

イ　保育所保育において育まれた資質・能力を踏まえ、小学校教育が円滑に行われるよう、小学校教師との意見交換や合同の研究の機会などを設け、第1章の4の(2)に示す「幼児期の終わりまでに育って欲しい姿」を共有するなど連携を図り、保育所保育と小学校教育との円滑な接続を図るよう努めること。

ウ　子どもに関する情報共有に関して、保育所に入所している子どもの就学に際し、市町村の支援の下に、子どもの育ちを支えるための資料が保育所から小学校へ送付されるようにすること。

幼稚園教育要領（幼保連携型認定こども園教育・保育要領）　第1章

5　小学校教育との接続に当たっての留意事項

(1) 幼稚園（幼保連携型認定こども園）においては、幼稚園教育が、小学校以降の生活や学習の基盤の育成につながることに配慮し、幼児期にふさわしい生活を通して、創造的な思考や主体的な生活態度などの基礎を培うようにするものとする。

(2) 幼稚園（幼保連携型認定こども園の）教育において育まれた資質・能力を踏まえ、小学校教育が円滑に行われるよう、小学校の教師との意見交換や合同の研究の機会などを設け、「幼児期の終わりまでに育ってほしい姿」を共有するなど連携を図り、幼稚園教育と小学校教育との円滑な接続を図るよう努めるものとする。

　　　　　　　　　　　　　　　　　　　　　（　）内は著者による加筆

　あわせて、小学校学習指導要領（平成29年度改正）の「総則　4.学校段階等間の接続」という項目で、①幼児期の終わりまでに育ってほしい姿を踏まえた指導をすること、②低学年の教育全般、特に生活科で育成される自立的な資質・能力が他教科でも生かされ、幼児期の教育との円滑な接続を図ること、③幼児期の自発的な活動としての遊びを通して育まれてきたことが生かされるよう、合科的指導や弾力的な時間割によって指導の工夫を行うこと、などが具体的に示されている。

　このように、これからは教育の目標、内容、方法の面において幼児教育を担う機関や保育者と小学校以降の機関や教師とが、その違いを尊重しながら、お互いの教育の特徴や子どもの発達に対する共通理解が求められている。

第3節　保幼小連携の背景と取り組みの方法、課題

1. ──保幼小の連携が求められる背景

　保育所や幼稚園等と小学校の連携の必要性は、今に始まったことではなく、ずいぶん前から日本の教育では課題となってきた事柄である[*3]。近年の幼小連携が必要とされる背景には、次のような教育上の問題や子どもの成長上の変化が出てきたことなどの事情がある。

[*3] 幼小連携は、中央教育審議会では1970年以降何度も審議されているが、2005年の「子どもを取り巻く環境の変化を踏まえた今後の幼児教育の在り方」によって幼児の生活や学びの連続性が要請され、教育内容の接続の改善が求められたことにより、幼小連携は本格化した。

・1990年代の半ば頃から、小学校に入学した子どもたちが落ち着きなく、教師の指示に従わず授業が成り立たない状態が続く、いわゆる「**小1プロブレム**」が全国の各地で顕著になり深刻な問題となったこと。
・1998（平成10）年の幼稚園教育要領改訂によって、幼児期の教育では**遊びや主体性**が重んじられ、そのことが小学校での不適応現象を引き起こしているのではないかという認識に至ったこと。
・2006（平成18）年の教育基本法改正によって、**学校教育の始まりが幼稚園**であるという法的な位置づけから、小学校以降の教育とのつながりが強調されたこと。
・子ども数が減り、地域でも異年齢で遊んだり交流したりする機会が少なくなってきていることから、小学生と幼児との交流が必要である。
・**特別な支援を必要とする子ども**など多様な個性をもつ子どもの情報を、就学前施設と小学校との間でいっそう共有する必要性が出てきたこと。

　以上のような社会情勢や教育の法的な位置づけの変化を背景に、今では多くの就学前施設と小学校との連携・接続が取り組まれている。

2. ──小1プロブレムの問題

　日本の小学校では1990年頃までは「学級崩壊」は高学年を中心に出現していた[*4]。それが小学校低学年に及んだのが「小1プロブレム」という現象である。小学校に入学した子どもが授業中に先生の指示に従えず、勝手気ままに立ち歩いたり、大声でふざけたり、教師に体ごと甘えてきたり、気に入らないとかんしゃくを起こして泣き叫んだりするなど、行動規範の未発達な子どもの姿が日常的に横行し、それが2か月も3か月も続き教師を悩ませる事

[*4] 小学校高学年の「学級崩壊」は、小学校高学年以降の思春期の子どもたちが教師に対する反発、おとなの権威に対する抵抗の現象としてとらえられる。

態が都会や地方を問わず起こり、社会問題となった。

はじめは、自由放任主義の保育・幼児教育のせいだとか、親の子育ての未熟によるしつけのせいだとか、小学校教師の指導力のなさが原因だとか、原因を突き止めようとする見方が強かった。今では、子どもを

地域で子どもを支えていくことが大切

取り巻く社会環境の変化や家庭環境の急激な変化なども含めて、さまざまな要因が複雑に絡み合って出てきた現象が「小1プロブレム」だという認識に至っている。

このショッキングな現象は、これまで就学前の保育や教育とそれに続く学校教育との関係があまりにも疎遠であったことにも気づかせてくれる契機になったことも事実である[*5]。今では「小1プロブレム」はどこの学校でも起こりうると考えられ、幼児期から学童期への接続の課題は避けて通れないものとなっている。また、地域社会も含めた、就学前施設と地域の機関等との連携も進められるようになった。

* 5　2008年の時点で「小1プロブレムという課題の認知」は保育所で約6割、幼稚園や小学校では約9割の教職員が認知しているという状況であった（新保真紀子『就学前教育と学校教育の学びをつなぐ小1プロブレムの予防とスタートカリキュラム』明治図書 2013年 p.8）

3. ── 連携・接続の取り組みや内容について

具体的には、どのような取り組みや実践をすることが、保幼小の連携や接続になるのだろうか。これまでの成果から、就学前施設と小学校との連携・接続の取り組みは、大きく以下の三つに分類される。

(1) 子ども同士の交流活動

言葉に示される通り、幼児期の子どもたちと学童期の子どもたちが交流する機会を設けることである。従来から取り組まれているものでは、小学校の運動会や発表会などの行事に園児たちを招いて交流するとか、逆に、園のお楽しみ会や遊びの会に小学生を招いて交流するなどもある。これらの活動は以前から多くの園や学校で取り組まれている。

また、低学年のクラスと園の年長クラスがペアを組んで、交流活動を年間計画に位置づけて、栽培で一緒にサツマイモを育てたり、おばけ屋敷ごっこを一緒に企画し楽しんだり、定期的に小学生による絵本の読み聞かせを行うなどの多様な取り組みも行われている。

子ども同士の交流活動は、園児が安心して小学校になじめる、小学生が園児に親しみをもって接してくれる、縦割りの活動で年少者への思いやりや年

長者へのあこがれが育つなどの効果をもたらすことが明らかにされている。

(2) 保育者と教師の交流活動

　同じ市内（地区）の保育所や幼稚園等の保育者たちと小学校の教師たちの合同研修会を開催したり、保育と授業を相互に参観したりするなどの機会を企画して先生同士が交流する活動である。子どもの様子や教育の方法などについて情報交換をして理解を深める。保育者たちは小学校入学後の子どもの成長を実際に知ることになるし、小学校の教師たちは受け入れる園児の様子や保育の特徴などを理解する機会となる。

　この取り組みでは、それぞれの教育的環境や指導の特徴を尊重し合いながら、保育者たちは小学校での時間の流れや決まりなどを知ることができ、小学校教師たちは遊びを通しての学びの意義や年長児がクラスの生活を自主的に運営できる力をもっていることなどを理解することができる。

　その他に、教員間の人事交流として、1年または2年間、幼稚園の教師を小学校に人事異動させ、逆に小学校低学年の教師を幼稚園に異動させるなどの行政措置を実施しているところもある。

(3) カリキュラムの接続

　保育内容や教育内容の接続として、接続カリキュラムの工夫という事柄がある。これは5領域のねらいや内容に基づいて行われる幼児教育での遊びを中心とした「学び」や「生活体験」を、小学校での授業を中心とする教科等の「学習」に、つなげていくためのカリキュラムレベルでの工夫・改善の課

表10-1　保幼小交流計画の一例（抜粋）

月日	年齢・学年	内容の概略
4月	幼稚園・小学校教員	「合同研究会」 小学校内研究会に幼稚園教員が参加。 お互いの研究について理解を深める。
4月25日	幼稚園・小学校教員・近隣保育園保育士	「1日幼稚園　園内研究会」 研究保育を小学校教員が参観。 研究協議会に参加。
6月	5歳児、1年生	「おともだちになろう」 ゲーム・運動歌などを通じて親しみをもつ
1月	5歳児、2年生	「昔遊びをしよう」
2月	4・5歳児、小学生	「交流給食　3」
2月3日	5歳児、5年生	「交流給食　4」
2月	5歳児、1年生	「学校体験」

出典：神長美津子『はじめよう　幼稚園・保育所「小学校との連携」―実践事例集―』フレーベル館　2009年　p.111

第10章　育ちや学びの連続性を考える

表10－2　幼児期の教育と小学校教育の違い

幼児期の教育	小学校教育
①各教科や特別活動などの区別がない（あるいは5領域）	①教科ごとの時間割りがある（45分授業）
②方向目標（心情、意欲、態度）が中心	②到達目標（学習の到達度）
③遊びを中心とした体験的学習	③教科書などの文字文化を中心とした学習
④「環境を通して行う」という間接的教育	④教師が授業や活動を指導する直接的教育

出典：筆者作成

題である。

　その具体的な接続のあり方は、保育所保育指針や幼稚園教育要領、幼保連携型認定こども園教育・保育要領では指導計画の作成において、小学校学習指導要領では、「生活」「国語」「音楽」「図工」の教科において示されているので、その内容を理解しておくことが大切である。表10－2のような違いを、なめらかにつなぐ鍵となる教科が「生活」で、小学校学習指導要領では、特に、「生活」を中心にした取り組みが強調されている。幼児教育では、今回の指針・要領では「幼児期の終わりまでに育ってほしい姿」として使われる5領域のねらいと内容が、小学校の授業等にどのように結びつくのかについて理解しておく必要がある。

4.──小学校の教科との結びつきについて

　5領域で取り扱われる内容が、小学校低学年ではどのような結びつきとなっているのかについて知るために、学習指導要領における記述をみてみよう。

> 小学校学習指導要領にみる幼児教育との関連

小学校学習指導要領
第1章　総則　第2　教育課程の編成　4　学校段階等間の接続
(1) 幼児期の終わりまでに育ってほしい姿を踏まえた指導を工夫することにより、幼稚園教育要領等に基づく幼児期の教育を通して育まれた資質・能力を踏まえて教育活動を実施し、児童が主体的に自己を発揮しながら学びに向かうことが可能となるようにすること。また、低学年における教育全体において、例えば生活科において育成する自立し生活を豊かにしていくための資質・能力が、他教科等の学習においても生かされるようにするなど、教科等間の関連を積極的に図り、幼児期の教育及び中学年以降の教育との円滑な接続が図られるよう工夫すること。

各教科「指導計画の作成と取り扱い」より
国語

幼稚園教育要領等に示す幼児期の終わりまでに育ってほしい姿との関連を考慮すること。特に、小学校入学当初においては、生活科を中心とした合科的・関連的な指導や、弾力的な時間割の設定を行うなどの工夫をすること。
生活
　　特に、小学校入学当初においては、幼児期における遊びを通した総合的な学びから他教科等における学習に円滑に移行し、主体的に自己を発揮しながら、より自覚的な学びに向かうことが可能となるようにすること。その際、生活科を中心とした合科的・関連的な指導や、弾力的な時間割の設定を行うなどの工夫をすること。
音楽
　　幼稚園教育要領等に示す幼児期の終わりまでに育ってほしい姿との関連を考慮すること。特に、小学校入学当初においては、生活科を中心とした合科的・関連的な指導や、弾力的な時間割の設定を行うなどの工夫をすること。
図画工作
　　幼稚園教育要領等に示す幼児期の終わりまでに育ってほしい姿との関連を考慮すること。特に、小学校入学当初においては、生活科を中心とした合科的・関連的な指導や、弾力的な時間割の設定を行うなどの工夫をすること。

　このように、生活を中心として低学年の各教科で「幼児期における遊びを通した総合的な学び」を学校での学習に円滑に移行することが記述されている。1、2学年の「生活」は、幼児期の生活全般に関わるが、「領域　人間関係」「領域　環境」とも関連する。国語は「領域　言葉」、「音楽」や「図画工作」は「領域　表現」ともつながるものである。

第4節　「学び」を中心とした接続と移行への考え方

1.──「学びの芽生え」から「自覚的な学び」へ

　2010（平成22）年の「幼児期の教育と小学校教育の円滑な接続の在り方に関する調査研究協力者会議報告」以降は、「幼児期から児童期への子どもの発達や学びはつながっている」という理解に立って、幼児期においては遊びによる「学びの芽生え」、児童期にあっては授業時間を中心とする「自覚的な学び」という言葉で特徴を示している。幼児期から児童期の移行は「学びの芽生え」から「自覚的な学び」へと徐々に発展していくのである。
　その際、幼児期と児童期の教育はともに直接的・体験的な対象との関わりを重

体験や遊びのなかの「なぜだろう？」を大切にしたい

視している点で共通性があると述べ、この時期には「学びの芽生え」と「自覚的な学び」の調和のとれた教育をすることが必要であるという。このように、「学び」を中心としてカリキュラムの接続を図ろうとする課題がある。

2. アプローチカリキュラムとスタートカリキュラム

そこで、幼児期の後半と小学校の入学期・入門期をつなぐカリキュラムとして提唱されているのが、「アプローチカリキュラム」と「スタートカリキュラム」という構想である。なじみにくい言葉であるので、要点を示しておく。

アプローチカリキュラムとは	スタートカリキュラムとは
就学前の幼児が円滑に小学校の生活や学習へ適応できるようにするとともに、幼児期の学びが小学校の生活や学習で生かされてつながるように工夫された5歳児のカリキュラムのこと。	幼児期の育ちや学びを踏まえて、小学校の授業を中心とした学習へうまくつなげるため、小学校入学後に実施される合科的・関連的カリキュラムのこと。

ここで言う「アプローチ」とは小学校入学へ向けての方向づけ、「スタート」とは小学校生活のスタートを意味する。

この二つのカリキュラムの関連については、次頁の図10-1、10-2のようなイメージで示される。

第5節　保育者にとって保幼小連携の課題

幼児期から児童期への移行を円滑にし、地域や保護者を巻き込んだ連携教育を展開していくことは、子どもの豊かな発達にとって意義がある。これからの保育者にとっての課題と思われることを挙げておく。

①発達段階に応じた子どもの学びの特徴を発信していく

連携・接続教育では、園と小学校の双方にとって得るものがある（互恵性）という考え方に立つことが基本である。そのためには、保育を学ぶ人や保育者は、幼児期と児童期の「学び」の共通性と違いの特徴をよく知り、それを小学校に発信していくことである。幼児教育で完結なのではなく、それが小学校教育にどのようなつながりをもって、子どもたちの資質・能力がつながっていくのかという姿勢をもって、連携に挑んでいくことが求められる。

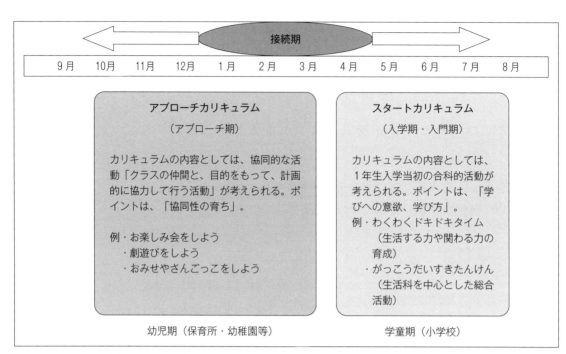

図10-1　アプローチカリキュラムとスタートカリキュラムのイメージ

出典：筆者作成

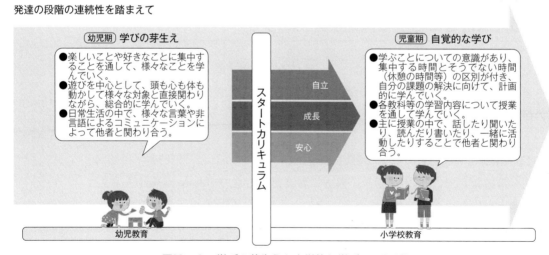

図10-2　学びの芽生えと自覚的な学びのつながり

出典：文部科学省国立教育政策研究所教育課程センター「スタートカリキュラムの編成の仕方・進め方が分かる　〜学びの芽生えから自覚的な学びへ〜」2015年

②保育者と小学校教師との交流と親密な関係づくり

　園と学校のつながりを子どもの立場に立って進めていくためには、その前提として保育者と教師による交流が欠かせない。それぞれ、異なる教育環境や方法で実践されている保育と学校教育の実際を、お互いが知りたい、わかりたいという姿勢をもって、交流や関わりをつくっていくことが大事である。形式的な研究会や参観に終わらせないで、心理的・物理的な垣根をこえて共通の目標をもって取り組むことが求められる。

③地域社会に開かれた園づくりをめざす

　本章では、小学校との連携・接続を中心に述べてきたが、子どもの育ちの連続性の課題は、地域社会とのつながりとも関連してくる。学校間だけでなく、地域社会の人たちや関係諸機関との連携、そして子どもたちの保護者の理解や参加を進めていくことも、連携・接続の大事な課題である。

❋ **学習の確認** ❋

1．演習問題
① 保幼小連携の意義を説明してみよう。
② 幼児期と児童期の学びの特徴について例をあげて説明してみよう。

2．キーワードのおさらい
□ 連携と接続
□ 生活科
□ 学習指導要領
□ 小１プロブレム
□ アプローチカリキュラムとスタートカリキュラム

【参考文献】
国立教育政策研究所『幼児期から児童期への教育』ひかりのくに　2005年
文部科学省・厚生労働省・内閣府『平成29年告示　幼稚園教育要領　保育所保育指針　幼保連携型認定こども園教育・保育要領　＜原本＞』チャイルド本社　2017年
酒井朗・横井紘子『保幼小連携の原理と実践　移行期の子どもへの支援』ミネルヴァ書房　2011年
新保真紀子『小１プロブレムの予防とスタートカリキュラム』明治図書　2013年
秋田喜代美・第一日野グループ『保幼小連携　育ちあうコミュニティづくりの挑戦』ぎょうせい　2013年
無藤隆・安見克夫・和田信行・倉掛秀人・本郷一夫『今すぐできる幼・保・小・連携ハンドブック』日本標準　2009年

● 先生同士の本音

　ある市では、一年を通じて定期的に、保育所・幼稚園・認定こども園の先生たちと小学校低学年担任の先生たちの合同研修会が催されています。これはとても有意義な取り組みです。

　ある日実施された合同研究会でのことです。その日は、それぞれお互いの思いを出し合うことになりました。先生たちは、お互いをどのように見ているのでしょうか。

> 小学校の先生の声

・園では、子どもの行動や内面に寄り添うきめ細やかさに驚きました。
・園では、遊んでいるだけと思っていましたが、全然違っていました。保育者たちがその遊びにいろいろな願いを込めていることがわかりました。
・入学直後は、子どもがいつでも勝手にトイレに行くので困ります。

> 園の先生の声

・小学校での生活は、これまでの園生活とはまったく違っているので戸惑いました。
・45分間じっと机に向かって座っているのは、入学直後の子どもには大変なことだと実感しました。
・教室の前に立っている先生に子どもは話しかけにくいと感じました。

　このように、先生同士の間でも、園の生活文化や学びの環境と小学校での教室という環境には、戸惑うものがあるようです。まずは先生が子どもの立場と子どもの目線に立って、その戸惑いを出し合っていくと見えてくるものがありそうです。

第11章 保育者のあり方を考える

学びのポイント

❶保育者の現状と課題をふまえて、今日の保育者に求められる資質をとらえる。
❷職業倫理の観点から、保育者のあり方を考える。
❸保育者の専門性を向上させるための取り組みについて学ぶ。

保育者をさまざまな面からとらえていこう

第1節 今日の保育者に求められる姿とは

1.──社会状況の変化からみた保育者の存在

近年、都市化や国際化の進展、核家族化・少子化の進行、働く女性の増加による女性の社会進出など、子どもの生活を取り巻く社会状況は大きく変容している。また、地域社会における人間関係の希薄化、社会性や親としての自覚が不十分な親の増加などにより、これまで家庭や地域が担ってきた子育てへの関わりの減少や、その機能が十分に生かされないという状況に至っている。さらに、それらに加えて、世帯構造の多様化や結婚観などについての意識にも変化がみられる（図11－1、表11－1）。

保育者の使命は、乳幼児期の子どもとさまざまな活動を通して関わり、人間形成の基礎となる豊かな心や生きる力の基盤を育んでいくことである。近年においては、保育所や幼稚園に通う園児のなかには、特別に支援を要する子どもが増えてきているという報告がある。問題は、こうした現状に一部の保育者が十分に対応しきれていないという現場からの声である。保育者の使命や責任という点に照らし合わせても、社会の要請、時代の変化に対応した保育の推進が求められることは自明の理である。そうした点から、変化の著しい時代において保育者をめざす者は、これまで以上に幅広い知識の修得が

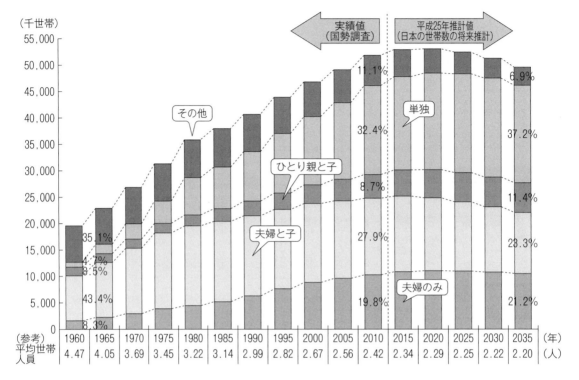

図11-1 家族類型別一般世帯数と平均世帯員人員の推移
出典：厚生労働省編『平成23年版厚生労働白書』2011年 p.16を一部改変

表11-1 結婚観の変化 （単位：千世帯）

結婚後は、夫は外で働き、妻は家庭を守るべきだ	（平成9年） 未婚男子45.8％ 賛成 未婚女子31.5％ 賛成	（平成27年） 未婚男子30.7％ 賛成 未婚女子28.6％ 賛成
結婚したら、子どもは持つべきだ	（平成9年） 未婚男子77.9％ 賛成 未婚女子71.5％ 賛成	（平成27年） 未婚男子75.4％ 賛成 未婚女子67.4％ 賛成

出典：国立社会保障・人口問題研究所「平成9年 第11回出生動向基本調査"結婚と出産に関する全国調査"第Ⅱ報告書」国立社会保障・人口問題研究所『第15回出生動向基本調査（結婚と出産に関する全国調査）平成27（2015）年実施』

求められると同時に、高い専門性に裏打ちされた保育の資質と自覚が必要とされる。

以上のような社会の要請に応えるために、現在、保育者養成校[*1]では高い資質をもった保育士を育てるために、保育士としての高い専門性修得のための教育のみならず、礼儀作法や状況に応じた言葉遣い、コミュニケーション能力の育成などにも取り組んでいる。表現の違いはあるにせよ、各養成校で

*1 保育者養成校とは、幼稚園教諭、保育士など保育者養成課程のある大学、短期大学、専門学校をさす。保育者養成校で授業および実習の単位を取得することにより、卒業とともに幼稚園教諭免許・保育士資格（国家資格）が与えられる。

は教育目標の一つとして、一様に「人間的に高い資質をもった保育者養成」を掲げている。この目標を達成するために、保育者としての意識や感性、心情といった人格的側面への教育的アプローチにも力を入れている。場合によっては、食生活や基本的生活習慣といった生活の基本的な部分にまでふみ込んだ徹底した指導が行われている。

保育者は、保育者であると同時に1人の社会人であることを忘れてはならない。保育に関する専門的知識が豊富で技術が優れていても、社会性に乏しく、人格が備わっていないという状態で保育の場に身を置くべきではない。園生活とは、子どもが成長していく過程において、家庭の次に属する中心となる生活空間であり、家族以外の他者と関わりながら生涯を通して価値ある社会性を身につけていく場である。したがって、園生活のなかで出会う自分のまわりの園児やおとなからさまざまなことを吸収し、影響を受ける。なかでも、最も大きな影響力をもっているのは保育者であり、単に人的環境以上の存在といえる。

2. ──保育所、幼稚園等の現状と保育者の視点

次に、近年における幼稚園や保育所等の現状を確認しておく。公立幼稚園、私立幼稚園、公立保育所、私立保育所のそれぞれが個別的に抱えている問題や地域間格差などはあるが、ここでは全般的な視点から検討することにする。

〈保育所や幼稚園等にみられる問題の傾向〉
- 園、施設の多様化と変容
- 保育所に対する需要の増加
- 幼保の連携や協力の進展
- 著しく低い男性保育士・幼稚園教諭の割合[*2]
- 保育所職員の非正規問題[*3]

上記に示した傾向の背景としては、第一に、少子化の進行や高度情報通信社会の到来に伴う急激な社会変化から生ずる、子育てや保育、幼児教育に対するニーズの変化・多様化がある。第二に、子どもをもつ親や保護者の多様化したニーズに対応した保育や幼児教育の形態やサービス、施設の増加により、いくつかの問題は抱えつつも幼保の連携や協力は少しずつ進展しているという事実がある。第三に、「保育所・幼稚園＝女性の職場」というイメージがまだまだ根強いため、男性保育者を受け入れることに対しての意識改革と職場環境の整備が、あまり進んでいないという点があげられる。第四に、増加傾向にある保育所職員の非正規雇用については、厳しい経営を余儀なく

*2 厚生労働省「平成27年社会福祉施設等調査」と文部科学省「平成28年度学校基本調査」によると、男性保育士は全体の約4%、男性の幼稚園教諭は約6.5%となっている。

*3 2016（平成28）年度では、全国の保育所の90%で非正規雇用の保育士が働いている。また、地方自治体の厳しい財政状況を反映して、私立よりも公立のほうが正規雇用が少なくなっており、非正規保育士の割合は2人に1人に達している（全国保育協議会, 2016）。

されている施設の増加という状況が背景の一つとしてあげられる。保育所や幼稚園にみられるこうした傾向は、日々繰り広げられる子どもたちの園生活にもさまざまな変化を生じさせている。

　保育者を取り巻く環境は、さらに多様化するニーズや難しい対応が迫られることにより生じる課題が増加する傾向にある。このような状況においてこそ、保育者は保育の原点・原理をしっかりと修得しておくことが大切である。保育士として必要になる普遍的視点を核にもちながら、変化するさまざまな課題に立ち向かっていくことが、保育者として必要な資質なのである。

第2節　職業倫理の観点から

1.──職業倫理からみた保育士と幼稚園教諭

＊4　倫理とは、善悪の判断としての視点や基準、行動の規範としての道徳観につながるもの。社会生活の秩序を維持するために必要なものである。

　職業倫理[＊4]とは、ある特定の職業に携わる場合に必要とされる善悪の判断の基準や行動の規範をいう。保育を規定している国の諸資料には、保育の場における保育者の職業倫理を方向づける内容が明記されている。第1章（p.18）ですでにとり上げたが、保育所保育指針「第1章　総則」における保育士の倫理についてあらためて確認しよう。

> **保育所保育指針**
> エ　保育所における保育士は、児童福祉法第18条の4の規定を踏まえ、保育所の役割及び機能が適切に発揮されるように、倫理観に裏付けられた専門的知識、技術及び判断をもって、子どもを保育するとともに、子どもの保護者に対する保育に関する指導を行うものであり、その職責を遂行するための専門性の向上に絶えず努めなければならない。

　上記に示されている「子どもの保護者に対する保育に関する指導」は、2003（平成15）年11月の児童福祉法一部改正の際に新たに盛り込まれた内容であるが、「保護者に対する保育に関する指導」＝「家庭教育、子育てへの介入」ではないことに注意しなければならない。この条文は、倫理観に裏づけられた保育士が、あくまでも保護者の立場を尊重し、福祉や奉仕の精神に則り、専門職の立場から保護者にさまざまな援助を行うことで、子どもの保育に寄与していくことを意味している。

　また、地域社会に根ざした保育士の役割についても、ここでいう「保護者に対する指導」には、保育所に子どもを預けていない子育て家庭や保護者に対しても同様な倫理観をもち、使命を全うすることを意味している。

幼稚園の関連事項に目を向けてみても、文部科学省『幼稚園における道徳性の芽生えを培うための事例集』*5（2001年）に次のような内容が示されている。

> **幼稚園における道徳性の芽生えを培うための事例集**
> 　幼児は教師の指導によってだけでなく、教師の態度や行動からも社会的な価値観を学んでいる。それゆえ、幼児に道徳性の芽生えを培おうとするなら、教師自身が身をもって態度や行動に道徳性を表していることが大切なのである。

*5 『幼稚園における道徳性の芽生えを培うための事例集』の作成にあたっては、「新幼稚園教育要領の趣旨を踏まえ、各幼稚園において、教師が幼児の道徳性の芽生えを培うための指導を進める際の参考となるよう、さまざまな幼稚園の具体的な実践例等からなる事例集を作成する」との趣旨が掲げられている。

上記の内容をふまえたうえで保育者の職業倫理を考えた場合、次の三つの視点が大切となる。
　①使命感をもって子どもを取り巻く諸環境を整える
　②子どもの立場に立ち最善の利益を確保する
　③子どもの健やかな「育ち」を支える毅然とした姿勢をもつ
　上記三つの視点を具体的に説明すると、次のようになる。
　①の「使命感をもって子どもを取り巻く諸環境を整える」とは、保育者が社会的な責任や使命を認識し、保育を高い水準で実践するという意識をもつとともに、保育の質を一層向上させるために必要となる環境整備を行うことに努めることをさしている。
　②の「子どもの立場に立ち最善の利益を確保する」とは、保育者が一人一人の子どもの立場に立って最大幸福を考え、子どもが安心して園生活を送ることができるよう愛情をもって最善の努力をすることを意味している。なお、この前提には子どもを１人の人間として尊重する姿勢が必要となる。
　③の「子どもの健やかな「育ち」を支える毅然とした姿勢」とは、次のような理解となる。すなわち、保育者が子どもの権利を守り、心身ともに健やかな成長・発達を保障できる明確な保育目標と、それを実現していくための高遠な保育観をもつために、不断の研鑽を重ねていかなければならないということである。また、子どもの健やかな「育ち」を妨るものについては、毅然とした態度で立ち向かっていく気概も必要である。
　倫理は法律とは違うので、多くの場合それに反しても法律に違反することにはならない。しかし、職業という枠のなかでの倫理違反は、社会通念上排除されるべきものである。とりわけ、保育所や幼稚園といった子どもを保育する専門職の場では、職業倫理に背く安易な行動や不適切な振る舞いは慎まなければならない。先にみたように、保育者の存在は、園児にとって社会的価値観や道徳性の芽生えを育むモデルなのである。園での生活空間における園児との生活、諸活動への援助や指導といった場面での教師の動きや態度、

言葉遣いなどは、行動様式の手本として園児たちの目に映っている。保育者は、このことを肝に命じるべきである。

2. 保育士の国家資格化と職業倫理

(1) 保育士の国家資格化の展開とその背景

　保育施設内における事故や入所児への虐待が社会問題となるなか、2001（平成13）年に児童福祉法が一部改正・公布された（2003年施行）。職業倫理という観点から保育士のありようを考えるとき、保育士の国家資格化という動きはきわめて重要である。なぜなら、こうした保育施設に対する行政介入などの監督強化は、認可、認可外も含めたすべての保育施設で保育に従事する者に意識改革を喚起するとともに、新たな課題を提起することになったからである。

　保育士の国家資格化を柱とした児童福祉法の一部改正（2003年）により、保育士の社会的役割も見直された。具体的には、それまでの保育士は「児童福祉施設において、児童の保育に従事する者（児童福祉法施行令第13条）」とされていたものが、「登録を受け、保育士の名称を用いて、専門的知識及び技術をもって、児童の保育及び児童の保護者に対する保育に関する指導を行うことを業とする者（児童福祉法第18条の4）」に変更された。

　保育士の社会的役割の見直しは、保育士の地域社会における子育て支援者としての位置づけを明確にし、一部の劣悪な認可外保育施設に対する人的環境の改善を推進するための契機になったといえよう。

(2) 専門職としての保育士に求められる職業倫理の視点

　保育士の国家資格化は、保育士に保育の場を司る専門職としての職業倫理に対する認識をこれまで以上に求めることとなった。

　また、保育士の呼称が、いわゆる任用資格[*6]から国家資格としての呼称に変わることで、保育士に対する社会的信用を高めようとする意図もうかがえる。さらに、その専門性をより高いレベルに押し上げることにより、社会的な要請による子育てニーズに合致した支援に応えていこうという方向づけがみられるのである（図11-2）。

　保育士の国家資格化に伴うこのような情勢は、保育士関連団体にもさまざまな影響を与えることとなった。主な動きとして、2003（平成15）年の全国保育士会による「全国保育士会倫理綱領」（p.214参照）の策定[*7]があげられる。

*6　任用資格とは、一般的に行政における特定の職に任用されるための資格と解釈される。なお、児童福祉施設の任用資格という位置づけだった保育士資格は、資格の詐称により社会的信用が損なわれているという問題が指摘されていた。

*7　全国保育士会は、保育士資格の法制化をふまえて、保育士の質の向上を図るため「全国保育士会倫理綱領」を定めた。同綱領は策定後、厚生労働省をはじめ保育関係機関に通知された。

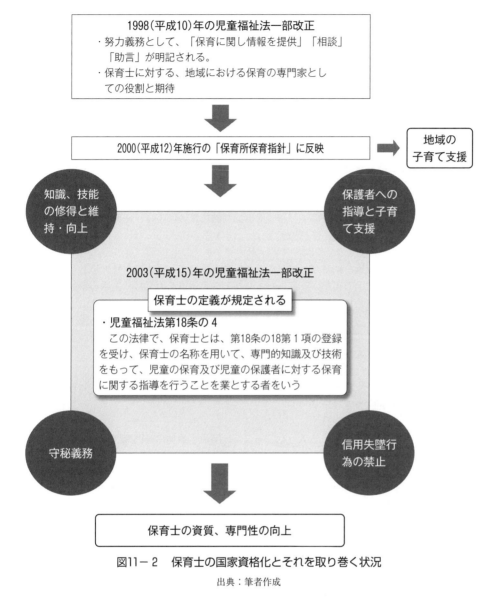

図11-2　保育士の国家資格化とそれを取り巻く状況
出典：筆者作成

　この倫理綱領は、同年に行われた全国保育士会委員総会および全国保育協議会協議員総会で採択されたものである。つまり、保育士や保育者たちが保育・子育て支援の専門職として決意表明を行ったものといえる。
　構成は、前文と8か条からなる。前文には保育者が支えるべきものとして、「子どもの育ち」、「保護者の子育て」、「子どもと子育てにやさしい社会」の3点が明記されており、子どもを保育の中心に据えた倫理綱領の基本的態度が確認できる。また、8か条として、①子どもの最善の利益の尊重、②子どもの発達保障、③保護者との協力、④プライバシーの保護、⑤チームワーク

全国保育士会倫理綱領

　すべての子どもは、豊かな愛情のなかで心身ともに健やかに育てられ、自ら伸びていく無限の可能性を持っています。

　私たちは、子どもが現在（いま）を幸せに生活し、未来（あす）を生きる力を育てる保育の仕事に誇りと責任をもって、自らの人間性と専門性の向上に努め、一人ひとりの子どもを心から尊重し、次のことを行います。

　　　私たちは、子どもの育ちを支えます。
　　　私たちは、保護者の子育てを支えます。
　　　私たちは、子どもと子育てにやさしい社会をつくります。

（子どもの最善の利益の尊重）
1．私たちは、一人ひとりの子どもの最善の利益を第一に考え、保育を通してその福祉を積極的に増進するよう努めます。

（子どもの発達保障）
2．私たちは、養護と教育が一体となった保育を通して、一人ひとりの子どもが心身ともに健康、安全で情緒の安定した生活ができる環境を用意し、生きる喜びと力を育むことを基本として、その健やかな育ちを支えます。

（保護者との協力）
3．私たちは、子どもと保護者のおかれた状況や意向を受けとめ、保護者とより良い協力関係を築きながら、子どもの育ちや子育てを支えます。

（プライバシーの保護）
4．私たちは、一人ひとりのプライバシーを保護するため、保育を通して知り得た個人の情報や秘密を守ります。

（チームワークと自己評価）
5．私たちは、職場におけるチームワークや、関係する他の専門機関との連携を大切にします。
　また、自らの行う保育について、常に子どもの視点に立って自己評価を行い、保育の質の向上を図ります。

（利用者の代弁）
6．私たちは、日々の保育や子育て支援の活動を通して子どものニーズを受けとめ、子どもの立場に立ってそれを代弁します。
　また、子育てをしているすべての保護者のニーズを受けとめ、それを代弁していくことも重要な役割と考え、行動します。

（地域の子育て支援）
7．私たちは、地域の人々や関係機関とともに子育てを支援し、そのネットワークにより、地域で子どもを育てる環境づくりに努めます。

（専門職としての責務）
8．私たちは、研修や自己研鑽を通して、常に自らの人間性と専門性の向上に努め、専門職としての責務を果たします。

　　　　　　　　　　　　　　　　　　　　社会福祉法人　全国社会福祉協議会
　　　　　　　　　　　　　　　　　　　　　　　　　　　全国保育協議会
　　　　　　　　　　　　　　　　　　　　　　　　　　　全国保育士会

と自己評価、⑥利用者の代弁、⑦地域の子育て支援、⑧専門職としての責務、が掲げられている。

　子どもの最善の利益や発達の保障を根幹に据えつつ、子育て支援を大切な責務とするこの倫理綱領は、保育士の行動指標であるばかりでなく、保育者の行動原理としても有用なのである。

　ここで、保育士が専門職の立場から考えなければならないのは、「子どもの育ちや保護者の子育ての何を支えるのか」、「子どもと子育てにやさしい社会とはどのような社会なのか」の二点についてである。これまで学んだことを振り返りながら、広く深い視点から考えてほしい。

第3節　専門性の向上とキャリアアップに向けた取り組み

1.――現代社会のニーズに対応した専門性の向上

　専門性の向上という点からみると、日々の「省察」が不可欠となる。省察とは、保育者自身が自分の保育実践を振り返り、考えをめぐらすことである。「Aくんはお友だちにどうしてあんなことを言ったのだろう」、「Bちゃんへの言葉がけや受け止め方はあれでよかったのだろうか」、「Cくんのお母さんへの電話連絡は適切だったろうか」などと、1日の具体的な出来事や様子を振り返りながら、相手の気持ち、出来事の原因、ふるまいのよしあしなどに思いをめぐらす。すると、あわただしい実践のなかでは気づくことができなかったことが浮かびあがってくる。こうした取り組みで得た「気づき」や「課題」を、次の保育場面に生かすことができれば、それは専門性向上への一歩となる。

　省察は保育者それぞれによって取り組み方に違いはあるだろうが、保育の質の向上という目的に向かうならば、日課にすべきものである。では、日々多忙な保育現場において、どのように省察を行えばよいのだろう。保育には1日の流れがあるとはいえ、その展開は混沌としていて、速い。保育者はゆとりのないなかでも、子どもたちやほかの保育者、保護者、訪問者等とさまざまにかかわらなくてはならない。実践はうまくいくこともあれば、予想していなかった場面があらわれることもある。いずれにしても、立ち止まってみる時間を意図してつくり出さなければ、実践はただ通り過ぎていってしまう。そこで、たとえば保育が一段落した合間に、気になったことを簡単な一行メモに残していく。そして、1日の終わりにそのメモをもとに省察を行う

とよい。省察で得たことは、文章にしておくと一層効果的である。

省察は、自分自身の理解を深めることにも役立つ。保育者にはカウンセリングマインドやケアワーカーという役割も求められているが、省察によって自分を深く知ることは、さまざまなニーズに対応する"柔軟性"を養うことにもつながるのである。

2.——保育者の研修とキャリアアップ

時代とともに保育者を取り巻く環境も変容している。これに伴って、子ども理解や援助の仕方、保育環境の把握や構成などにおいて、さまざまな問題が提起されている。そうしたなか、本節のテーマである「現代社会のニーズに対応した専門性の向上」を図るには、保育者自身が日々の保育を振り返り、修正すべき点は適切に修正し、改善するという姿勢が欠かせない。

もちろん、園で継続的に行われる反省会やミーティングなどでも「振り返り」は可能である。しかし、仕事に忙殺される時間のなかでは、不十分なまま次の段階に進まなければならない場合も少なくない。このような現実の状況に対応するために、整備されなければならないのが「研修」のシステムである。

厚生労働省は、「保育士等キャリアアップ研修の実施について」（平成29年）のなかで、専門性を高めるための保育士研修の改善や充実について、次のように述べている。

「現在、保育現場においては、園長、主任保育士の下で、初任後から中堅までの職員が、多様な課題への対応や若手の指導等を行うリーダー的な役割を与えられて職務にあたっており、こうした職務内容に応じた専門性の向上を図るための研修機会の充実が特に重要な課題となっています。今般、公示を行った保育所保育指針（平成29年厚生労働省告示第117号）では、『保育所においては、当該保育所における保育の課題や各職員のキャリアパス等も見据えて、初任者から管理職員までの職位や職務内容等を踏まえた体系的な研修計画を作成しなければならない』ことが盛り込まれたところです。」

乳幼児の保育及び保護者に対する保育に関する指導を行う専門職の保育士には、その専門性の向上を図るため、日々の保育活動を通して新たな専門的知識や実践力を磨くことが求められている。このことは児童福祉施設の設備及び運営に関する基準にも明示されている。

児童福祉施設の設備及び運営に関する基準
第7条の2

> 児童福祉施設の職員は、常に自己研鑽に励み、法に定めるそれぞれの施設の目的を達成するために必要な知識及び技能の修得、維持及び向上に努めなければならない。
> 2　児童福祉施設は、職員に対し、その資質の向上のための研修の機会を確保しなければならない。

　周知のように、子どもや子育てを取り巻く環境は変化し、これに伴って保育所保育に求められる期待や役割も多様化している。保育士は複雑になる業務をこなしながら、さらなる高度な専門性が求められている。こうした課題を解決していくために、保育所保育指針にも明記されている通り、保育士にはさまざまな研修機会が必要なのである。

> **保育所保育指針**
> 第5章　職員の資質向上　4　研修の実施体制等　(1) 体系的な研修計画の作成
> 　保育所においては、当該保育所における保育の課題や各職員のキャリアパス等も見据えて、初任者から管理職員までの職位や職務内容等を踏まえた体系的な研修計画を作成しなければならない。

　厚生労働省による「保育士等キャリアアップ研修の実施について」（平成29年）に掲げられた"保育士等キャリアアップ研修ガイドライン"の主なポイントは次の通りである。

◎目的　　　：保育現場におけるリーダー的職員の育成に関する研修
◎実施主体：都道府県または都道府県知事の指定した研修実習期間
◎研修内容：ア　「専門分野別研修」
　　　　　　　①乳児保育、②幼児教育、③障害児保育、④食育・アレルギー対応、⑤保健衛生・安全対策、⑥保護者支援・子育て支援
　　　　　　　対象は、保育所等の保育現場において、それぞれの専門分野に関してリーダー的な役割を担う者など。
　　　　　　イ　「マネジメント研修」
　　　　　　　対象は、アの分野におけるリーダー的な役割を担う者としての経験があり、主任保育士の下でミドルリーダーの役割を担う者など。
　　　　　　ウ　「保育実践研修」
　　　　　　　対象は、保育所等の保育現場における実習経験の少ない者（保育士試験合格者等）、または長期間、保育所等の保育現場で保育を行っていない者（潜在保育士等）。

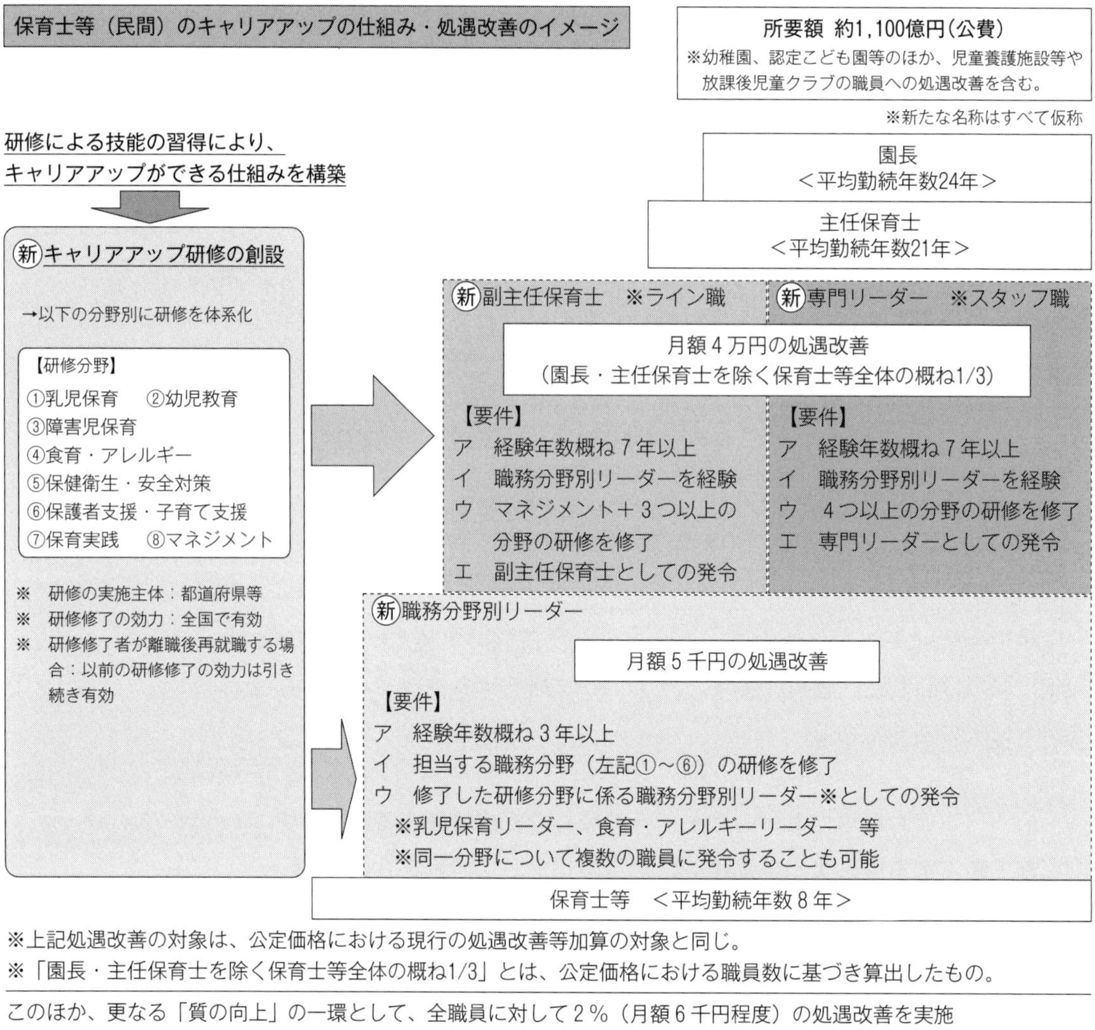

保育士等（民間）のキャリアアップの仕組み・処遇改善のイメージ

所要額 約1,100億円（公費）
※幼稚園、認定こども園等のほか、児童養護施設等や放課後児童クラブの職員への処遇改善を含む。

※新たな名称はすべて仮称

園長 ＜平均勤続年数24年＞

主任保育士 ＜平均勤続年数21年＞

研修による技能の習得により、キャリアアップができる仕組みを構築

【新】キャリアアップ研修の創設
→以下の分野別に研修を体系化

【研修分野】
① 乳児保育　② 幼児教育
③ 障害児保育
④ 食育・アレルギー
⑤ 保健衛生・安全対策
⑥ 保護者支援・子育て支援
⑦ 保育実践　⑧ マネジメント

※ 研修の実施主体：都道府県等
※ 研修修了の効力：全国で有効
※ 研修修了者が離職後再就職する場合：以前の研修修了の効力は引き続き有効

【新】副主任保育士　※ライン職　　【新】専門リーダー　※スタッフ職

月額4万円の処遇改善
（園長・主任保育士を除く保育士等全体の概ね1/3）

【要件】
ア　経験年数概ね7年以上
イ　職務分野別リーダーを経験
ウ　マネジメント＋3つ以上の分野の研修を修了
エ　副主任保育士としての発令

【要件】
ア　経験年数概ね7年以上
イ　職務分野別リーダーを経験
ウ　4つ以上の分野の研修を修了
エ　専門リーダーとしての発令

【新】職務分野別リーダー

月額5千円の処遇改善

【要件】
ア　経験年数概ね3年以上
イ　担当する職務分野（左記①〜⑥）の研修を修了
ウ　修了した研修分野に係る職務分野別リーダー※としての発令
　※乳児保育リーダー、食育・アレルギーリーダー　等
　※同一分野について複数の職員に発令することも可能

保育士等　＜平均勤続年数8年＞

※上記処遇改善の対象は、公定価格における現行の処遇改善等加算の対象と同じ。
※「園長・主任保育士を除く保育士等全体の概ね1/3」とは、公定価格における職員数に基づき算出したもの。

このほか、更なる「質の向上」の一環として、全職員に対して2％（月額6千円程度）の処遇改善を実施

図11－3　保育士等（民間）のキャリアアップの仕組み・処遇改善のイメージ
出典：厚生労働省「保育士等キャリアアップ研修の実施について」（平成29年）

✱ 学習の確認 ✱

1．演習問題
① 現代の子どもたちがおかれている生育環境をふまえたうえで、保育者に求められる役割や期待についてまとめてみよう。
② 幼稚園教諭、保育士、保育教諭それぞれの立場から志向される役割について、職業倫理の観点から述べてみよう。
③ 実施されている「保育ニーズに対応した保育者研修プラン」を調べてみよう。

2．キーワードのおさらい
□ 保育士の国家資格化
□ 全国保育士会倫理綱領
□ 省察
□ 研修
□ キャリアアップ

【引用・参考文献】
1) 文部科学省『幼稚園における道徳性の芽生えを培うための事例集』ひかりのくに 2001年
2) 小田豊・笠間浩幸・柏原栄子『保育者論』北大路書房 2003年
3) 全国保育士会『全国保育士会倫理綱領ハンドブック』2004年
4) 厚生省・厚生労働省『保育所保育指針』1965、1991、1999、2008、2017年
5) 文部省・文部科学省『幼稚園教育要領』1956、1964、1989、1998、2008、2017年
6) 石井哲夫監修『よくわかる新保育所保育指針ハンドブック』学習研究社 2007年
7) 森上史朗・高杉自子・柴崎正行編『幼稚園教育要領解説』フレーベル館 2003年
8) 倉橋惣三『倉橋惣三選集 第4巻』フレーベル館 1965年
9) 全国保育団体連絡会・保育研究所編『保育白書 2017年版』ひとなる書房 2017年
10) 恩賜財団母子愛育会・日本子ども家庭総合研究所編『日本子ども資料年鑑 2006』KTC中央出版 2006年
11) 文部科学省「幼児教育振興アクションプログラム」2006年
12) 厚生労働省『保育所保育指針解説書』2008年
13) 全国社会福祉協議会・全国保育協議会「全国の保育所実態調査報告書」2008年

● 「遊び」にも歴史がある

　保育の場において「遊び」は最も重要な活動の一つです。たとえば、遊びによる役割取得（role-taking）を経て社会化していく過程を明らかにしたミードの理論などにみられるように、「遊び」は子どもの成長や発達に必要不可欠であり、さまざまな効果が期待できるものといえます。

　子どもが好んで行う多くの遊びは、時代を超えて今日に伝えられているものです。しかし、「遊び」の趣旨は同じでも、その名称や内容、ルールなどについてみると、現在のものと違う場合も少なくありません。興味深いのは、

なつかしい影絵遊び

遊びが時代を経て「複雑化、多様化」するだけではなく「簡素化、分化、派生」していく場合もあるということです。

　たとえば、ここに取りあげた明治期の子どもの室内遊びである「くさりよみ」に目を向けると、今日の子どもの「しりとり」などの遊びにつながっていることがわかります。この名称から「遊び」の内容がわかる人はどれくらいいるでしょうか？

　この遊びの遊び方について、説明されている部分を示してみましょう。

「此の遊びは、何んでも物の名を、鎖のよーに、次へ次へと、よみつづけるのです。『二字鎖』、『三字鎖』、『四字鎖』などあり、また『尾とり』『頭とり』の区別もあります。『二字鎖』の『尾とり』と云ふのは、『ひと、とり、りす、すみ、みづ、つき、きね、．．．』と云ふよーに、二字のことばの尾を、次の二字のことばの、頭にして、鎖のよーに、つなぎつなぎに、云ひつづけるのです」。

　以上の説明から「くさりよみ」は、言葉遊びの一種ということがわかります。そして、このような古い遊びを知ることで、当時の保育者の考え方や文化の一端が伝わってくるのではないでしょうか。

出典：西田常男編『室内のあそび』同文館　1905（明治38）年　pp.23-24

第12章 保育の今後の課題を考える

学びのポイント

❶第三者評価事業や第三者委員制度について理解する。
❷男女共同参画社会実現のための保育者の関わりについて学ぶ。
❸諸外国の保育制度を知り、わが国の保育制度との違いに気づく。

どうすれば、よりよい子どもの育ちを実現できるだろう？

第1節　保育サービスの評価と苦情解決

1.——保育サービスの評価

(1) 第三者評価とは

　保育を含む福祉サービスを評価しようという考えが広まっている。その代表的なものが第三者評価事業である。第三者評価事業とは、福祉に関わる事業者が提供するサービスの質を、当事者（事業者および利用者）以外の利害関係のない公正・中立な第三者が、専門的かつ客観的な立場から評価することである。保育所にあてはめれば、保育所の運営や保育の内容を保育者や保護者以外の直接その保育所に関わりをもたない者が、第三者の立場から客観的に評価することである。
　第三者評価を行う目的は次の二つである。
①保育所が直面している問題を把握し、保育サービスの質の向上のための取り組みを可能にすること。
②保育所に子どもを通わせる保護者が、受けている保育サービスの内容を十分に把握できるようにすること。
　はじめの①については、現在の保育所の保育の内容、環境などについての

問題を明らかにし、問題に対して子どもの最善の利益が守られるためには、どのような取り組みが必要であるのかを検討することを目的としている。②については、保護者が単に子どもを預かってもらえればよいという意識ではなく、保護者自身も保育所の保育内容や環境、運営状況などについて十分知ることを目的としている。②のような情報をもつことで、保育所を選択する際の基準の一つとなる。①の目的は保育所の立場から、②の目的は保護者や子どもの立場からのものであるが、両者とも最終的には保育所に通う子どもの利益に反映されるものである。

このような第三者評価事業を行う根拠は、社会福祉法の第78条[*1]にある。「常に福祉サービスを受ける者の立場に立って良質かつ適切な福祉サービスを提供する」ことに、社会福祉事業の経営者がそれぞれ努めることが必要であり、その一環である第三者評価を保育所も受けることが必要となるのである。

(2) 第三者評価事業の動向

保育所などの福祉施設や福祉サービスについて評価しようという考えは、1997（平成9）年に当時の厚生省において開始された「社会福祉基礎構造改革」の提唱に端を発している。社会福祉事業法（当時）が改正され、介護保険という直接契約制度が開始されたことに伴い、それまでの「福祉サービスの質は確保されている」という前提を再検討する必要性が生じたのである。そこで、各福祉施設が福祉サービスの質を点検・確保するために、利害関係のない第三者による一定の基準をもった福祉サービスに対する評価を実施するべきであるという考えが広まっていった。

保育所については、2000（同12）年に設置された「児童福祉施設等評価基準検討委員会」で評価についての議論がなされた。その後、2001（同13）年「福祉サービスの第三者評価事業の実施要領について（指針）」および、2002（同14）年「児童福祉施設における福祉サービスの第三者評価事業の指針について（通知）」によって、保育所等の児童福祉施設に対する第三者評価のガイドラインが示されたのである。このガイドラインのもと、全国保育士養成協議会などを中心に、第三者評価事業が各地で行われるようになった。

その後も福祉サービスに対する評価の検討は進み、実際の評価の実施結果もふまえて、2004（同16）年に「福祉サービス第三者評価事業に関する指針について」が、新たな第三者評価の指針として発表された。変更のポイントの一つ目は、福祉サービスの内容が中心であった評価項目を、「経営（組織運営）」と「福祉サービス」の二つに分けたことである。つまり、法人の事

*1 社会福祉法第78条（福祉サービスの質の向上のための措置等）において「社会福祉事業の経営者は、自らその提供する福祉サービスの質の評価を行うことその他の措置を講ずることにより、常に福祉サービスを受ける者の立場に立って良質かつ適切な福祉サービスを提供するように努めなければならない」としている。

第12章　保育の今後の課題を考える

表12-1　保育所版福祉サービス内容評価基準ガイドライン

A-1　子どもの発達援助

1-(1)	発達援助の基本
A-1-(1)-①	保育計画が、保育の基本方針に基づき、さらに地域の実態や保護者の意向等を考慮して作成されている。
A-1-(1)-②	指導計画の評価を定期的に行い、その結果に基づき、指導計画を改定している。
1-(2)	健康管理・食事
A-1-(2)-①	登所時や保育中の子どもの健康管理は、マニュアルなどがあり子ども一人ひとりの健康状態に応じて実施している。
A-1-(2)-②	健康診断の結果について、保護者や職員に伝達し、それを保育に反映させている。
A-1-(2)-③	歯科検診の結果について、保護者や職員に伝達し、それを保育に反映させている。
A-1-(2)-④	感染症発生時に対応できるマニュアルがあり、発生状況を保護者、全職員に通知している。
A-1-(2)-⑤	食事を楽しむことができる工夫をしている。
A-1-(2)-⑥	子どもの喫食状況を把握するなどして、献立の作成・調理の工夫に活かしている。
A-1-(2)-⑦	子どもの食生活を充実させるために、家庭と連携している。
A-1-(2)-⑧	アレルギー疾患をもつ子どもに対し、専門医からの指示を得て、適切な対応を行っている。
1-(3)	保育環境
A-1-(3)-①	子どもが心地よく過ごすことのできる環境を整備している。
A-1-(3)-②	生活の場に相応しい環境とする取り組みを行っている。
1-(4)	保育内容
A-1-(4)-①	子ども一人ひとりへの理解を深め、受容しようと努力している。
A-1-(4)-②	基本的な生活習慣や生理現象に関しては、一人ひとりの子どもの状況に応じて対応している。
A-1-(4)-③	子どもが自発的に活動できる環境が整備されている。
A-1-(4)-④	身近な自然や社会とかかわれるような取り組みがなされている。
A-1-(4)-⑤	さまざまな表現活動が自由に体験できるように配慮されている。
A-1-(4)-⑥	遊びや生活を通して人間関係が育つよう配慮している。
A-1-(4)-⑦	子どもの人権に十分配慮するとともに、文化の違いを認め、互いに尊重する心を育てるよう配慮している。
A-1-(4)-⑧	性差への先入観による固定的な観念や役割分業意識を植え付けないよう配慮している。
A-1-(4)-⑨	乳児保育のための環境が整備され、保育の内容や方法に配慮がみられる。
A-1-(4)-⑩	長時間にわたる保育のための環境が整備され、保育の内容や方法に配慮がみられる。
A-1-(4)-⑪	障害児保育のための環境が整備され、保育の内容や方法に配慮がみられる。

A-2　子育て支援

2-(1)	入所児童の保護者の育児支援
A-2-(1)-①	一人ひとりの保護者と日常的な情報交換に加え、個別面談などを行っている。
A-2-(1)-②	家庭の状況や保護者との情報交換の内容が必要に応じて記録されている。
A-2-(1)-③	子どもの発達や育児などについて、懇談会などの話し合いの場に加えて、保護者と共通理解を得るための機会を設けている。
A-2-(1)-④	虐待を受けていると疑われる子どもの早期発見に努め、得られた情報が速やかに所長まで届く体制になっている。
A-2-(1)-⑤	虐待を受けていると疑われる子どもの保護者への対応について、児童相談所などの関係機関に照会、通告を行う体制が整っている。
2-(2)	一時保育
A-2-(2)-①	一時保育は、一人ひとりの子どもの心身の状態を考慮し、通常保育との関連を配慮しながら行っている。

A-3　安全・事故防止

3-(1)	安全・事故防止
A-3-(1)-①	調理場、水周りなどの衛生管理は、マニュアルに基づいて適切に実施されている。
A-3-(1)-②	食中毒の発生時に対応できるマニュアルがあり、さらにその対応方法については、全職員にも周知されている。
A-3-(1)-③	事故防止のためのチェックリスト等があり、事故防止に向けた具体的な取組を行っている。
A-3-(1)-④	事故や災害の発生時に対応できるマニュアルがあり、全職員に周知されている。
A-3-(1)-⑤	不審者の侵入時などに対応できるマニュアルがあり、全職員に周知されている。

業計画等、施設の経営自体に関わるものについても評価対象に加えたのである。二つ目は、第三者評価制度を各都道府県が中心となって推進するとされた点である。このことによって、すべての自治体において、制度開始に向けて準備が進められることになったのである。また同年8月には、「福祉サービス第三者評価基準ガイドラインにおける各評価項目の判断基準に関するガイドラインについて」が発表となり、各評価項目の判断基準、評価の際の視点が明確に示されたのである。

保育所についていえば、2005（同17）年には「保育所版の『福祉サービス第三者評価基準ガイドラインにおける各評価項目の判断基準に関するガイドライン』および『福祉サービス内容評価基準ガイドライン』等について」が第三者評価の新しいガイドラインとして発表され、現在に至っている（表12－1）。新しいガイドラインは、「福祉サービス第三者評価基準ガイドライン」（55評価項目）と施設種別のサービス内容を評価する「福祉サービス内容評価基準ガイドライン」（34評価項目）から成り、合計で89の評価項目となっている。今後は、このガイドラインが全国の保育所に対する第三者評価の基準となると考えられる。

(3) PDCAサイクルの構築

第三者評価を「評価のための評価」に終わらせないためには、評価委員の指摘を受けての「目標（Plan）－実行（Do）－評価（Check）－改善（Action）」といったPDCAサイクルに基づく保育の質の向上をめざすことが何よりも重要である。第三者評価を受けることが目的ではなく、結果を受けて保育の質をいかに向上させるかということが大切なのである。

また、第三者評価は、自分の保育所で行われている自己点検が、現場でどれだけ効果的なものであるのかを評価・判断するものでもある。いいかえれば、A保育所とB保育所のどちらの保育が優れているのかを決めるものといった類ではない。第三者評価は、あくまでもその保育所の自己点検と実態の整合性をチェックするものであることを十分に理解しなければならない。何よりも、保育所に通っている子どもの最善の利益の実現を目的にしていることを忘れてはならない。

2.──保育サービスの苦情解決

(1) 保育所への苦情

　保育所では日々、子どもや保護者の成長、地域との連携を考えながら運営を行っているが、同じような状況でサービスを受けていても人の受け止め方はさまざまであり、保育所に苦情が寄せられることがある。苦情の申立者は多くの場合、保育所に子どもを通わせる保護者や近所に住んでいる住民等が考えられる。保育所の近隣住民からの苦情に関しては、保育所から流れてくる音楽や放送がうるさいであるとか、子どもの送迎に来る保護者の交通ルールが守られていないなど、苦情の内容は申立者の要望がわかりやすいものである。

　一方、保護者から保育所への苦情は、保育所の運営や保育者、また同じ園に通う子どもやその保護者に向けられるもので、内容は多岐に渡る。たとえば、保育者が十分に自分の子どもの面倒をみてくれていない、他の子どもにケガをさせられた、行事の日程があわない等である。苦情は隠れている問題をわかりやすくするよい機会であるが、問題があるならば早急に対応し、問題解決をしていかなければならない。真摯に問題に向き合い、それを解決しようとする姿を苦情の申立者にみせることも、苦情解決の方策の大切な一つとなる。

　保育者にとって難しいのは、最近の保護者の価値観や考え方が多様化し、それを受け入れることが難しい傾向にあることである。代表的なものとしては、いわゆるモンスターペアレントのような問題であり、近視眼的にわが子のことしか眼に入らないという保護者が多く存在し、一般常識では考えられない苦情が寄せられることも多々ある。このような場合には、保護者の気持ちに理解を示しながらも、毅然とした態度で苦情の申立者に臨むことも必要である。まだ経験の浅い保育者であれば、所長や主任保育士、先輩と相談しながら対応にあたることも必要になってくる。

(2) 苦情解決のために

　各方面からいろいろと寄せられる苦情に対して、社会福祉法第82条[*2]によれば、社会福祉事業の経営者は適切に苦情の解決を行わなければならないこととなっている。保育所保育指針の「第1章 総則 (5) 保育所の社会的責任ウ」にも、「保育所は、入所する子ども等の個人情報を適切に取り扱うとともに、保護者の苦情などに対し、その解決を図るよう努めなければならない」

[*2] 社会福祉法第82条では「社会福祉事業の経営者は、常に、その提供する福祉サービスについて、利用者等からの苦情の適切な解決に努めなければならない」とされている。

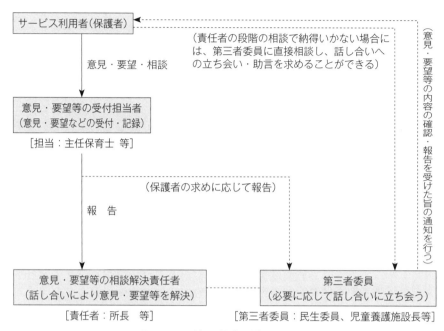

図12-1　第三者委員制度の仕組み

とある。

　保育所内において寄せられるさまざまな苦情は解決されるのが最良であるが、苦情に関しては感情的なものが含まれる場合もあり、当事者同士で解決することが難しい場合もある。その際には、第三者委員制度を活用することもある。第三者委員制度とは、本来福祉サービス利用者の利益を保護し、利用者が快適なサービスを受けられるようにするための仕組みである。その目的は次の通りである。

　①苦情への適切な対応により、利用者の理解と満足度を高めること。
　②利用者個人の権利を擁護するとともに、利用者が保育サービスを適切に利用することができるように支援すること。
　③納得のいかないことについては、一定のルールに沿った方法で円滑・円満な解決に努めること。

　保育所においても、第三者委員制度は保育所に通う子どもやその保護者に代表される関係者の要望を保育所側が理解することにより、適切な保育を受けることができるようにする制度である（図12-1）。

　第三者委員制度の体制として、保育所に関する苦情を解決するために苦情解決責任者（所長等）や苦情解決担当者（主任保育士等）を園内で決定し、さらにより客観的な判断をするために第三者委員を設置するのである。

(3) 苦情の起こらない関係づくり

　同じような行為についても、受け止める側の価値観や志向性によって受けとり方は多様である。誰しも他者から批判を受けることはあるが、それを苦情に変えないようにするためには、日々の保育を大切にし、信頼を築いておくことを土台に、相手とのコミュニケーションを日ごろから通わせておくことが肝要である。保護者や園と関わる人々とのコミュニケーションを十分にとり、適切な人間関係を構築することを心がけたい。

　また苦情に対応する際には、対応する者が重要な役割を担う。苦情対応者自身の情緒が安定していなければ、苦情申立者から納得や理解を得ることも困難である。苦情に対応することになった保育者は、精神的に緊張することが多くなり、いつも以上のストレスを抱え込むことにもつながる。余裕のない態度で苦情申立者と交渉することで、申立者の怒りをさらにかったり、問題を複雑にしたり、不安におとしめたりすることも想像される。しかし、苦情対応者の情緒が安定し、充実した生活を送っていると、交渉にも余裕が生まれ、最善の解決策が導かれやすくなる。日ごろより保育者の情緒が安定し、充実をした生活を送れるようにすることは、直接的な解決とは結びつかないが、重要な要因である。保育者が充実した日々を送り、活気にあふれ、やる気に満ち、ニコニコと笑顔で対応できるような雰囲気が保護者にも伝わり、「ああ、この園に通わせてよかった」「この先生なら大丈夫」と思ってもらえるのである。そのことが苦情の起こりにくい雰囲気づくりともなる。

第2節　男女共同参画社会の現状と課題
　　　　―保育者として社会とどう向き合うべきかを考える―

1.――男女共同参画社会とジェンダー

(1)　男女共同参画社会とは

　現在の保育ニーズは多様化している。社会の変化に伴い、保育のニーズも変化してきた。そうした意味で、保育者が社会の変化についての知識を得ておくことも重要である。その理由は、保育は子どもの現状と子どもを取り巻く社会の動向を無視しては、実践することはできないからである。

　国は、1996（平成8）年12月に「男女共同参画2000年プラン」を策定し、あらゆる分野において男女共同参画を推進していくための社会システムの構

築をめざして、各種の方策を実施している。男女共同参画社会とは、「女性と男性がともに社会に参画し、性別にとらわれることなくいきいきと充実した人生を送ることができる社会」のことである。このような男女共同参画意識は、子ども期より形成されるジェンダー観と大いに関わりのあるものである。

　ジェンダー（gender）とは「社会的性別」ともいえるものである。人間には、生まれついての生物学的性別（セックス／sex）がある。一方、社会通念や習慣のなかには、社会によってつくりあげられた「男性像」や「女性像」があり、これらをジェンダー（社会的性別）というのである。ジェンダー自体は、良い・悪いという価値を含むものではないが、ジェンダーが性差別や性別による固定的役割分担、偏見等につながっている場合もあり、これらが社会的につくられたものであることを意識しておくことが重要である。ジェンダーという言葉に関連して、一部では「ジェンダー・フリー」という用語を使用して性差を否定したり、男らしさや女らしさ、男女の区別をなくして人間の中性化をめざしたり、また、家族やひな祭り等の伝統文化を否定する動きもあるが、これは男女共同参画社会のめざす方向ではないと考える。

　男女共同参画を推進するには、男女平等を実現可能にするようなジェンダー観を子ども期より形成することが必要である。子どもは家庭だけではなく保育所等においても、他の子どもや保育者とさまざまな関わりをもちながらジェンダー観を形成していく。多くの子どもにとって初めて経験する集団生活の場である保育所は、子ども期のジェンダー観形成に大きな影響を与える場であることを保育者は意識しておくことである。

　2017（同29）年版の保育所保育指針「第2章　保育の内容　4　保育の実施に関して留意すべき事項　カ」には「子どもの性差や個人差にも留意しつつ、性別による固定的な意識を植え付けることがないようにすること」との記載がある。

　保育においても、男女共同参画社会実現に寄与するような保育を実践していかなければならないのである。

(2)　**ジェンダーの再生産**

　幼稚園や保育所のような集団保育施設の役割の一つに、子どもが将来参加するであろう社会に適合するための社会的な知識や技術を授け、社会生活一般に要求される価値・規範を育てるということがある。

　子どもに伝達すべき知識や文化を整理したものがカリキュラムである。園においても、教育課程・全体的な計画さらに指導計画がカリキュラムの中心

第12章　保育の今後の課題を考える

である。その内容は多くの場合、文章などにより誰もが眼にすることができるものである。同じ園で保育に携わる者が共有しなければならない情報であることから、誰が見ても理解できるものでなければならない。そうした意味で、顕在的カリキュラム（manifesto curriculum）ということができる。

　園で学ぶこととして、教育課程・全体的な計画等に盛り込まれている内容がカリキュラムの中心ではあるが、それ以外のことが子どもに伝えられていることも簡単に想像できる。たとえば、保育室では自分の席に着くこと、先生が話をしているときには静かに聞くこと、友だちと仲良く遊ぶこと、遊具を使った後は元の場所に返すことなどである。また、他にも保育者が中心となって成立させている保育室内の秩序や価値観、それらが醸し出す雰囲気のようなものもある。このような、教育課程・全体的な計画等には明示されない、いわゆる見えにくいカリキュラムのことを潜在的カリキュラム（hidden curriculum）あるいは隠れたカリキュラム（latent curriculum）という。子どもに学ばせることとして顕在的に明示されていないにもかかわらず、子どもが潜在的に学んでしまうカリキュラムのことである。

　顕在的・潜在的カリキュラムは、それぞれが保育や教育の目的に向かって相乗的に影響し合うことで、保育や教育の高い効果をあげるものとされる。

　「男の子」「女の子」といった性別による社会的な役割意識や、ごっこ遊びにおける役割演技を生み出す概念は、多くの場合、園や学校の隠れたカリキュラムのなかで培われることが多いという指摘がある。社会的性別であるジェンダーが、学校等においてつくられていくという指摘である。家庭同様に園においても、保育者から子どもへジェンダー・バイアス（gender bias：一方の性にとって否定的な、あるいは不利益をもたらすもの）が伝達されているというのである。

　保育者の性別の比率をみてみると、男性保育者も存在するが、まだまだ女性の数と比べると圧倒的に少ないのが現状である。保育を行うのは女性であるというイメージが存在し、保育者の男女比率さえもが子どもにとってはジェンダー・バイアスになりうるのである。つまり、より高度な教育や責任ある仕事は男性に、基礎的な生活習慣のしつけや教育の補助的な仕事は女性に、という原理に現状はなっている。このような保育者の男女比率や教員配置からも、子どもは社会における女性と男性のあり方を学ぶことになっている。

　また、子どもの日常生活のなかにも、

男女の違いとはなんだろう？

229

ジェンダー・バイアスのかかった事例は多くみられる。保育者が、手についた泥を自分の服で拭おうとする子どもに対して「お母さんの洗濯が大変でしょう」と声をかけたり、お弁当を残そうとする子どもに「お母さんがせっかくつくってくれたお弁当なのに」という言葉をかける姿は、日常的にみられる光景であり、違和感なく受け止められるかもしれない。しかし、こうした言葉がけによって、「女性が洗濯をする、料理をする役割をもつ」という固定的な性別役割観を子どもに伝えているのである。「服を汚さない、お弁当を残さない」という目的達成のために、「女性が洗濯をする、料理をするものである」というステレオタイプを保育者が利用していると考えられる。

保育者に重要なことは、子どもはこうした隠れたカリキュラムから、顕在的カリキュラムのようにきわめて多くのものを学んでいるということを認識しておくことである。

2.——保育者のワーク・ライフ・バランス

(1) ワーク・ライフ・バランスとは

現在、新しい少子化対策として「ワーク・ライフ・バランス」に注目が集まっている。ワーク・ライフ・バランスとは、仕事（ワーク）と生活（ライフ）の調和のことで、内閣府の『平成19年度版 男女共同参画白書』では、「男女がともに、人生の各段階において、仕事、家庭生活、地域生活、個人の自己啓発など、さまざまな活動について、自らの希望に沿った形で、バランスをとりながら展開できる状態のこと」と定義されている。

一生のうちで、現役時代には働き過ぎ、退職後は余暇をもて余すといった日常の生活時間の配分を改めるということである。また、男性の正社員は労働時間が長く、家庭生活や家事参加の割合が非常に低いのに対して、女性は家庭において、もっぱら家事・育児を任されてしまうため、希望する職場でのフルタイムの就業が難しい。このような状況を解消するために、個人や社会のいろいろなレベルで仕事と生活の調和をめざすものである。

ワーク・ライフ・バランスが実現することによって、次のようなことが可能になると考えられている。

第12章　保育の今後の課題を考える

> ① 企業にとっては、労働者の仕事への意欲向上や人材確保につながる。
> ② 労働者にとっては、子どもや家族と過ごす時間が増え、子育ての喜びを実感でき、子どもの健全な育ちにつながる。
> ③ 男女がともに子育てすることが可能になれば、長時間保育の減少など保育ニーズに変化が生じ、女性の就業継続希望も実現しやすくなる。
> ④ 仕事以外の生活に活用できる時間が増えることによって、ボランティアなど地域活動に参加しやすくなる。

①から④が実現され、循環することによって、より活力のある社会の実現が可能になると考えられている。ワーク・ライフ・バランスを各人の生活において実現することが少子化の抑制につながり、さらには男女共同参画社会の実現にも近づく。子ども期からワーク・ライフ・バランス意識の芽生えにつながるなるような保育を実施することも、今後求められることになろう。

(2) 保育者自身のワーク・ライフ・バランス

特に、少子化の観点から子育て世代の支援に注目するならば、子育て期の女性の社会進出を推進するためには、保育施設の充実が引き続き重要となってくる。今後も保育所へのニーズは高まっていく傾向にあると考えられ、その意味で、保育所はワーク・ライフ・バランス実現のための要（かなめ）となる施設といえる。

それでは、ワーク・ライフ・バランスを支える保育者自身のワーク・ライフ・バランスはどうであろうか。一時預かり（預かり保育）に代表される長時間保育や多様な保育ニーズへの対応等、保育者の職場環境は決して良好とはいえない。また、給与の問題や体力的な問題により、就職してもすぐに離職してしまう保育者の数は相当数にのぼる。結婚を機に離職する場合もあるし、出産により離職する場合もある。働きたいのに働くことができない状況を改善し、保育者自身のワーク・ライフ・バランスを実現することが、社会全体のワーク・ライフ・バランス実現の前提となると思われる。

ワーク・ライフ・バランス実現のためには、その重要性を担い手である保育者自身が十分に理解していることが必要となるが、現段階ではあまり認識されることにはなっていない。そこで、研修会等を開催することで、保育者のワーク・ライフ・バランスの現状を把握し、その重要性を啓発する機会をもつ必要がある。ただ、保育者自身が理解しただけでは実現は困難で、保育者の家族の協力も必要であるし、何よりも勤務している保育所の雇用制度や勤務体制への配慮が不可欠となる。

保育者自身のワーク・ライフ・バランス実現のために努めながら、ワー

ク・ライフ・バランスの重要性を保育の対象である子どもに伝える役割がある。今後は、そのための教材や保育のあり方を研究・開発するという実践的な取り組みをめざすことが求められる。

　ワーク・ライフ・バランスの重要性が高まる今日、その実現のためにますますその必要性が高まると予想される保育施設に勤務する保育者自身のワーク・ライフ・バランスの状況を改善していくことが、とりも直さず今後の男女共同参画社会実現の一歩となるのである。

(3) 保育者に求められる力

　隠れたカリキュラムやジェンダーの問題、ワーク・ライフ・バランスへの取り組みにしても、保育者がその問題性や重要性に気づかないことが多いと思われる。このような状況にこそ、現在の保育を取り巻く問題があると考えられる。社会の不平等性などいろいろな現代社会の問題が、保育者の意図していないところで、保育者から子どもに無意識のうちに伝えられていることもある。子どもに対する保育者の影響が大きいだけに、無意識のうちに子どもに伝えられる知識や文化があることに、まず保育者は気づき注意しておかなければならない。

　隠れたカリキュラムを可視化し、明らかにしていく問題意識と、社会の情勢を理解し、積極的に社会の変革にかかわる態度が保育の現場において必要となる。保育者養成の場で課題とされているのは、分析的な視点をもって隠れたカリキュラムを顕在化させることのできるリテラシーをもった人材の養成である。男女共同参画社会実現に関していえば、正しいジェンダーについての認識をもつことであり、ワーク・ライフ・バランスを理解し、それに寄与しようとする態度をもつことである。

　何が問題であるのかが見えることは、問題解決の前提となる。見えない問題、隠された問題を見えるようにする力、これが保育者に求められる力である。まず、保育に関わるさまざまな問題を明確にし、そこから解決策を導く態度をつくっていかなければならないのである。

第3節　諸外国の保育の現状と課題

　幼保の一体化や「子ども・子育て支援新制度」に代表されるように、わが国の保育制度は大きな転換期を迎えている。今後の保育制度を考える時に、他国の制度や実情を知ることも意味のあることである。本節においては、特

第12章　保育の今後の課題を考える

徴のあるスウェーデン・中国・アメリカ3か国の制度を理解することを通して、わが国の今後の保育制度のあり方を検討する助けとしたい。

1.──スウェーデン　〜キーワードは「エデュケア」〜

　スウェーデンの保育制度は、子どもの健やかな成長と学びを援助することによって良い人生のスタートを切ることができるようにすること、保護者に仕事や学業と子育てを両立させることの2点を目標としている。スウェーデンの現在の保育制度の基盤は、1968年に保育委員会（Barnstugeutredningen）によって決定されたものである。それまでの保育所と幼稚園は、就学前保育制度に統合され、国の管轄も1996年に社会省・社会庁から教育省・学校庁に移管され、現在に至っている。スウェーデンの保育制度は、養育と教育は一体化すべきという考え方に基づいており、現在、幼稚園・保育所の一体化を目指しているわが国の保育制度の参考になり得るものである。

　国レベルの保育の制度については、幼稚園・保育所の一体化がなされたスウェーデンではあるが、具体的な保育の施設は多様化している。保育施設の代表的なものに、就学前保育所（förskola）や家庭型保育所（familjedaghem）、オープン型保育所（öppen förskola）等がある。多くの子どもが就学前保育所に通っているが、就学前保育所のなかにも保育時間や保育実施日が異なる制度が含まれていて、就学前保育所はその総称だと考えればよい。家庭型保育所は、保育ママが自宅で保育を行い、オープン型保育所はわが国の子育て支援センターに類似する施設である。

　スウェーデンの保育の特徴は「一人の子どもを一日を通して」養育・教育する点にある。養育と教育を分離するのではなく、統合するこのような考え方は「エデュケア」と呼ばれ、諸外国からも高い評価を受けている。子どもは遊びを通して身近な世界を理解し、想像力を豊かにし、創造性を身につけ、人と協力することを学ぶという観点から、「遊び」を保育の中心的な活動と位置づけている。

　教育課程では、保育の総合的な目標と信条が定められているが、「如何に」目標が到達されるかについては規定されていない。就学前保育所に通い始める時期は子どもにより異なり、成長の速さも個人により違う。さまざまな目標が立てられるが、これは活動の上での目標であり、到達すべき対象ではないとの考えがその背景にはあると考えられる。また、教育課程の主要部分は基本的な民主主義の価値観に基づいており、他者への配慮、協調、男女平等、統制を一貫して教えることになっている。教育課程では、就学前保育所はす

233

べての子どもにとって、楽しく安心できる場所で啓発的なものでなければならないともしている。

就学前保育所では、子どもたちは1グループ15〜20人の異年齢集団に分けられ、それぞれのグループに3人程度の職員が配置されている。そのうちの1〜2人は大学レベルの教育を受けた就学前保育所指導員であり、残りは高等学校レベルの教育を受けた保育士である。就学前保育所指導員は、具体的には、教授法や幼児心理学、家庭社会学、創造活動を中心とする3年間の教育を受けることが必要となる。また、市の保育士は高校卒業に加えて、地方自治体が独自に主催する訓練コースを受けていることが条件となる。これらのスタッフでティーム保育をすることが一般的である。また、その他には余暇施設指導員や家庭型保育所の保育士などの資格もあるが、スウェーデンの保育にかかわる職員は一般的に専門性が高く訓練されている。

その他、障害があるなどの特別なニーズをもっている子どもの保育についても、原則的に通常の保育施設が最適であり、他の子どもと同様に接することによって子どもの育ちを保障するという考えをもっている。また、スウェーデン語を母語としない子どもについては、特別な担当者がついていて指導を行い、バイリンガルとなるように育成している。

以上のように、保育施設や社会保障の整備が進んだ結果、スウェーデンでは女性の社会進出が進み、現在、女性の就業率は世界でもトップクラスとなっている。幼稚園・保育所の一体化に加え、女性の社会進出という観点からもスウェーデンの保育制度は、わが国の参考となる。

2.──中国　〜幼児園を中心とした多様な保育のあり方〜

中国は人口が多いこともあり、たいへん厳しい受験戦争・学歴偏重社会にある。また社会主義体制であるため、性別や子どもの有無にかかわらず就労することが当然の社会である。以前は、仕事と子育てを両立できるように多様な保育の制度が用意されていた。しかし、1980年代より本格的に実施され始めた一人っ子政策の実施や高度経済成長の影響もあり、現在は少ない子どもを大切に育てる社会状況となっている[*3]。特に、都市部では、きょうだいのいない一人っ子をめぐる保育にその関心が集まるようになり、0歳児保育の需要が減少した。一方で、同年代との関わりは、家庭や地域では難しくなったため、1歳半以降の集団保育のニーズが増してきた。子どもの社会性の育成が、集団保育に求められるようになったのである。

これまで中国の保育制度を担っているのは託児所、幼児園であった。託児

*3　一人っ子政策は2015年に廃止が決定し、2016年からは二人っ子政策が進められている。背景には深刻な少子高齢化がある。

所は、0〜3歳未満の乳幼児を対象にした衛生部（日本の厚生労働省にあたる）管轄の保育施設である。幼児園は、3〜6歳未満の幼児を対象にした教育部（日本の文部科学省にあたる）管轄の教育機関である。両者は1999年の「託児所と幼児園の一体化」により統合されてきた。単独の託児所の設置はほぼ見られなくなり、幼児園の託児クラスとして合併吸収されるようになっている。一方、幼児園自体も少子化の影響から保育開始年齢を引き下げて、3歳からではなく0〜6歳までのトータルな就学前保育を提供する施設に移行しつつある。今日では、幼児園が中国の保育の中心的役割を果たしている。中国においても、国レベルでの制度の一体化がなされているが、国土も広いため具体的な保育のあり方は多様化している。たとえば、幼児園の保育時間は、それぞれの地域のニーズにあわせて全日制（日中のみ保育）、半日制（半日保育）、季節制（農作期保育）、寄宿制（全寮制保育）などと多様である。一般的な全日制の保育は、平日の8時前後〜18時前後までの保育であり、朝食を含めた1日3回の食事とおやつの提供が通常である。寄宿制保育は、基本的には月曜日の朝から金曜日の午後まで園に宿泊して保育を受ける形態である。ただ、その数は年々減少傾向にある。

　一方、農村部では幼児園に加え、農村の小学校に付設された就学前クラス制度がある。農村部においては、保育の年数は地域の実情により1〜3年の幅がある。また、農繁期だけ開園する季節園や遊牧民族を対象にした移動園があるなど、地域性にあわせた多様で形式にとらわれない保育の制度が増加している。

　幼児園の保育の指針となっているのが「幼児園教育指導要綱」である。「幼児園教育指導要綱」は、生涯学習思想や子どもの権利思想を基盤としており、理想的な保育のあり方を示している。その総則では、①幼児園でも資質教育を実施し、学校教育と生涯教育の基礎を築く、②都市と農村の実際の状況から出発した地域にふさわしい方法を採用し、③家庭と社会が連携しながら教育をすすめる、④よい環境を提供し、幼児の心身の発達に有益な楽しい経験をさせる、⑤子どもの人格と権利を尊重し、幼児期の発達と学習の特質をふまえて遊びを基本活動とし、保育と教育を結合させ、子どもの個人差に留意するなどの基本方針と原理を明記している。また保育は、「健康」「言語」「社会」「科学」「芸術」の5領域から構成され、それぞれが相互に関連しながら、異なった角度から子どもの情感・態度・能力等の発達を促すことが大切であるとしている。このような考え方は、わが国の保育領域のとらえ方と共通する部分がある。一方で、中国が国力を強め持続可能な発展を遂げるための国策として、英才的な保育にも注目が集まっている。たとえば「中国乳幼児潜

在能力開発-2049計画」に代表されるような脳科学の観点から、早期からの潜在能力開発のために多角的に子どもに働きかけ、できる限り高度な成果を上げさせようとする英才的な保育も積極的に実施されている。

中国の保育現場には、子どもの教育を担当する教養員（あるいは幼師）と生活の世話をする保育員とが存在する。通常1クラスに教養員2～2.5名、保育員0.8～1名の基準で配置されることになっているが、民営化の進行で削減も進んでいる。教養員は、専科大学（日本の短大にあたる）以上の学歴と資格が求められることになっている。保育員は、衛生専門教育学校（日本の高校レベルにあたる）で教育を受けるか、子育ての経験がある女性が研修を受けて担当する場合もある。幼児園・託児所の一体化にならい、両者の資格を統合しようという動きはあるものの、社会的地位や待遇面において差があることから容易ではなく、しばらく時間がかかりそうである。

なお、近年中国は驚異的な経済発展を背景に、国民の生活が大きく変わりつつある。保育の制度についても同様であり、最新の保育制度について注意しておく必要がある。

3.──アメリカ ～州ごとに展開されるさまざまな保育～

アメリカは連邦制の国家であり、基本的な立法・行政権が州政府に委ねられている。たとえば、義務教育の年限・年数とも州によって異なり、保育制度についても国としての統一した制度はない。加えて、アメリカは自立・自助の精神を大切にし、私的領域への公的な関与を好まない社会風土をもつ。保育も保護者の権利と義務のもとに、保護者が責任をもって行うべきであり、国は積極的に関わるべきでないと考えられている。この点が、わが国の保育についての考え方と大きく異なる点である。

アメリカでは、各家庭が就学前のさまざまな保育制度やサービスから選択して子どもに与えるというのが一般的である。保育制度の多様化と同様に、保育者も施設長・管理者、主任保育者・保育実務責任者、保育者など多様であり、その資格・要件も一定の教育を受けていること、経験があること、オリエンテーションのみでよい場合等、州によって異なる。とはいえ、各州政府は保育施設の認可基準を設定することで、最低限度の質保障に努めてきたという経緯もある。しかし、その基準にもばらつきがあり、アメリカの保育制度は内容の良し悪しも含め、多元的な制度として存在している。

中心となる具体的な民間による保育制度に、幼稚園、保育所、家庭的保育、家庭内保育がある。アメリカの幼稚園（nursery, preschool）と保育所（day care）は、わが国と同様に二元的な制度として発展してきた。幼稚園は1830年代に比較的恵まれた層の教育振興事業として始められ、子どもの認知的・情緒的・社会的発達を支援することを主たる目的としてきた。対して、保育所は、同じく1830年代に労働者の子どもを保護する慈善事業として始められ、保護者の就業支援を主たる目的としてきた。これらの園は、主に非営利組織や営利企業によって運営されてきた。

これに対して、主に個人によって運営されているのが家庭的保育と家庭内保育である。家庭的保育では、保育者の自宅での家庭的な環境のなかで保育が行われる。州によって基準は異なるが、保育者1人について子ども6人（family day care）、保育者2人以上につき子ども12人（group day care）までの規模で、週60時間以内の範囲で実施されるのが一般的である。家庭内保育は、子守り（nanny）、家政婦（house keeper）、ベビーシッター（babysitter）、オーペア（au-pair）など個人によって乳幼児の保育が行われるものである。

民間による保育制度に加えて、州政府や学区教育委員会による保育プログラムもある。これらは就学前教育に重点を置いたものであり、キンダーガルテン（kindergarten）とプレキンダーガルテン（pre-kindergarten）がこれにあたる。キンダーガルテンは、1850年代に比較的恵まれた層の子どもを対象にフレーベル主義に基づいて導入されたが、20世紀初頭より各州で公教育の一環として行われ、今日では一部の州で義務教育に含まれている。キンダーガルテンでは、基礎的な読み書き能力を中心とする就学準備教育が行われている。プレキンダーガルテンは、4歳児のためのより早い時期からの就学準備教育である。

以上のような保育制度のなかから、保護者はニーズにあったものを選択し、自己責任において子どもに与えるというのがアメリカの保育の実情である。子育てに対して、政府の直接的介入が正当化されるのは、貧困や障害などの特別な理由で自立・自助が困難な個人に対する社会保障政策として実施されるときに限られる。その具体的な政策が「ヘッドスタート」である。ヘッドスタートは、歴史が古く、1960年代にジョンソン大統領のときに始まり、低所得層の子どもに対する補償教育プログラム及びその保護者に対するエンパワーメントプログラムをねらいとした政策である。ヘッドスタートは補償教育の立場から、低所得層の子どもの認知・情緒・身体の総合的発達のために子ども期より適切な教育の機会を与えることで、学校や職業社会で成功するチャンスを高めることを目指すものである。格差の是正に向けて、階層と反比例して資源を傾斜的に配分するという平等観に基づく、教育の機会均等に

むけた積極的な取り組みである。ただ、その効果や成果が十分であるかは現在でも議論があり、今後の検討を必要とするところである。

日本の保育制度は、比較的均質的な社会における「みな同じである」という平等観の上に成り立っている。しかし、社会がますます多様化するなかで、アメリカのような階層間格差が顕在化してきたときに、どのように対処すべきかということが今後の課題である。

アメリカのある幼稚園の様子

✻ 学習の確認 ✻

1. 演習問題
   ① 保育に第三者の視点を取り込むことによって、どのような利点や効果があるのかを実例をあげながら考えてみよう。
   ② 男女共同参画社会実現のために、保育者が行えることについて話し合ってみよう。
   ③ スウェーデン、中国、アメリカ以外の保育の制度を調べ、わが国の保育制度と比較・検討してみよう。

2. キーワードのおさらい
   □ 第三者評価事業
   □ PDCAサイクル
   □ 男女共同参画社会
   □ ワーク・ライフ・バランス
   □ ジェンダー

【引用・参考文献】
1) 厚生労働省『保育所保育指針解説書』フレーベル館　2008年
2) 内閣府男女共同参画局「男女共同参画社会の実現を目指して」2007年
3) 男女共同参画会議・少子化と男女共同参画に関する専門調査会「少子化と男女共同参画に関する社会環境の国内分析報告書」2006年
4) 小笠原文孝・小出正治『保育所の新・第三者評価の読み方・受け方』フレーベル館 2006年
5) 山田敏『北欧福祉諸国の就学前保育』明治図書　2007年
6) 泉千勢・一見真理子・汐見稔幸編著『未来への学力と日本の教育9 世界の幼児教育・保育改革と学力』明石書店　2008年
7) 池田充裕・山田千明編著『アジアの就学前教育　幼児教育の制度・カリキュラム・実践』明石書店　2006年

第12章 保育の今後の課題を考える

● まずは自分自身から生活を楽しもう♪

　「カエルの子はカエル」「親の背中を見て子どもは育つ」といわれるように、子どもは、家庭においては両親や家族、保育所においては保育者の姿から多くのことを学びます。子どもたちが自分の担当の保育者のものまねをとても上手にしている姿を見て、「よく見ているな」と感心させられます。

　子どもに豊かな生活を送らせることを望むのならば、保育者自身が豊かな生活を送っていなければなりません。たとえば、園外保育に出かけて、道端に花が咲いている状況に出会ったとします。みなさんは子どもに「ほら、花が咲いているよ。きれいだね」と声をかけることでしょう。しかし、花の美しさに保育者自身が感動していなければ、いくら子どもに言葉がけをしても、保育者の意図するところは伝わらないこともあるのです。「仕事がたいへんだ…」「今日も疲れた…」と言っているばかりでは、子どもに楽しい充実した生活を送らせることはできません。

　保育者が充実した生活を送るためには、仕事以外にも取り組んでみるとよいことがあります。読書やコンサート、美術館に出かけることにも意味があります。どのような分野の本でも構わないし、漫画を読むことも否定されるものではありません。コンサートや美術館は「ほんもの」にふれるよい機会です。また、地域のサークルやボランティア活動、スポーツに積極的に関わることも大切なことです。恋愛をすることも、特別な人との関わりのなかで、かけがえのない経験をさせてくれるでしょう。

　楽しそうだから、おもしろそうだから挑戦してみるという態度でかまいません。まずは、自分自身が生活を楽しむことが大切なのです。いろいろなことを経験している人間性豊かな保育者が、子どもにとって「先生のようになりたい」と思われる憧れの存在となることができるのです。

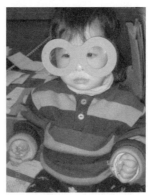

子どもは楽しむことの天才！

新・保育原理〔第4版〕
── すばらしき保育の世界へ ──

2009年5月5日　　初版第1刷発行
2010年4月30日　　初版第3刷発行
2012年4月1日　　第2版第1刷発行
2015年3月20日　　第2版第4刷発行
2016年3月20日　　第3版第1刷発行
2018年4月20日　　第4版第1刷発行
2023年4月10日　　第4版第5刷発行

編　者　三宅茂夫
発行者　竹鼻均之
発行所　株式会社みらい
　　　　〒500-8137　岐阜市東興町40　第5澤田ビル
　　　　TEL　058-247-1227(代)
　　　　https://www.mirai-inc.jp/

印刷・製本　サンメッセ株式会社
ISBN978-4-86015-430-1　C3037

Printed in Japan　　乱丁本・落丁本はお取替え致します。